新・国際金融の
しくみ

西村陽造・佐久間浩司［著］

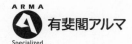

有斐閣アルマ

　秦忠夫・本田敬吉・西村陽造『国際金融のしくみ（第4版）』（2012年）は，1996年の初版から，それ以降の変化を踏まえた改訂を重ねて，四半世紀もの間，学生や社会人のためのコンパクトな「国際金融」の入門書として読者の支持を得てきた。

　初版時には新潮流であったグローバル化とICT（情報通信技術）革命が定着した今日，外国為替を含む国際金融の知識は経済活動を営むうえで不可欠なものとなった。多くの企業は世界中で活動し，個人でもパソコンやスマホで世界中と取引ができ，日常の消費生活は輸入品で満ちている。それに伴って国境を越える商品・サービスや資産の売買，資金の貸し借りなど，国際経済取引の規模は増大し，以前よりもずっと身近なものになった。

　この四半世紀の間，「アジア通貨危機」「ユーロ誕生」「世界金融危機」「ユーロ圏危機」「人民元の国際化」などの注目すべき動きが進展し，「仮想通貨（暗号資産）」「フィンテック」の登場に象徴されるように，金融の分野でも情報通信やAI（人工知能）などの技術革新が浸透している。資金が瞬時に世界を駆け巡る金融のグローバル化の時代になって，主要通貨間に固定的な相場関係を維持することは難しくなったので，ブレトンウッズ体制崩壊後の課題であった変動相場制改革を模索する動きは後退し，国際金融の安定のためのIMF（国際通貨基金）改革，国際金融規制の整備，地域金融協力の構築に政策的関心も変化した。

　上記著書を引き継ぐ本書は，こうした変化を踏まえ，構成，内容ともに新たな視点を加えて，更新したものである。

まず，旧著の構成を引き継いで外国為替と国際金融の実務を解説する。外国為替のしくみ，為替相場，外国為替市場を含む国際金融市場の概要，さまざまな種類の外国為替取引や金融商品を解説し，国内取引にはない為替リスクの対処法を考える。

　次に，国際取引を体系的にまとめた国際収支統計を出発点に，為替相場と内外の経済金融情勢が相互に影響し合うメカニズムを説明する理論を紹介したうえで，政府の政策運営における基準となる国内均衡と対外均衡について考える。

　3番目のテーマは制度の変遷で，現在の国際通貨制度が形づくられるまでの歴史から始めて，ヨーロッパ特有の土台の上に誕生したユーロが直面する課題や，変動相場制が一般的となってから頻発した通貨・金融危機によって明らかとなった国際資本移動の功罪について解説する。

　最後に，中国の台頭なども踏まえ米ドルを中心とする基軸通貨体制の現状と今後の動きについて考察し，イノベーションによって変貌する国際金融やフィンテック，およびデジタル通貨の現状と将来の方向性についても考察を加えた。

　本書は，以上に示した国際金融の実務，理論，制度，歴史を理解するための基礎知識の習得をねらいとしているが，その知識は国際金融という窓から激変する国際社会を理解する手引きにもなるはずである。その意味で，強固にみえた制度も短期間に崩壊しうること，平時と危機時では対応が異なること，超長期的視野をもった政策が重要な役割を果たしうること，などの国際社会の教訓も感じていただきたい。なお，2020年の感染症の世界的な大流行をはじめとした国際情勢の変化の国際金融への影響については，現在進行中の問題でもあるため，本書には若干盛り込むにとどめ，今後の変化を注意深くフォローしていきたい。

旧著の著者である秦忠夫氏，本田敬吉氏のご厚情とご指導がなければ，本書は存在しなかった。国際通貨制度の歴史や欧州通貨統合の経緯をはじめとして旧著の転用をお許しいただいたこととあわせて，ここに深く謝意を表したい。国際金融を専門とする銀行で職を共にし，調査部門の仕事に長くかかわってきたという点で，両氏とわれわれは共通する。本書は国際金融の実務経験とアカデミックな知見を融合して，国際通貨・金融問題に関心をもつ読者のためのわかりやすい教科書作成を試みたものである。みなさまのご批判を仰ぎたい。

　最後に，企画当初から本書を評価してくださり，懇切丁寧に編集上のアドバイスを与えてくださった有斐閣書籍編集第二部の柴田守氏に心からお礼を申し上げたい。また，陰ながら支えてくれた家族にも感謝したい。

　　2020 年 8 月

西 村　陽 造

佐久間　浩 司

著者紹介

西村　陽造（にしむら　ようぞう）

➡ 第1章第**1**〜**2**節，第2章，第3章第**1**〜**3**節，第**4**〜**11**章，*Column*①〜⑥

1982年　一橋大学経済学部卒業

東京銀行調査部，東京三菱銀行調査室ロンドン駐在チーフエコノミスト，国際通貨研究所経済調査部長などを経て

現在，立命館大学政策科学部教授

〜 主要著作

『国際収支の経済学』（共著）有斐閣，1994年

『アジア経済・金融の再生』（共著）東洋経済新報社，1999年

『マネーの動きで読み解く外国為替の実際』（共著）PHP研究所，2007年

『これから10年外国為替はこう動く』（共著）PHP研究所，2009年

『世界経済は通貨が動かす』（行天豊雄編，共著）PHP研究所，2011年

『幻想の東アジア通貨統合——日本の経済・通貨戦略を問う』日本経済新聞出版社，2011年

佐久間　浩司（さくま　こうじ）

➡ 第1章第**3**節，第3章第**4**節，第**12**章，*Column*⑦〜⑧

1988年　京都大学経済学部卒業

東京銀行調査部，東京三菱銀行調査室ロンドン駐在チーフエコノミスト，三菱東京UFJ銀行企画部経済調査室次長，国際通貨研究所

経済調査部長兼開発経済調査部長などを経て

現在，京都橘大学国際英語学部教授

～ **主要著作**

『アジア経済・金融の再生』（共著）東洋経済新報社，1999 年

『世界経済は通貨が動かす』（行天豊雄編，共著）PHP研究所，2011 年

『外国為替の知識（第3版）』（共著）日本経済新聞出版社，2012 年

『国際金融の世界』日本経済新聞出版社，2015 年

読者へのメッセージ

　本書は，筆者の経験をベースに，学生や社会人の皆さんに興味をもって国際通貨・金融問題を勉強してもらえるように，テーマの選択や展開の順序を工夫しました。外国為替や国際金融は複雑でわかりにくいという先入観をもつ人が多いようですが，一通りの基礎的知識さえ身につければ，現実の動きをフォローできるようになります。国際間の経済・金融取引がますます活発になっていく今日，国際金融のしくみを理解することの重要性は高まっています。難しいという先入観を捨て，大いに興味をもって勉強していただきたいと思います。

●**本書の特徴**　　本書は，国際金融を学ぶ学生と国際金融に関心をもつ実社会の人びととを読者に想定しています。複雑で，刻一刻と変化する国際金融のしくみを，わかりやすく丁寧に解説しました。「実務」「理論」「制度」「歴史」という構成により，国際金融の実際のすがたを統合的に理解できるように工夫されています。

●**本書の構成**　　本書は，12章より構成されています。最初に「為替」のしくみをマスターしてから，それを支える「理論」を勉強し，次に為替・金融取引が行われる実際の「制度」とその「歴史」について学びます。最後の章では，近年著しい金融の技術革新について考えます。

●**各章の構成**　　各章は「ポイント」「本文」「*Column*」「本章で学んだキーワード」「練習問題」で構成され，複合的に理解できるようになっています。

●**ポイント**　　各章の扉に「ポイント」をおき，その章での学習の到達目標を確認できるようにしました。

●*Column*　　いくつかの章に*Column*が組み込まれています。本文の内容に関連した興味深いテーマについて，より発展的に解説しました。

●**キーワード**　　ゴチック（太字）になっている言葉は「国際金融」を理解するための重要なキーワードです。各章末のボックスのなかにまとめましたので，その章の学習の成果の確認にお役立てください。

●**練習問題**　　各章末に，その章の内容についての練習問題を掲げました。より進んだ学習や，理解度のチェックにご利用ください。

●**参考文献**　　巻末に，さらに進んだ学習のための参考文献がリストアップされています。入手しやすいものを基本的に選びましたので，お役立てください。

●**索　引**　　巻末に，索引を精選して用意しました。より効果的な学習にお役立てください。

第**8**章　国際通貨制度の変遷　　　　135
　　　　　　　　どのような歴史を経て今日の姿になったか

　　　　　　金融のグローバル化の問題点と解決策

Column 一覧

国際的な支払いのしくみ

INTＥRNATIONAＬ

ポイント

➡ 国際的な決済のしくみ（外国為替）と国内における決済のしくみ（内国為替）との違いを理解する。

➡ 内国為替にはない為替リスク，外為決済リスクを学ぶ。

➡ 貿易取引のしくみとグローバル化や電子取引の広がりなどによる変化を理解する。

FINANCＥ

1 内国為替と外国為替

●国内支払いと国際的な支払いの違い

国際金融と外国為替

最初に本書の執筆方針について述べておきたい。「国際金融論」(international finance) の研究テーマには2つの側面がある。1つは，国際間の経済取引の決済のしくみと，その際に必然的に発生する通貨の交換にかかわるさまざまな問題である (exchange の側面)。もう1つは，さまざまな形態での国際間の資金の貸し借りの問題である (finance の側面)。本書は前者に力点をおいて，その実務，理論，制度，歴史を解説する。

まず最初のテーマは，国際間の経済取引の決済のしくみである

外国為替の理解である。「為替」とは「隔地間の債権・債務の決済または資金の移動を，現金を直接移動することなしに金融機関（銀行）の決済機能を利用して行うしくみ」ということができる。資金の移動が国内で行われるならば内国為替，外国との間で行われるならば外国為替と呼ばれる。国際金融を理解するためには，まず外国為替の理解が出発点になる。

内国為替

外国為替の前に，まずは身近な**内国為替**のしくみをみてみよう。**図 1–1** にあるように，いま東京の A 社が大阪の B 社から 100 万円相当の商品を購入し，その代金を送金によって支払う場合を考える。A社は東京の取引銀行である C 銀行に同社名義の預金口座から 100万円を引き出し，その資金を大阪の D 銀行の B 社名義の預金口座に振り込むように依頼する。すると C 銀行は D 銀行に 100 万円を支払い，D 銀行の B 社名義の預金口座に入金するように指図をする。C 銀行から D 銀行への指図は，全銀システム（全国銀行データ通信システム）を通じて行われる。

　ここで重要な点は，C 銀行が大阪の D 銀行に現金を輸送するわけではないことである。国内の銀行は中央銀行である日本銀行に預金口座を保有しているので，日本銀行にある C 銀行名義の預金口座（勘定ともいう）から 100 万円を引き落とし，D 銀行名義の預金口座に入金する操作が行われる。すなわち，日本銀行において，100 万円を C 銀行の口座から D 銀行の口座に振り替えるのである。

　こうした内国為替（国内送金）の手続きは，今日では銀行の窓口や ATM（Automated Teller Machine）で行うことができるのみならず，銀行に出向かずにオンライン・バンキング（ネット・バンキング）を利用してパソコンやスマートフォンで行うこともで

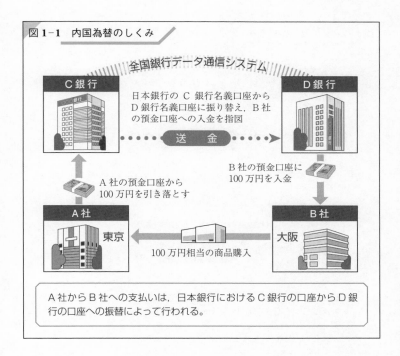

図1-1　内国為替のしくみ

全国銀行データ通信システム

C銀行

日本銀行の C 銀行名義口座から D 銀行名義口座に振り替え，B 社の預金口座への入金を指図

送　金

D銀行

B 社の預金口座に 100 万円を入金

A 社の預金口座から 100 万円を引き落とす

A社　東京

100 万円相当の商品購入

B社　大阪

A 社から B 社への支払いは，日本銀行における C 銀行の口座から D 銀行の口座への振替によって行われる。

きる。

| 外 国 為 替 |

外国為替は，この内国為替と原理的には同じであるが，資金の支払いが国内ではなく国際間，すなわち国境を越えるために，2 つの重要な違いが生まれる。

　内国為替と同様に具体例で考えてみよう。**図1-2** に示すように，東京の A 社は 1 万ドル相当の商品をニューヨークの B 社から輸入（購入）し，その代金を外国送金によって支払う場合を考える。A 社はドルを保有していないので，1 万ドルに相当する円を東京の取引銀行である C 銀行に支払うことで，1 万ドルを

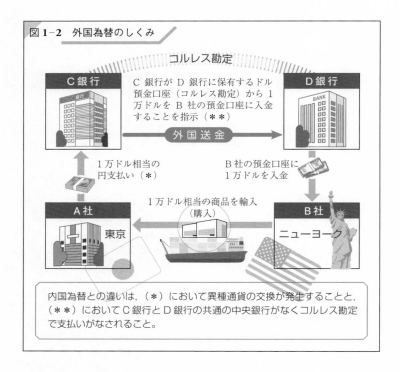

図1-2 外国為替のしくみ

コルレス勘定

C銀行

C銀行がD銀行に保有するドル
預金口座（コルレス勘定）から1
万ドルをB社の預金口座に入金
することを指示（＊＊）

外国送金

D銀行

1万ドル相当の
円支払い（＊）

B社の預金口座に
1万ドルを入金

A社
東京

1万ドル相当の商品を輸入
（購入）

B社
ニューヨーク

内国為替との違いは，（＊）において異種通貨の交換が発生することと，
（＊＊）においてC銀行とD銀行の共通の中央銀行がなくコルレス勘定
で支払いがなされること。

ニューヨークのD銀行のB社名義の預金口座に振り込むように
依頼する。すると，C銀行はD銀行に1万ドルを支払い，それ
をB社の預金口座に入金するように指図をする。

　内国為替との第1の相違点は，国境を越えると流通する通貨が
異なるため，外国為替においては異なる通貨の間の交換が発生す
ることである。この場合，A社はC銀行に支払った円をドルに
交換してもらい，そのドルの送金を依頼している。すなわち，A
社はC銀行に円を売ってドルを買い，買ったドルの送金を依頼
している。日本では円，アメリカではドルが流通しているため，
円とドルとの通貨の交換（売買）が発生するのである。

第2の相違点は，支払側と受取側の間で共通の中央銀行が存在しないことである。このため，C銀行とD銀行は，内国為替のように中央銀行における預金口座の振替によって支払いを行うことができない。国が異なれば中央銀行も異なるし，世界の中央銀行といったものは存在しないからである。このため，外国為替の取引を行う銀行は，海外の支店や為替取引に関する契約（**コルレス契約**）を結んだ外国の銀行（**コルレス銀行**；correspondent bank の略称）との間で，相手国通貨の預金口座（**コルレス勘定**）を相互に保有しあって，その勘定で引落としや入金を行うことで支払いを行っている。

この例の場合は，ニューヨークのD銀行がC銀行のコルレス銀行であれば，C銀行がD銀行に保有する預金口座から1万ドルを引き落として，そのドル資金をB社名義の預金口座に入金することで支払いが完了する。D銀行がC銀行のコルレス銀行でなければ，アメリカにあるC銀行の支店，あるいはC銀行のコルレス銀行からアメリカの内国為替によってD銀行に対して支払いが行われる。

2 外国為替のリスク

●2通貨間の交換から生じるリスク

為替リスク

外国為替では内国為替と異なり，異なる通貨の交換が行われる。交換とは通貨の売買であり，たとえば，円を売ってドルを買う，ドルを売って円を買うといった取引である。この取引で使われる通貨と通貨の交換比率は外国為替相場，もしくは為替相場と呼ばれる。たとえば，1ドルが100円と交換される場合は，1ドル＝100円と表現でき

るものが為替相場である。

　円とドルの間の為替相場は時々刻々と変化するので，この変化によって損失を被ることもあれば，利益を得ることもある。図1-2の例において，A社が1万ドルの送金を行う時点での為替相場が1ドル＝100円であると事前に予想して100万円を準備していても，決済（支払い）を実行する時点で予想と異なって1ドル＝95円であれば95万円の支払いで済むので5万円が残るが，1ドル＝105円であれば105万円の支払いが必要になり，5万円を追加で準備する必要が出てくる。

　将来が不確実であることから損失を被ったり利益を得たりする可能性があることをリスクといい，為替相場の変動から生じるリスク（為替相場変動リスク）を**為替リスク**という。リスクは，日常会話では損失の可能性のみを強く意識する傾向があるが，損失と利益の双方の可能性を意味することに注意が必要である。

　国際間の経済取引では為替リスクをなくしてしまうことはできない。円とドルの間の為替相場は自由に変動するしくみになっているからである。したがって，為替リスクにさらされている個人，企業，金融機関，政府は，このリスクに備える必要がある。そのためには，為替相場変動の原因，またその変動から受ける影響，さらに為替リスクの管理方法についての知見が不可欠である。これらは本書の主要テーマの1つであり，次章以降で解説する。

外為決済リスクとは

異なる通貨の交換から発生するリスクとして，為替リスクの他に外国為替決済リスク（以下では**外為決済リスク**という）がある。通貨の交換において，一方の当事者が一方の通貨を支払ったにもかかわらず，取引相手からもう一方の通貨を受け取れないリスクのことである。これは日常生活ではあまり意識されないが，日々，大量の通貨の交

換・売買を行う金融機関にとっては重大なリスクである。

　実際，1974年6月にこのリスクが顕在化して多額の損失が発生した。西ドイツの中堅銀行であったヘルシュタット銀行は，外国為替取引の失敗によって破綻して銀行免許が取り消された。この日に同銀行との間で，西ドイツ・マルク（当時の西ドイツの通貨）を売ってドルを買う取引をして，ドイツ時間でマルクを支払った銀行は，ニューヨーク時間にアメリカの銀行を通じてドルを受け取る予定であった。しかし，ドイツ時間の15時30分，すなわちニューヨーク時間の午前10時30分に，ヘルシュタット銀行の銀行免許が取り消されたため，受け取るはずのドルを受け取ることができなかった。

　この事件により外為決済リスクはヘルシュタット・リスクとも呼ばれ，その後もこのリスクが顕在化し多額の損失が発生した事例はいくつもある。為替リスクは取引した資金に為替相場の変動率をかけた部分の損失であるが，外為決済リスクは取引した資金の全額を失うリスクであり，元本リスクともいう。通常は問題とならないが，金融機関の破綻が起こる金融危機の際には重要な問題となる。

外為決済リスクの原因と対応策

　このリスクは，2通貨間の売買において，売った通貨を相手に支払う時点と買った通貨を相手から受け取る時点が同時であれば発生しない。支払う時点よりも受け取る時点が遅れることによって，このリスクは発生する。

　売買される通貨は，それぞれの通貨発行国の決済システム（内国為替）によって受け渡される。つまり，中央銀行に預けている民間銀行の預金の振替で決済される。中央銀行の業務時間には時差があるので，決済リスクが発生するのである。

こうした時差をなくすために，世界の主要中央銀行の強い働きかけのもとで，世界の主要銀行が株主となって，CLS（Continuous Linked Settlement）銀行が 2002 年に開業した（CLS 銀行の業務の詳細は第 12 章を参照）。世界で共通の時間帯を決め，CLS 銀行を通じてその時間帯で通貨の支払いと受取りが同時に行われている（同時決済）。

3 貿易取引と外国為替

●電子化でも必要な信用補完

古典的な外国為替取引は貿易取引の決済である。今日では金額の大きさからいえば，銀行貸出や証券投資などから発生する外国為替のほうがはるかに大きい。しかし，さまざまな商品の貿易取引は，最も重要な国際経常取引であることに変わりはない。そこでの外国為替のしくみを理解することは，非常に重要である。

貿易取引の決済の全体像

貿易取引の決済，すなわち貿易決済の方法は，大きく荷為替手形決済と外国送金に区別される（**図 1-3**）。**荷為替手形**は，代金を受け取る側が支払う側宛に発行する「為替手形」に「**船積書類**」が付随されたものである。荷為替手形決済は，さらに「信用状付取引」と「信用状なし取引」に分かれる。信用状なし取引は慣習として D/P・D/A と呼ばれることが多い。

外国送金は，資金決済は銀行から送金で行われ，商品の受取りに必要な船積書類は別途輸出業者から輸入業者に直送される。これらの決済方法のなかで，最も複雑な方法が信用状付の荷為替手形決済である。

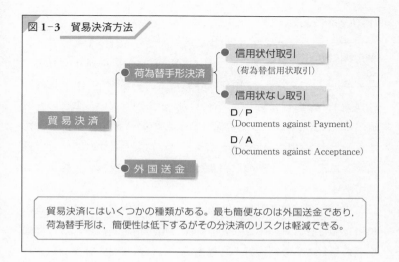

図1-3 貿易決済方法

貿易決済
├─ 荷為替手形決済
│   ├─ 信用状付取引
│   │   （荷為替信用状取引）
│   └─ 信用状なし取引
│   D/P
│   （Documents against Payment）
│   D/A
│   （Documents against Acceptance）
└─ 外国送金

貿易決済にはいくつかの種類がある。最も簡便なのは外国送金であり，荷為替手形は，簡便性は低下するがその分決済のリスクは軽減できる。

信用状取引とは　　信用状取引（荷為替信用状取引と同義）とは，輸出業者と輸入業者の間の伝統的な決済方法である。お金を受け取る側（輸出業者）が「為替手形」を振り出して，支払う側（輸入業者）から代金を取り立てる方法であるが，輸入業者の取引銀行が発行する信用状で決済を保証するしくみをとっている。

　なお，為替手形とは，代金を受け取る側が支払う側宛に発行する「一定金額を一定期日に支払うことを指図する証書」である。

　貿易は外国との取引であるので，取引相手を調査したうえで売買契約を結ぶとはいえ，輸出業者は代金の支払いが確実に行われるのかどうか不安が残る。また，輸入業者も契約通り商品が届くのかどうか不安である。こうした両者の不安を取り除くために，輸入業者の取引銀行が，輸出業者に対して，条件に合致した船積書類の呈示を条件に輸入代金の支払いを保証する書類が信用状

（Letter of Credit；略語で L/C）である。

___信用状に書いてあること___

信用状には，商品の明細書である送り状（インボイス），商品が指示通りの方法で船積みされたことの証明書（船荷証券），輸送途上のリスクに対し要求通り保険が掛かっていることの証明書（保険証券），商品の品質保証書などの船積書類を添えて為替手形を呈示すれば，代金を支払うという約束が書かれている。輸入業者に代わって，その取引銀行が輸出業者に支払いを約束するのである。

信用状は，輸出業者に対する支払いの約束書だが，輸出業者宛に直接発行されるのではない。実際に信用状が届けられるのは輸出側の銀行であり，銀行から輸出業者に信用状の内容が通知される。この輸出側の銀行を通知銀行というが，通知銀行を経由することで，輸入業者は確かに信用状が届けられたことを確認できる。

銀行が間に入ることにより，輸出入業者間だけでは不十分な信用が補完される。もちろん，銀行同士も，こうした貿易取引の仲立ちをする相手方として信用できるかどうか，お互いに定期的に審査している。

___信用状取引の流れ___

信用状取引は，以下のような流れで進む（図1-4）。

①まず輸出入業者の間で売買契約が成立する。

②輸入業者は，自分の取引銀行に信用状の発行を依頼する。この銀行は発行銀行，ないし輸入銀行と呼ばれる。銀行は，輸入業者に代わって輸出業者に支払いを約束するため，輸入業者から信用状の金額に見合った担保を取ることが多い。

③輸入側の銀行は輸出側の銀行に，輸出業者を受益者とする信用状を送付する。

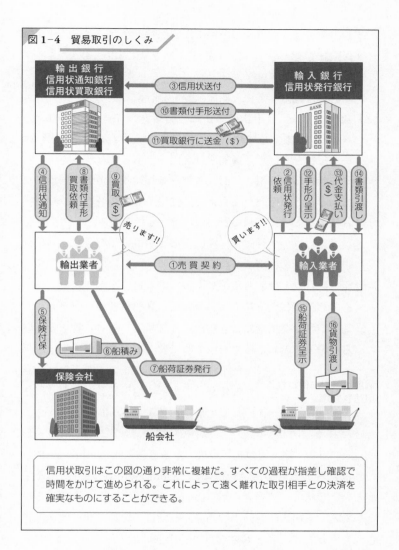

図1-4　貿易取引のしくみ

輸 出 銀 行
信用状通知銀行
信用状買取銀行

輸 入 銀 行
信用状発行銀行

③信用状送付
⑩書類付手形送付
⑪買取銀行に送金（$）

④信用状通知
⑧買取依頼
⑨買取（$）

②信用状発行依頼
⑫手形の呈示
⑬代金支払い（$）
⑭書類引渡し

売ります!!

買います!!

輸出業者
①売買契約
輸入業者

⑤保険付保
⑥船積み
⑦船荷証券発行

⑮船荷証券呈示
⑯貨物引渡し

保険会社

船会社

信用状取引はこの図の通り非常に複雑だ。すべての過程が指差し確認で
時間をかけて進められる。これによって遠く離れた取引相手との決済を
確実なものにすることができる。

④信用状を接受した銀行は，輸出業者に信用状を通知する。こ
のため，この銀行は通知銀行と呼ばれる。

⑤輸出業者は，信用状の条件に従い保険をかけ，保険会社から保険証券を入手する。

⑥船積みをする。

⑦船会社は輸出業者に，船荷証券を発行する。

⑧輸出業者は，信用状に書かれた船積書類（船荷証券や保険証券など）を添付して輸出手形を銀行に呈示する。この銀行は買取銀行と呼ばれ，通知銀行と同一であることが多い。

⑨買取銀行は，信用状に記載された条件通りの書類が呈示されていることを確認したうえで，輸出手形を買い取る。輸出業者にとっては，これで貿易決済は完了する。

⑩買取銀行は，発行銀行に輸出手形と船積書類を送り，⑪発行銀行はそれを決済する。

⑫発行銀行は，到着した手形を輸入業者に呈示して代金支払いを求め，⑬代金支払いと引換えに，⑭船積書類を引き渡す。

⑮輸入業者は荷揚港に行き船荷証券を呈示し，⑯貨物を受け取る。輸入業者にとっても，これで貿易取引が完了する。

信用状取引に使われる用語や書類

信用状取引には，さまざまな手形，証券，書類が登場する。輸出業者から振り出される手形は為替手形（Bill of Exchange）と呼ばれる。同じものを，輸出側の銀行で扱うときは輸出手形（Export Bill），輸入側の銀行で扱うときは輸入手形（Import Bill）と呼ばれることもある。船積書類（Documents）が付随する手形という意味で，荷為替手形（Documentary Bill）と呼ばれることもある。輸出入業者間の契約によっては，貿易書類は別途直送され，銀行に持ち込まれるのは為替手形のみの場合（この手形はクリーン・ビル／Clean Bill と呼ばれる）もある。それと区別した呼び方が荷為替手形である。

船積書類（Shipping Documents）については，商業送り状（Commercial Invoice），船荷証券（Bill of Lading），保険証券（Insurance Policy），包装明細書（Packing List），検査証明書（Inspection Certificate），原産地証明書（Certificate of Origin）などがある。なかでも重要なのは，商業送り状，船荷証券，保険証券である。

(1)　商業送り状

　輸出業者が輸入業者に宛てた出荷の明細書である。当初の両者の契約通りに，契約の日付，契約番号，商品名，数量，単価，諸費用などが記載されている。オンライン・ショッピングで商品が届けられるとき，箱や封筒の中に入っている送り状と同じものである。

(2)　船荷証券

　船会社が船積みした際に預かり証として発行するものが船荷証券であるが，商取引上，ただの預かり証ではない。輸送品を確かに受け取り，船積みした事実を認定し，指定された荷揚港まで輸送し，そこで正当な船荷証券所持人に引き渡すことを約束した書類である。これは有価証券として扱われる。

　船荷証券は荷物を引き取る者（荷受人）が記名式のものと指図式のものがある。記名式とは，船荷証券上に荷受人の名前が記載されているもので，指図式とは，輸出業者の指図により誰でも荷受人になれるものである。信用状取引で船荷証券を発行する場合は指図式が多い。最終的な支払義務を負う輸入業者が支払不能に陥った場合，輸出銀行あるいは輸入銀行は船荷を担保として差し押さえる。そのため，輸入業者ではなく銀行が荷受人になることも想定した形式にするのである。なお，記名式でも指図式でも裏書により譲渡可能である。

　貨物を空輸する場合は，航空貨物輸送状（Air Waybill）が輸送

書類となる。これは，有価証券ではなく単なる運送会社の荷物受取証である。航空便の場合は，貿易書類よりも速く荷物が輸入地に到着することが多々あることから，もし有価証券にして，その原本がなければ荷物を受け取れないようにすると，せっかく航空便で速く輸送した意味が薄れてしまうためである。こうした実務上の利便性が重視されている。航空便を使う場合は，貨物を担保として間に入る銀行が立て替え払いをするのではなく，輸出入業者間の信頼のうえに，送金で決済を済ませることが一般的である。

(3) 保険証券

保険証券は，輸送中の貨物に起こる事故などさまざまなリスクを保証するためのもので，裏書により譲渡が可能である。信用状に対象となる事故の範囲（沈没，火災など）などの保険の条件が記載されている。

(4) その他補足的な書類

原産地証明書は，商品の原産地を証明した公文書である。包装明細書は，荷造りの中身について書かれた明細書である。検査証明書は，商品の品質を保証し，輸出入国の法規にかなった品物であるかなどについて，指定機関が発行するものである。

信用状取引の大事な原則

信用状取引で重要なのは，実際の貨物の状態や内容に問題があっても，書類上不備がなければ輸出業者は支払いを受けることができるという点である。これにより，輸出業者の資金回収の不確実性が大きく軽減され，グローバル・サプライチェーンのなかでの物流や決済が効率的に流れる。

逆に信用状と船積書類の内容に不一致があると，信用状発行銀行が手形の支払いを拒否する可能性がある。このため信用状買取銀行は書類のチェックを厳正に行い，不一致を発見したときには，

手形買取りに先立ち発行銀行や輸出業者と対応を協議することもある。

　発行銀行との協議とは，不一致の詳細を伝えたうえで，それでも支払うかどうかの保証を取り付ける作業である。輸出業者との協議とは，不一致が理由で発行銀行が支払いを拒否した場合は，手形買取りをキャンセルすることの了解を取り付ける作業である。実際の銀行での輸出手形買取業務において，信用状と船積書類の内容不一致やこうした協議は日常的に起こる。

D/P, D/A

信用状取引以外の貿易決済方法に，D/P・D/A がある。D/P・D/A の元来の意味は，荷為替手形の「渡し方」を表す用語であった。D/P は「Documents against Payment」の略語で，手形の「決済」と引換えに船積書類が渡される方法である。また，D/A は「Documents against Acceptance」の略語で，手形の「引受」と引換えに船積書類が渡される方法である。つまり信用状のあるなしに関わりなく，単に船積書類受渡しの条件を表すものであった。信用状付の D/P や D/A もあったのである。しかし，リスク管理の観点から，D/P か D/A かが問題になるのは信用状なしの取引が多かったため，しだいに D/P・D/A といえば信用状なし取引を指すようになった。

　D/P・D/A の荷為替手形の流れは，信用状取引の場合と同じである。違いは，信用状の発行がないことにあり，輸入側銀行の支払いの約束なく，輸出業者は輸入業者の信用のみに依存することになる。

　D/P では，輸入業者は手形決済と引換えに輸入側銀行から船積書類を受領する。つまり，荷物と代金は引換えになる。輸出業者にとって代金回収のリスクのない条件である。これに対し D/

Ａは，輸入業者は手形引受と引換えに輸入側銀行から船積書類を受領する。手形引受とは，手形を受け取って一定期間後の支払いを約束する行為である。この猶予を輸出業者がそもそもの契約で付与していることを，シッパーズ・ユーザンスという。また，輸入側の銀行が支払いを猶予することを銀行ユーザンスという。ユーザンスとは，輸入代金の支払いの猶予という意味である。

　初めての相手と貿易をするときは，信用状取引にすることが多く，何度か取引を重ねてお互いに信用が高まると，D/P・D/Aに切り替えることが多い。

貿易決済の電子化

信用状取引は，非常に手間のかかる取引である。さまざまなリスクに迅速に対応しなければならない企業にとって，信用状取引の効率化は大きな課題だった。そこで，国際銀行間通信協会（SWIFT）によって開発されたのが TSU（Trade Service Unity）である。TSU は，2007年にスタートした荷為替手形決済の書類照合システムである。輸出業者，輸入業者両サイドから共通のプラットフォームに船積書類の情報が入力され，その後，統一されたレファレンス番号のもとで，決済が完了するまで一貫性をもって管理される。

　輸出業者から輸出手形が呈示されたときも，輸出銀行によってデータが入力され，それが信用状の条件と一致していると，決済に向けて手続きがスムーズに進められる（詳細は第 12 章を参照）。

変わらぬ信用状の重要性

日本をはじめ先進国の全体的な傾向として，貿易決済は，前払い，あるいは後払いの外国送金が大半である。外国送金による貿易決済を別名「オープン・アカウント」と呼ぶ。これは，狭義では輸出業者が輸入業者に請求書を発行した時点で会計上発生する「売掛債権」を意味するが，売掛債権を輸入業者からの

送金で回収するプロセス全体も指す。日本企業は，先進国企業との貿易決済は，ほとんどが売掛金を立て，送金で決済するオープン・アカウントである。銀行から輸出前貸を受けるときには，この売掛金を担保にするのが一般的である。

大手金融機関の個社ベースの実績によれば，オープン・アカウントの拡大に押されて，信用状取引は日本企業にとって1割程度である。世界全体でみてもせいぜい3割程度といわれている。その点では，信用状取引は，趨勢的に減少しており，相対的な重要性は低下しているといって間違いではない。

しかし，存在意義を失うことはない。実際，日本企業の貿易決済は，途上国向けはかなりの部分が信用状取引である。確かに信用力が高い先進国企業相手なら，時間とコストをかけて信用状を使う必要がない。しかし，経済がグローバル化するなかで，途上国との貿易は増える傾向にあり，そこでは相手の信用力は低い。仮に相手企業が信用できても，国全体の法制度やインフラ面でのリスクが大きい。こうした先との取引では，依然として信用状取引が必要である。また先進国企業でも，相手方が中小企業となる機会が増えている。経済のグローバル化のなかで，中小企業も貿易の場に直接出てくる機会は増えている。中小企業同士が直接貿易取引する場合の信用補完として，信用状取引の需要は根強く残っている。

信用状取引や輸出前貸などの貿易与信は，企業向け金融に置き換えられていくという見方もある。しかし，最近のトレンドは逆である。つまり，企業の信用力という総体的なものを拠り所にするのではなく，与信に紐づいた担保をしっかりとらえることが重視されるようになった。企業そのものに与信を行うのではなく，資金使途のプロジェクトごとにしっかりと担保を確保すると

いう考え方である。貿易は商品に裏づけされたプロジェクトであり，銀行の資本に関する国際的なルール（第**10**章第**4**節「バーゼル規制」参照）上も，リスクを軽減する要素とみなされている。

本章で 学んだキーワード **KEYWORD**

内国為替　　外国為替　　コルレス契約　　コルレス銀行
コルレス勘定　　為替リスク　　外為決済リスク　　CLS銀行　　荷為替手形　　船積書類　　信用状取引　　TSU

✎　練習問題

① アメリカの輸入業者が日本の輸出業者に輸入代金を100万円送金する場合のしくみを，図**1-2**に示した外国為替の事例を参考にして説明しなさい。

② 内国為替にはない外国為替に特有のリスクの内容と，その原因を説明しなさい。

③ 荷為替信用状取引の流れを，日本の自動車メーカーがトルコの商社に自動車を輸出する想定で，図**1-4**「貿易取引のしくみ」を参考にして説明しなさい。

さまざまな為替相場の種類と性格

ポイント

◉ 為替相場の表示方法や為替相場変動の用語法を知る。

◉ 直物相場と先物相場の関係を学ぶ。

◉ 銀行間相場と銀行の対顧客相場の関係を理解する。

1 為替相場の表示方法と見方

●どちらの通貨の価値が上がり下がりしているか

自国通貨建てと外国通貨建て

　第1章で説明した通り，国をまたいで行われる取引の決済においては必然的に異種通貨の交換が発生する。アメリカから商品を輸入するケースを想定すると，日本の輸入業者は銀行でドルを買い，そのドルで代金を決済する方法が一般的であるが，仮に円で決済する契約を結んだとしても，この場合は日本では異種通貨の交換は発生しないものの，円で代金を受け取ったアメリカの輸出業者はその円を銀行に売ってドルに換えるので，やはり異種通貨の交換が行われることになる。異種通貨を交換するにあ

たっては，その交換比率が必要になる。それが**外国為替相場**（以下，為替相場と略称）である。

　為替相場は異なる2通貨間の交換比率であるので，その比率を表す場合にどちらの通貨を基準にするかによって，2通りの表示方法がある。

(1)　**自国通貨建て**

　外国通貨1単位が自国通貨でいくらに相当するかという表示方法である。具体的には，1米ドル＝112.01円，1ユーロ＝127.59円，1英ポンド＝149.33円というように表示するのが自国通貨建てである。日本を含めてほとんどの国で，この方式がとられている。

(2)　**外国通貨建て**

　自国通貨を基準として，その1単位が相手国通貨でいくらに相当するかという表示方法である。イギリスが伝統的にこの表示方法をとっており，1英ポンド＝1.3332ドル，1英ポンド＝1.1704ユーロというように表示している。また，ユーロ圏（ドイツ，フランスなどのユーロを自国通貨として採用している国々）でも，1ユーロ＝1.1391米ドル，1ユーロ＝0.8644英ポンドというように表示されている。

　なお，以下では，アメリカの通貨はドルであるが，カナダ，オーストラリア，ニュージーランド，シンガポールなどの国々の通貨もドルと呼ばれるので，それらと区別するために米ドルと表示する。イギリスのポンドも同様の事情から英ポンドという。ただし，現在の世界における中心的な通貨は米ドルであり，20世紀前半以前は英ポンドであったので，文脈上明らかな場合は単純にドル，ポンドという。

為替相場の変動

為替相場は，変動相場制のもとでは市場での需要と供給を反映して時々刻々と変化している。しかも，海外との貿易や資本取引の重要性が高まった今日において，為替相場はそれらに影響を与えるので，テレビのニュースでも毎日欠かさず為替相場の動きが報道されるようになっている。

ところが慣れない人にとっては，為替相場の変動は感覚的に理解しにくく，ときとして錯覚が生じることがある。たとえば，「本日の東京外国為替市場では昨日までの円安の動きがさらに加速し，朝方 1 ドル 101 円 10 銭で始まった円相場は，昼前には 102 円 90 銭をつけました」などとテレビで報道されると，円相場は 101 円 10 銭から 102 円 90 銭に増加しているのに，どうして円高ではなく円安なのだろうかという疑問が生じるかもしれない。ここで「為替相場は外貨という商品の値段である」と理解しておけば，こうした疑問は生じない。

1 ドルの値段が 101.10 円から 102.90 円に上がったので，ドルは高くなったことになる。為替相場は 2 通貨の交換比率であるから，ドルが高くなれば，交換の相手方である円は逆に価値が低下している。すなわち円安である。この報道も「ドル高円安の動きが……」といえば，こうした疑問は生じにくくなろう。大切なことは，「外貨という商品の値段の変化」という理解をはっきりさせておくことである。

なお，1 ドル 101.10 円から 102.90 円に円はドルに対して**減価**（depreciation）した，または，ドルは円に対して**増価**（appreciation）したとも表現できる。増価・減価は価値の増減を意味し，相場の数値の増減とは必ずしも一致しない。為替相場が市場の力で変化するのではなく，政策当局が人為的に固定している

制度のもとでは，基準となる為替相場を増価させることを「切上げ」(revaluation)，減価させることを「切下げ」(devaluation) という。たとえば第 8 章にある通り，日本ではかつて 1 ドル = 360 円の基準相場に固定されていたが，1971 年 12 月に 1 ドル = 308 円へと円はドルに対して切り上げられることになった。

2 直物相場と先物相場

●2 つの相場の違いは金利差で決まる

直物取引と先物取引

外貨の売買である外国為替取引においては，まず売買の実行日や価格（為替相場）などの条件を決めて契約を交わす段階があり（約定），次にこの契約に従って売買を実行する段階（受渡し）がある。たとえば，空港の外貨両替所で申込書を提出し（約定），5 万円を払って 500 ドルの現金を受け取る（受渡し）といった取引においては，約定と受渡しが同時点である。このように，約定が行われるとすぐに受渡しが行われる取引は**直物取引**（spot transaction）と呼ばれ，この取引に使われる為替相場は**直物相場**と呼ばれる。

一方，約定が行われてから将来の一定の時点において受渡しが行われる取引は**先物取引**（forward transaction）と呼ばれ，この取引に使われる為替相場は**先物相場**と呼ばれる。外貨の売買の受渡しは将来の一定の時点に行われるが，売買に使われる為替相場は約定の時点で決定されることを理解しておくことが大切である。

輸出取引を例に考えてみよう。1 ドル = 100 円のとき輸出商談ができたが，船積みを終えて輸出代金を受け取るのは 3 カ月先になるとする。そして為替市場ではドル安円高基調が続いており，3 カ月先に受け取るドルは 1 ドル = 100 円では交換できない恐れ

があるとする。仮に3カ月後に1ドル90円になっていれば, そのときの直物相場でドルを円に交換すると, 1ドルにつき10円の見込損が発生する。

このような場合には, 輸出業者は商談成立と同時に (あるいはその後の為替相場の動きをにらみつつ, しかるべきタイミングで), 銀行を相手に輸出代金の入金時期に期日をあわせてドル売りの先物取引を約定し (**先物予約の締結**という), そのときの為替相場で輸出代金の円への換金額を確定することができる (実際には, 後で述べるように, 先物相場と直物相場の間には両通貨の金利差に相当する開きがあるが, この点はとりあえず無視する)。このように, 先物予約を締結しておけば, 輸出代金がドルで入金になったときにドル安円高になっていても, 銀行と約束した為替相場でドルを円に交換してもらうことができる。

外貨建ての輸入の場合は, 自国通貨が安くなると (円安), 円ベースの支払額が増加する恐れが生じる。いま代金をドルで支払う条件で輸入の商談ができたが, 後日にドルで支払いを実行するまでの間にドル高円安が進む恐れがあるとする。このような場合には, 輸入業者は商談成立と同時に銀行を相手にドルの先物買いの予約を締結することで円ベースの支払額を確定させることができる。支払実行時にドル高円安が進んでいたとしても, 銀行と約束した為替相場でドルを買えるからである。外国とのサービス取引や資本取引でも同じように先物取引が活用されている。

資本取引で先物取引が活用される例を考えてみよう。日本で営業するアメリカ系企業が, アメリカの銀行から期間が6カ月間で100万ドルを借り入れたとしよう。この企業はこの100万ドルを円に換えて, 日本国内の運転資金として使いたいので, 借入時の直物相場1ドル＝100円で1億円に換える。問題は6カ月後の

返済時の為替相場である。もしも6カ月後の為替相場が1ドル＝110円とドル高円安になっていれば，100万ドルの返済資金を用意するためには1億1000万円が必要になるので，1000万円の追加のコストが発生する。もちろん6カ月後に為替相場が逆に1ドル＝90円とドル安円高になっていれば9000万円が必要になるので，1000万円の節約になるが，為替相場がどちらに動くかはわからない。

　そうした為替リスクを回避するためには，銀行を相手に企業は借り入れた100万ドルを直物相場で売却すると同時に，6カ月後に銀行から100万ドルを先物相場で買う契約をしておけばよい。契約の時点で直物相場も先物相場も決まるので，6カ月後に為替相場がどのように変化しても影響は受けず，当初のドル資金借入の時点で円ベースの資金コストを確定できる。

　なお，この取引では，ドル資金の借入を行った企業は，ドルの直物売り，先物買いという2つの為替取引をセットで行ったかたちになっている。このように同一種類の外貨の同一金額について，直物取引と先物取引を反対方向でセットで行う取引は**スワップ取引**（swap transaction）と呼ばれる。ドルの直物売りと先物買い，あるいはドルの直物買いと先物売りという組み合わせである。第**4**章で解説する通貨スワップや金利スワップと区別する必要がある場合は，**為替スワップ取引**（exchange swap transaction）と呼ばれる。

　これに対して，輸出企業が3カ月先のドル売り予約を行ったり，輸入企業が3カ月先のドル買い予約を行ったりする場合のように，一方向の先物取引で外貨を買ったり売ったりする取引は，**アウトライト先物取引**（outright forward transaction）と呼ばれる。

> **金利裁定取引**

計算例を使って直物相場と先物相場の関係を考えてみよう。ドル金利は年利3％，円金利は1％，現時点の直物相場は1ドル＝100円として，100万円の資金を1年間運用するとしよう。100万円を円のままで1年間運用した場合（ここでは「円運用」と呼ぶことにする）の元利合計は，

100万円×（1＋0.01）＝101万円

となる。一方，100万円を1ドル＝100円で1万ドルに換えて1年間運用した場合（ここでは「ドル運用」と呼ぶことにする）の元利合計は，

（100万円÷100円）×（1＋0.03）＝10,300ドル

となる。どちらが有利かは，「円運用」の元利合計の101万円と，「ドル運用」の元利合計の10,300ドルを1年後にドル売り・円買いによって円に換えた金額とのいずれが大きいかで決まる。1年後にドルを円に換える為替相場が，

101万円÷10,300ドル＝98.06（円／ドル）

であれば，「円運用」「ドル運用」のいずれも最終的な円の元利合計は101万円になる。もしも1年後の直物相場がこの相場よりもドル安円高であれば「円運用」が「ドル運用」よりも有利になり，ドル高円安であれば「ドル運用」が「円運用」よりも有利になる。もちろん現時点では1年後の直物相場はわからないので，いずれが有利になるかも確定しない。

しかし，1年後が期日の先物取引を約定することで，「ドル運用」の最終的な円の元利合計を確定させることができる。その先物相場が1ドル＝98.06円であれば，現時点で円の元利合計は「円運用」「ドル運用」のいずれも101万円で確定する。この関係を整理すると，**図2-1**のようになる。

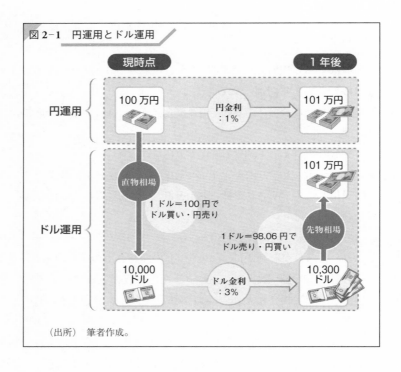

図2-1　円運用とドル運用

| 現時点 | | 1年後 |

円運用

100万円 →（円金利：1%）→ 101万円

ドル運用

直物相場
1ドル＝100円で
ドル買い・円売り

先物相場
1ドル＝98.06円で
ドル売り・円買い

101万円

10,000ドル →（ドル金利：3%）→ 10,300ドル

（出所）筆者作成。

　この計算例における先物相場1ドル＝98.06円には復元力があ
る。なぜなら，先物相場がこの数値から上下いずれに乖離しても，
必ず元に戻る力が働くからである。たとえば，先物相場が1ドル
＝98.06円よりもドル高円安になれば，円の元利合計は「円運用」
よりも「ドル運用」のほうが大きくなる。「ドル運用」のほうが
有利であるので，為替市場では「ドル運用」が拡大するために先
物のドル売り円買い取引が増加する。このために，先物相場にド
ル安円高圧力が働くために，先物相場は1ドル＝98.06円に戻っ
ていく。確かに，直物のドル買い円売り取引も増加するが，現実
には直物相場ではなく先物相場が動く。

このように「円運用」と「ドル運用」を比較してより有利な取引を行うことで利益を得ようとする取引は，**金利裁定取引**と呼ばれる。自由な為替市場では，活発な金利裁定取引によって先物相場が決まるのである。

直先スプレッドと金利差

先物相場の 1 ドル = 98.06 円を算出した算術式は，次のように書ける。

$$\frac{100 万円 (1+0.01)}{\dfrac{100 万円}{100} \times (1+0.03)} = 98.06$$

この分数の分子は 101 万円で分母は 10,300 ドルである。これを文字式に変えると，

$$\frac{100 万円 (1+円金利)}{\dfrac{100 万円}{直物相場} \times (1+ドル金利)} = 先物相場$$

となる。ここで金利は％表示ではなく，1％ならば 0.01 と表示する。これを整理すると，

$$\frac{1+円金利}{1+ドル金利} = \frac{先物相場}{直物相場}$$

となる。この式の左辺は次のような式に近似できることが知られている。

$$1+円金利-ドル金利 ≒ \frac{先物相場}{直物相場}$$

さらに整理すると，

$$\frac{直物相場-先物相場}{直物相場} ≒ ドル金利-円金利$$

となる。この式は「直物相場と先物相場の間には両通貨の金利差

に相当する開きがある」ことを示している。（直物相場－先物相場）は直物相場と先物相場との開きであり，それは**直先スプレッド**と呼ばれる。このことから「直先スプレッドの直物相場に対する比率は金利差に等しい」とも表現できる。この直物相場と先物相場の関係を示した式は，国際金融における最も重要な式の1つであり，**先物カバー付の金利裁定式**（以下，金利裁定式），または**先物カバー付の金利平価**（covered interest rate parity）と呼ばれている。

確認のために金利裁定式に計算例の数値を代入すると，

$$\frac{100-98.06}{100} \fallingdotseq 0.03-0.01$$

となり，左辺の直先スプレッドの直物相場に対する比率は右辺の金利差である 2%（0.02）にほぼ等しいことがわかる。

さらに，金利裁定式から次の式が導出される（3つ前の式を変形すればよい）。

先物相場 ≒（1 ＋ 円金利 － ドル金利）× 直物相場

この式から次のようなことがわかる。

(1) ドル金利が円金利よりも高ければ，先物相場は直物相場よりもドル安円高になる。このことは，**ドル・ディスカウント**（discount），もしくは**円・プレミアム**（premium）と呼ばれる。逆にドル金利が円金利よりも低ければ，先物相場は直物相場よりもドル高円安となる。このことは，ドル・プレミアム，もしくは円・ディスカウントと呼ばれる。このように，金利が高いほうの通貨が資金運用では有利になる代わりに，その通貨の価値は先物相場では直物相場に比べて安くなるのである。

(2) 先物相場は，直物相場と両通貨の金利差から決まる。先物

相場は直物相場と無関係に動くわけではない。また，先物相
場は，将来の直物相場の予想とは異なるものである。

なお，1年後の1年物先物相場ではなく，xカ月物先物相場の
金利裁定式は，月割計算をすればよいので，次のようになる。

$$\frac{直物相場 - x\text{カ月物先物相場}}{直物相場} \fallingdotseq \frac{x}{12} \times (\text{ドル金利} - \text{円金利})$$

3 銀行間相場と対顧客相場

●為替相場の「卸値」と「小売値」

外貨の卸売市場と小売
市場

企業や個人のさまざまな対外取引の決済
にあたって，銀行は決済の仲介機能を果
たしている。その際，銀行が顧客を相手
に外貨を売ったり買ったりする取引に適用するレートが**対顧客相
場**である。

　銀行は多くの顧客と取引することから，外貨が大量に余ったり
不足したりすることがあり，この過不足を調整するために，他の
銀行との間で外貨を売ったり買ったりする銀行間市場が形成され
ている。銀行間市場は，銀行が顧客から買った外貨を処分したり，
顧客に売る外貨を調達したりするための市場，すなわち，外貨の
卸売市場ということもできる。そこで成立する為替相場が**銀行間
相場**であり，外貨の卸値に相当する。銀行はこの卸値をベース
として，それに手数料や金利要因などを加味して，小売値である
対顧客相場を設定する。

銀行間相場

銀行間市場のしくみについては第3章で
詳述するが，競争原理が貫徹している市
場で形成される為替相場は，外貨の需要と供給のバランスを反

映して時々刻々と変化しながらも，１つの相場に収斂する傾向が
みられる。直物相場についても先物相場についても，それぞれの
時点でおおむね１つの相場が成り立っているとみることができる。
テレビや新聞で報道される円ドル相場は，それぞれの時点での銀
行間市場における実勢の直物相場である。銀行間市場の直物相場
は，約定と受渡しが同一日である対顧客相場と異なり，約定から
２日後の受渡しであり，先物相場の期間も約定の２日後から起算
する。

　銀行間相場にはビッド・レートとオファー・レートがある。銀
行間市場でレートを提示している銀行が，外貨を買うために呈示
する相場が**ビッド・レート**で，外貨を売るために呈示する相場が
オファー・レートである。「１ドル＝ 100.02 円 − 100.04 円」と呈
示した場合，１ドル＝ 100.02 円がビッド・レートで，100.04 円が
オファー・レートである。ビッド・レートのほうがオファー・
レートよりもドル安になる理由は，銀行はドルを安く買って高く
売ろうとするからである。ビッド・レートとオファー・レートの
差を**スプレッド**といい，市場参加者間の競争の度合いが高まれ
ば縮小し，市場参加者の不安心理が高まって為替相場の動きが不
安定になれば拡大するなど，為替市場の状態によって変化する。

| 対顧客相場 |

　対顧客相場は，手数料や金利要因が加わ
るのでやや複雑である。**表 2-1** は標準
的な対顧客直物相場の事例である。

　銀行はまず，銀行間相場を参考に基準となる対顧客相場の仲
値を決める。**TTS**（Telegraphic Transfer Selling；**電信売相場**）は，
送金や預金の取引において銀行が顧客に円を対価に外貨を売る際
に適用される相場であり，この例では対ドル相場の対顧客相場の
仲値よりも１円ドル高である。同様に **TTB**（Telegraphic Transfer

直物相場（円）　　　　（2020 年 4 月 9 日）	米ドル	ユーロ
TTS（Telegraphic Transfer Selling；電信売相場）	110.07	120.10
ACC（Acceptance Rate；信用状付一覧払い輸入手形決済相場）	110.23	120.24
CASH S.（CASH Selling；現金売相場）	111.87	122.60
対顧客相場の仲値	109.07	118.60
TTB（Telegraphic Transfer Buying；電信買相場）	108.07	117.10
A/S（At Sight Rate；信用状付一覧払い輸出手形買相場）	107.91	116.90
D/P・D/A（信用状なし輸出手形買相場）	107.61	116.71
CASH B.（CASH Buying；現金買相場）	106.07	114.60

（注）　筆者の計算で対顧客相場の仲値を加えて作成。
（出所）　三菱 UFJ 銀行ホームページに掲載の外国為替相場一覧表より抜粋。

Buying；**電信買相場**）は，送金や預金の取引で銀行が顧客から円を対価に外貨を買う際に適用される相場であり，対顧客相場の仲値よりも 1 円ドル安である。売相場が仲値よりも 1 円ドル高で，買相場が仲値よりも 1 円ドル安であるのは，銀行は外貨を「安く買って高く売る」ためであると理解すればよい。売相場と買相場の差額が銀行の手数料に相当する。

　A/S（At Sight Rate；信用状付一覧払い輸出手形買相場）は，円を対価に外貨建て手形を顧客から買う際に適用される為替相場である。銀行が信用状に基づいて振り出された手形を買った時点から，その手形を信用状発行銀行に送付して外貨資金の支払いを受ける時点の間，銀行は外貨資金を顧客に代わって立て替えていることになるので，その期間の金利相当分だけ電信買相場よりも外貨安の相場になる。信用状なし輸出手形買相場は，信用状付よりも信用リスク（手形の支払いが行われないリスク）が高いために，

表 2-2 対顧客米ドル先物相場（2020 年 4 月 9 日）

(円／ドル)

	売　り	買　い
4 月渡	110.07	107.98
5 月渡	110.01	107.87
6 月渡	109.92	107.76
7 月渡	109.82	107.64
8 月渡	109.73	107.54
9 月渡	109.65	107.44

（出所）『日本経済新聞』掲載の三菱 UFJ
銀行の相場。

相場は A/S よりもさらに外貨安の相場になる。

　ACC（Acceptance Rate；信用状付一覧払い輸入手形決済相場）は，外貨建て手形の代金を顧客が支払うにあたって，日本の信用状発行銀行が顧客に円を対価に外貨を売る際に適用される相場である。輸出地の銀行が，信用状発行銀行の外貨建て勘定から手形の代金を引き落とした時点から，手形が輸出地から輸入地に送られて，輸入側の信用状発行銀行に顧客から手形の代金が支払われるまでの期間は，この銀行が外貨資金を立て替えていることになるので，その期間の金利相当部分だけ，電信売相場よりも外貨高の相場になる。

　現金売相場は，銀行が顧客に円を対価に外貨現金を売る際に適用される相場で，外貨現金の輸送・保管・保険などの費用を織り込んでいて，電信売相場よりも外貨高の相場である。同様に，現金買相場は電信買相場よりも外貨安の相場である。

　先物相場については，順月確定日渡し（outright forward rates

〔fixed date〕）と暦月オプション渡し（calendar month delivery with option）の2種類がある。前者は外貨の受渡しを約定日の1カ月先，2カ月先，……の応当日に行う取引に適用される相場で，後者は外貨の受渡しの時点を月単位で区切り，それぞれの月のどの日に受渡しをするかを顧客が選択できる取引に適用される相場である。表2-2には後者のタイプの先物相場が示してある。

　　練習問題

① 先物取引の為替リスクヘッジ機能を，輸入取引のケースで具体的に説明しなさい。

② 円金利1％，ドル金利4％，直物相場1ドル＝100円の場合の1年物先物相場と3カ月物先物相場を計算しなさい。

③ 新聞が報道する円ドル相場の銀行間相場を探して，銀行の担当者になったつもりで電信売相場，電信買相場を決め，その根拠を説明しなさい。

第3章 外国為替市場

グローバルなネットワーク

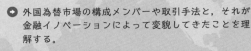

ポイント

- 外国為替市場の構成メンバーや取引手法と，それが金融イノベーションによって変貌してきたことを理解する。

- 世界の外国為替市場において，各国の市場や通貨が互いにいわば競争している実態を知る。

- 外国為替市場とも密接に関係する国際金融市場の概要を理解する。

1 外国為替市場の構成

●市場参加者を結ぶ目に見えないネットワーク

外国為替市場とは

国際間の経済取引が活発に行われるなかで，決済にあたっては，そのつど異なる通貨の間の交換が発生するので，人々はできる限り有利な条件でその交換を実行しようとする。このため，企業や個人は直物取引，先物取引，その他のさまざまな取引を使って日常的に外貨の売買を銀行を相手に行っており，銀行間でも活発な外貨の売買が行われている。このように外貨（銀行間で売買されるものは預金通貨であるが，銀行と顧客との間では手形，小切手，現金も取引の対象にな

35

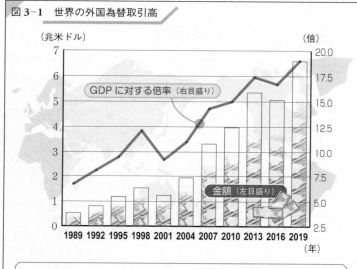

図 3-1 世界の外国為替取引高

（兆米ドル）　　　　　　　　　　　　　　　　　　（倍）

GDP に対する倍率（右目盛り）

金額（左目盛り）

1989 1992 1995 1998 2001 2004 2007 2010 2013 2016 2019
（年）

世界の外国為替取引高は金額ベースでも GDP に対する倍率でも，拡大傾向が続いてきた。

（注）　4月の1営業日平均取引高。これに年間営業日数（250 とした）
　　　をかけてその年の GDP で除したものが，GDP に対する倍率である。
　　　世界の GDP は各国の GDP を実勢為替相場（購買力平価ではなく）
　　　で換算したものを合計したもの。

（出所）　IMF, *World Economic Outlook Database*, BIS, *Triennial
　　　Central Bank Survey*.

るので，広く外貨資産ということもできる）を売買する場を総称して，外国為替市場，または為替市場という。

　ここでの「場」や「市場」は，生産物，果物，野菜などの卸売市場のような目に見える特定の場所を意味するものではない。確かに，顧客は銀行や両替所という特定の場所で通貨の売買を行う。また，銀行や専門の業者が集まって多額の外貨を売買する取引所も存在する。こうした目に見える場所も含めて，外貨の売買

のために銀行などの金融機関，個人，企業，政府，通貨当局などが，さまざまな通信手段によって互いにつながったネットワーク全体が外国為替市場と呼ばれている。

BIS（国際決済銀行）は3年ごとに世界の外国為替取引高を発表しており，**図3-1**に示すように金額ベースでもGDPに対する倍率でも急拡大を続けてきた。2019年4月中1営業日平均で6兆5900億米ドル，仮に年間250営業日とすると世界のGDP総額の19倍もの規模に達している。

市場の構成　外国為替市場の構成メンバーは，次の4つのカテゴリーに分類することができる。

(1) 銀行の顧客

銀行を相手に外貨を買ったり売ったりする企業，保険や証券などの銀行以外の金融機関，政府，各種団体，個人などである。

(2) 銀　　行

銀行は市場の中心的なメンバーである。顧客を相手に外貨の売買を行う一方で，銀行間でも売買を行う。銀行間の売買は，対顧客取引で生じる外貨の余剰や不足を調整するため，また自らの資金運用・調達のために行われる。日本では長らく外国為替取引は外国為替公認銀行（対顧客外国為替取引の許可を得た銀行；為銀）を通じて行うのが原則となっていたが，1998年4月1日に発効した新しい外為法（外国為替及外国貿易法）では，銀行を通じない外国為替取引も可能になった（為銀主義の撤廃）。しかし，銀行は，預金業務を扱い決済機能を担うので，企業や個人などとの取引においても，銀行以外の金融機関との取引においても，中心的な存在であり続けるであろう。

(3) 為替ブローカー

為替ブローカーは銀行間の為替取引の仲介業者で，自ら外貨を

売買することはなく，もっぱら銀行間の外貨の売買を電話や電子取引を通じた仲介をして手数料を稼いでいる。

(4) 中央銀行

中央銀行は一般の企業や個人とは取引しないが，為替市場の動きをコントロールする目的から，状況に応じて銀行間市場での外貨の売買に参加する。

上記の4者で構成される市場が，広い意味での外国為替市場である。しかし，外国為替市場の動向が話題となるときは，銀行間市場での動きが注目されることが多い。銀行は顧客との為替取引で生じた外貨・資金ポジションを調整するために他行と売買する。また相場の動きをうまくとらえて為替売買益を生もうという積極的な売買もする。こうした銀行間の外貨売買は非常に活発で，銀行間市場は対顧客取引を大きく上回るスケールで形成されている。

2 外国為替市場の取引形態と種類
●イノベーションで変貌してきた市場取引

| 取引形態 |

外国為替取引は通信手段によって，テレフォン・マーケットでの取引と電子取引に分けられる。前者は電話による取引である。外国為替市場は，もともとはテレフォン・マーケットとして発展してきたが，1990年代以降，電子取引（電子的な取引システム）が拡大してきた。

また，直接取引と間接取引に分けることができる。為替ブローカーや電子ブローキングに頼らず銀行間で直接行われる取引は，インターバンク・ダイレクトやダイレクト・ディーリングと呼ばれている。ブローカーなどによる仲介手数料を節約できることや，当事者間の取引であるため，市場に影響を与えないで大口の取引

を行えるなどのメリットがある。

間接取引は，**電子ブローキング**と**ボイス・ブローキング**に分けられる。電子ブローキングは，売手と買手の注文を電子的にマッチングして取引を成立させるものである。EBS（Electronic Broking System）やトムソン・ロイター・マッチング（Thomson Reuters Matching）がある。ボイス・ブローキングは，仲介人が売手と買手の注文を取り次いで取引を成立させるものである。これを行う業者が為替ブローカーである。電子ブローキングの台頭でシェアを落としてきたが，取引の少ない通貨の取引を成立させたり，為替ディーラー間での情報交換などにおいても一定の役割を果たしている。

銀行間市場ではなく対顧客市場では，大手銀行ディーラーと顧客（事業法人や中小銀行）の間で人手を介した取引はカスタマー・ダイレクトと呼ばれている。人手を介さずに電子的に取引を成立させるしくみは電子トレーディングと呼ばれ，単独の銀行が提供するシステムは「シングルバンク・システム」，複数の銀行が提供するシステムは「マルチバンク・システム」と呼ばれている。

近年の変化としては，取引の自動化や高速化が指摘されている。コンピューターがプログラムに基づいて市場の状況に応じて最適な売買を自動的に行う**アルゴリズム取引**（Algorithmic Trading）や，コンピューターが小口に細分化した取引を短時間のうちに大量に売買する**高頻度取引**（High-Frequency Trading；HFT）がある。

大手金融機関は，ヘッジファンドや投資会社などに対して，一定の取引枠の範囲内で銀行間取引に直接参加できるサービスを提供している。これは「**プライム・ブローカー業務**」と呼ばれてお

り，このことにより，銀行間市場と対顧客市場の間の垣根は以前よりも曖昧になってきている。

取引種類　外国為替市場で行われる外国為替取引の種類には，直物取引，先物取引，為替スワップ取引，通貨スワップ取引，オプション取引がある。日本銀行の調べでは 2019 年 4 月中の日本の外国為替取引に占めるシェアは，順にそれぞれ 26.0％，16.3％，52.0％，1.6％，4.1％である。

直物取引は，外貨売買の約定後ただちに通貨の受渡しが行われる取引であるが，銀行間取引では約定から 2 営業日後に通貨の受渡しが行われることが慣行となっている。

先物取引は，外貨売買の約定から一定期間後の将来に通貨の受渡しが行われる取引であるが，銀行間取引では約定から 2 営業日よりも後に通貨の受渡しが行われる取引である。

為替スワップ取引は，外貨の直物買いと先物売り，もしくは，外貨の直物売りと先物買いを組み合わせた取引である。前者は直物の受渡日と先物の受渡日の間の期間における外貨調達・自国通貨運用，後者は外貨運用・自国通貨調達を意味し，外国為替取引で最も多く行われている取引である。通貨スワップ取引は異なる通貨の債務の利払い・返済を交換する取引である。

オプション取引は，外貨を決められた一定の為替相場で，将来の一定期間または一定の期日に買ったり売ったりする権利を売買する取引である。

取引通貨　外国為替市場で取引される通貨は先進国通貨から新興・発展途上国通貨までさまざまであるが，取引量が多いのは，国際的に決済通貨，準備通貨として使用される度合いの高い一部の先進国通貨である。なかでも，ドルを対価とする為替取引の割合が依然として圧倒的に高

表 3-1　世界の為替取引における通貨別シェア

(%)

年	2004	2007	2010	2013	2016	2019
米ドル	88.0	85.6	84.9	87.0	87.6	88.3
ユーロ	37.4	37.0	39.0	33.4	31.4	32.3
日本円	20.8	17.2	19.0	23.0	21.6	16.8
英ポンド	16.5	14.9	12.9	11.8	12.8	12.8
豪ドル	6.0	6.6	7.6	8.6	6.9	6.8
カナダドル	4.2	4.3	5.3	4.6	5.1	5.0
スイス・フラン	6.0	6.8	6.3	5.2	4.8	5.0
人民元	0.1	0.5	0.9	2.2	4.0	4.3
香港ドル	1.8	2.7	2.4	1.4	1.7	3.5
その他	19.1	24.4	21.8	22.7	24.1	25.2
合　計	200.0	200.0	200.0	200.0	200.0	200.0

BIS の調査対象となっている世界の為替市場での取引の通貨別シェアの推移を示しているが，為替取引は 2 つの通貨の交換であるため，1 つの取引が 2 つの通貨シェアに含まれ，合計は 200％となる。米ドルのシェアの圧倒的な高さが目立つ。

（注）　4 月の 1 営業日平均。
（出所）　BIS, *Triennial Central Bank Survey: Foreign Exchange Turnover in April 2019.*

い。日本銀行によると 2019 年 4 月中の日本の外国為替取引高での通貨ペア別構成は，米ドル／円取引 55.8％，米ドル／ユーロ取引 9.2％となっており，米ドルを対価とする為替取引が圧倒的に大きな部分を占めた。これに対して米ドルを対価としない取引は，ユーロ／円取引 9.6％が少しまとまったシェアをもつ以外，小さな取引規模にとどまっている。

表3-1は，2004年以降2019年までの過去6回のBIS調査による世界の外国為替取引の通貨別シェアの推移を追ったものである。シェア1位の米ドルは，アメリカの住宅バブルの崩壊に端を発した世界金融危機（第**10**章参照）の前後の2007年と2010年にシェアをやや落としたものの，9割弱を安定的に推移してきた（9割弱の外国為替取引は米ドルを対価とした取引である）。これに対して，1999年に誕生したユーロは，ドイツ・マルクをはじめとした欧州通貨のシェアを受け継いでシェアは2位であるが，ユーロ圏危機（第**9**章参照）後の2013年以降は，シェアを落としている。シェア3位の日本円は2割前後である。一方，台頭する中国の人民元のシェアは，2004年に0.1％と僅少であったが，2019年には4.3％と着実に存在感を高めている。

3 世界の外国為替市場

●各市場が競争するグローバル・マーケット

24時間市場　外国為替取引は世界中で活発に行われており，外国為替市場は世界中に分布している。そして発達した情報通信技術によって，これらの市場はグローバル・マーケットとして統合されており，時差の関係で主たる取引の場は移り変わっていくものの，為替取引は世界のどこかで24時間休みなく継続されている。

東京を起点として取引の流れを追ってみると（海外は冬時間とする），東京より3時間先行しているウェリントン，1時間先行しているシドニー，そして1時間遅行している香港，シンガポールなどがほぼ同じ時間帯に入り，それぞれの市場間で活発に取引が行われている。

東京の午後6時にはロンドンが午前9時となって本格的に取引がスタートする。東京に限らず，それぞれの市場で取引が活発化するのは午前9時から午後3時までの間であるが，午後3時になっても東京の為替ディーラーは取引を終えるわけではないので，ロンドンを中心とするヨーロッパ市場との間で取引が途絶えることはない。

　ヨーロッパでは，ロンドンより1時間先行しているフランクフルト，パリ，チューリッヒ，ブリュッセル，アムステルダム，ミラノなどの大陸市場と，ストックホルム，コペンハーゲン，オスロなどの北欧市場が同一時間帯に入っている。ロンドン時間の午後2時にはニューヨークが午前9時を迎えて，ヨーロッパ市場とアメリカ市場が重なって取引が一段と活発になる。

　アメリカ市場では一定の時差を伴って，シカゴや西海岸のサンフランシスコ，ロサンゼルスなどがニューヨークと結びついている。ニューヨークの午後3時は東京の翌日の午前5時であるが，ニューヨークのディーラーも午後3時に取引を終えるわけではなく，東京市場のスタートまで取引が途絶えることはない。バーレーンのように前場がアジア市場と重なり，後場がヨーロッパ市場と重なる市場も存在する。

市場間の競争　　表3-2はBISの3年ごとの調査による国別に集計した世界の主要な外国為替市場の1日当たりの外国為替取引高を比較したものである。2019年4月で，イギリスが第1位で約4割を占め，2位のアメリカを加えると約6割に達する。シンガポール，香港，日本を加えた上位5カ国で約8割を占める。このように少数の国に取引が集中している。

　イギリス，アメリカの取引はそれぞれロンドン，ニューヨー

表3-2 世界の主要為替市場の1営業日取引高比較

(10億米ドル)

順位	1998年		2010年		2019年	
①	イギリス	685 (32.6%)	イギリス	1,854 (36.7%)	イギリス	3,576 (43.1%)
②	アメリカ	383 (18.3%)	アメリカ	904 (17.9%)	アメリカ	1,370 (16.5%)
③	日　本	146 (7.0%)	日　本	312 (6.2%)	シンガポール	633 (7.6%)
④	シンガポール	145 (6.9%)	シンガポール	266 (5.3%)	香　港	632 (7.6%)
⑤	ド イ ツ	100 (4.7%)	ス イ ス	249 (4.9%)	日　本	376 (4.5%)
⑥	ス イ ス	92 (4.4%)	香　港	238 (4.7%)	ス イ ス	276 (3.3%)
⑦	香　港	80 (3.8%)	オーストラリア	192 (3.8%)	フランス	167 (2.0%)
⑧	フランス	77 (3.7%)	フランス	152 (3.0%)	中　国	136 (1.6%)
⑨	オーストラリア	48 (2.3%)	デンマーク	120 (2.4%)	オーストラリア	119 (1.4%)
⑩	オ ラ ン ダ	43 (2.0%)	ド イ ツ	109 (2.2%)	カ ナ ダ	109 (1.3%)
	世界合計	2,099 (100.0)	世界合計	5,045 (100.0)	世界合計	8,294 (100.0)

(1) イギリスのシェアが圧倒的に高い。
(2) 日本はシンガポール，香港に追い抜かれた。
(3) 2019年に中国が8位に浮上。

(注) 1. 各年の4月平均。（　）内はシェア。
　　 2. 2019年の世界合計は8兆2940億米ドルであるが，国境を越えるディーラー間の2重計上を除いていない。これは各国データとの整合性のため。この2重計上を除くと，6兆5900億米ドルである。
（出所）　BIS, *Triennial Central Bank Survey: Foreign Exchange Turnover in April in 2019*.

クに集中しているので，世界の外国為替取引はロンドン市場と
ニューヨーク市場が過半を占めていることになる。これに3位の
東京市場が加わって，BIS が調査を開始した 1986 年以来，3大
市場に取引が集中している構図であった。しかし，東京は 2007
年に第3位の座をスイスに奪われた後，2010 年にその座を取り
戻したものの，2013 年にシンガポールに追い抜かれて第4位に，
2016 年に香港にも追い抜かれて第5位となり，2019 年には第5
位を維持しているものの，シンガポール，香港との差はさらに広
がった。

外国為替取引の中心地であるロンドン市場，ニューヨーク市場，
およびアジアの主要市場の特徴は次の通りである。

(1) ロンドン市場

長い歴史をもつ国際金融センターとして，為替取引のための物
理的基盤が整っていることに加え，ノウハウ，人材といった面で
も強い競争力を誇っている。とりわけディーラーとブローカーに
ついては，質的にも量的にも世界の最先端に位置している。戦後
のポンドは基軸通貨の地位をドルに譲り，それに伴って国際金融
の中心地もロンドンから移るかのようにみえたが，1960 年代以
降ロンドン市場はユーロカレンシー・ビジネスの中心地として勢
力を挽回した。

ユーロカレンシー・ビジネスとは，それぞれの通貨発行国の外
にある市場において，ドル，ユーロ（1999 年のユーロ誕生以前は
ドイツ・マルクなどのユーロ圏通貨），円，スイス・フランなどの
通貨を預金のかたちで吸収し，銀行間の貸し借り，対顧客貸付，
証券発行・売買などに使用する取引である。通貨発行国の外にあ
る通貨の呼称であるユーロカレンシーと，欧州統一通貨の名称で
あるユーロとは意味が異なるので，注意を要する。このビジネス

は，今日では世界各地の市場で行われているが，最初に始めたのはロンドンの銀行であり，いまでもロンドンが中心的市場である。ユーロカレンシーによる国際金融取引の拡大は外国為替取引の増加に結びついている。

　同じ時間帯のなかにヨーロッパ大陸に活発な為替市場が数多く存在し，午後にはニューヨーク市場と直接結びつく地理的条件もロンドン市場の強みである。イギリスはEU加盟国であったにもかかわらず1999年に誕生した統一通貨ユーロを導入していないことから，ユーロの金融・為替取引がヨーロッパ大陸にシフトするのではないかと懸念されたが，ユーロでの資金・証券取引がロンドン市場でも行われる決済システム上の改良もあって，現在のロンドンの優位は不変である。イギリスのEU離脱問題が2016年6月の国民投票を契機に続いたが（2020年1月31日離脱），その影響は少なくとも2019年4月調査の外国為替取引高からはみられないようである。

(2)　ニューヨーク市場

　世界最大の経済規模をもつアメリカのビジネスの中心地として，自由でスケールの大きい金融市場が形成されているのがニューヨーク市場の強みである。アメリカの輸出入取引はドル建てが圧倒的に多いので，その限りでは為替取引のニーズは低いが，海外との活発な資本取引が為替取引の増大に結びついている。そのなかには，国内の年金基金，保険会社，投資信託，ヘッジファンドなどの外貨建て資産への投資がある。多国籍企業が財務管理をニューヨーク本部に集中し，ニューヨーク市場で為替リスク回避のための取引を行っていることも為替取引の増加につながっている。

　アメリカの金融機関は国際的な競争力を有し，金融派生商

品（デリバティブ）の発展や債権の証券化などをリードしてきた。2007 〜 08 年の世界金融危機を契機に，それまで急拡大したトレーディング業務を縮小し，商業銀行業務や投資銀行業務に回帰する動きはみられるが，これらの金融機関がニューヨーク市場を支えている。

(3) アジアの主要市場

　東京市場は，1980 年代までの日本の力強い経済成長と，80 年代以降の金融の自由化や国際化に支えられて，ロンドン市場，ニューヨーク市場に次ぐ世界 3 位の国際金融センターに成長した。しかし，2019 年には東京市場の取引量はシンガポール市場や香港市場の約 6 割となっている。シンガポール市場は，建国以来，経済政策だけでなく安全保障の観点から欧米金融機関を積極的に呼び込み，それと同時に自国の金融機関や取引所を育成することで，先進的な金融市場を構築して発展を続けてきた。香港市場は，イギリス租借のもとで自由な金融センターとして成長し，1997 年 7 月の中国返還後は，海外から中国への，また中国から海外への投資の窓口としての魅力を市場の発展に結びつけてきた。

　東京市場の地位低下の大きな背景には，1990 年代初めのバブル崩壊をきっかけに日本経済の低成長が長く続いてきたことに加え，中国経済が台頭して，2010 年には GDP の規模で日本が中国に追い越されたことも指摘できる。

4 国際金融市場

●外国為替取引と国際金融取引

 国際金融市場とは

世界の主要外国為替市場は以上の通りであるが，主要外国為替市場は大きな国際

表3-3　国際金融市場の大きさ（2019年6月のデータ）

（単位：10億米ドル）

国際銀行取引	
クロスボーダー債権残高	30,975
外貨建国内債権残高	4,369
合　　計	35,344
国際債券取引	
発 行 残 高	24,366

国際金融市場は，大きく分けて国際銀行取引と国際債券取引がある。債権残高ベースで比較すると，銀行取引のほうが大きく，2019年時点で35兆米ドル，債券取引が24兆米ドルである。

(注)　債権の主要項目は，貸出，債券投資など。クロスボーダーは「国境を越える」，国内は「国境を越えない」こと。
(出所)　BIS, *International Banking Statistics and Debt Securities Statistics.*

金融市場でもある。外国通貨や自国通貨でのさまざまな形態の対外的な貸し借りが国際金融であり，それが行われる市場が国際金融市場である。

　以下では，国際金融市場での主要な金融取引の形態や取引のしくみについて解説する。

　国際金融市場には，**国際銀行取引**と**国際債券取引**がある。**表3-3**に示すように，市場の規模は，2019年央時点で，国際銀行取引の債権残高が35.3兆ドル，国際債券取引の発行残高が24.3兆ドルである。

国際銀行取引

国際銀行取引は，A国の銀行がB国の債務者（企業，政府，金融機関）向けに債

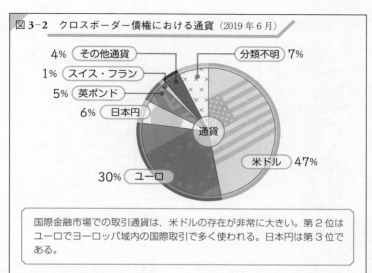

図3-2　クロスボーダー債権における通貨（2019年6月）

4%　その他通貨
1%　スイス・フラン
5%　英ポンド
6%　日本円
30%　ユーロ
分類不明　7%
通貨
米ドル　47%

国際金融市場での取引通貨は，米ドルの存在が非常に大きい。第2位は
ユーロでヨーロッパ域内の国際取引で多く使われる。日本円は第3位で
ある。

（出所）　BIS統計。

権をもつパターンと（通貨はA通貨，B国通貨，第三国通貨のどれ
でもよい），A国の銀行が同じA国の債務者向けに外貨建ての債
権をもつパターンの2種類がある。「債権をもつ」とは，具体的
には，銀行貸出をしたり，債務者が発行した債券を購入すること
を指す。

　前者のA国からB国へ国境をまたぐ債権を「クロスボーダー
債権」と呼び，国際銀行取引全体の88%を占める。残り12%が
後者の同じ国のなかでの外貨建債権である。

　通貨別にみると，米ドル建てが47%で最大である（図3-2）。
ユーロ建ても30%と大きいが，ユーロ圏内のクロスボーダー取
引が含まれるためであり，その要素を除けば，国際金融の主役は
圧倒的に米ドルといっていいだろう。

表 3-4　国際債券の愛称

ドラゴン債	香港やシンガポール市場で発行するユーロ債。通貨は地場通貨ではなく米ドルなどのハード・カレンシー。NIEs の投資家の外貨建運用をターゲットにしたもの。（ユーロ債）
サムライ債	東京市場で非居住者が発行する円建債券（外債）
ショーグン債	東京市場で非居住者が発行する外貨建債券（ユーロ債）
パンダ債	中国市場で非居住者が発行する人民元建債券（外債）
点心債	香港市場で非居住者が発行する人民元建債券（ユーロ債）
ヤンキー債	米国市場で非居住者が発行する米ドル建債券（外債）
ブルドック債	英国市場で非居住者が発行する英ポンド建債券（外債）

国際債券市場でのユーロ債・外債には，それぞれの国の文化や歴史にちなんだニックネームが付けられている。

国際債券取引　国際債券とは，債務者が外国の金融市場で起債する債券である（「債券を発行」することを「起債」という）。起債国現地の通貨で発行するものを「**外債**」と呼び，起債国以外の通貨で発行するものを「**ユーロ債**」と呼ぶ。たとえば，日本市場で円建てで発行されれば外債と呼び，米ドル建で発行されればユーロ債と呼ばれる。

　国際債券取引の資金調達者は，国籍でみると 7 割が先進国である。イギリス，アメリカ，オランダの順になっており，日本は 13 位である（2019 年現在）。発行体の種類でみると，先進国では金融機関が全体の約 8 割と多く，途上国では政府が全体の約半分を占めて最大である。

債券取引は，銀行取引と違って，いかに幅広く投資家の関心を集めるかが発展の鍵となる。このため，債券には，投資家が親しみやすく知名度が上がるような愛称がつくことがある（**表3-4**）。たとえば，東京市場で発行される外債は「サムライ債」，中国市場で発行される外債は「パンダ債」，アメリカ市場で発行される外債は「ヤンキー債」の愛称で呼ばれている。

国際金融取引が起こる理由

　国境を越えてお金の貸し借りが起こる理由の第1は，対外支払いの必要上，国際的に通用する外貨を借りなければならないことである。途上国にはこのニーズが多い。明治時代の日本も，日露戦争の戦費を調達するのにロンドン市場で国債を発行した。戦争遂行に必要な物資や技術を欧米先進国から輸入するために，外貨で支払う必要があったためである。

　第2に，為替リスクをヘッジするニーズがある。たとえば海外での石油開発プロジェクトのための資金を借りる場合，プロジェクトの最終的な収入は，海外での石油の売上であり，ほとんどが米ドル建てである。したがって，借入も米ドル建てにして為替リスクをヘッジするというニーズである。

　第3に，自国通貨よりも外国の通貨のほうが高い収益性を期待できる場合である。借りる立場なら，外国の通貨のほうが低金利であれば，その通貨で調達すれば金利コストを抑えられる。ヨーロッパの一部の国で2000年代後半に円やスイス・フラン建ての住宅ローンが広まったが，これはその典型例である。一方，貸す立場で考えると，外国の投資収益のほうが高いと判断すれば積極的に外債や外国株式に投資しようとする。ただし，借りるにせよ投資するにせよ，為替相場が思惑と逆に動けば大きな損害を受けることになる。

第4に，債券市場の場合，発行体が宣伝効果を狙って海外市場で債券を発行するというニーズがある。自社の知名度向上と製品の市場浸透を目的に，海外で起債するのである。

通貨当局にとっての国際金融

　民間ビジネスの観点からは，このようにさまざまな理由で国際金融取引を広げようという力が働く。一方，管理する政府当局はどう考えるだろうか。

　自国通貨の国際金融市場での使用が広がったり，自国の金融市場が国際化したりすることは，その国の経済発展にとって良い面もあれば悪い面もある。

　良い面は，自国通貨が国際化すれば，自国の企業が国際金融取引をするのに外貨を借りなくて済むことである。これは，短期的な外貨資金繰りに悩まされることがなくなる大きなメリットである。

　通貨が国際化すれば，自然に自国の金融市場の国際化も進む。その結果，多くの金融機関が集まれば，金融産業やそれを取り巻くさまざまなビジネス・サービス業が発展し，多くの雇用機会が生まれる。ユーロが誕生するときに，ユーロの金融市場の中心地となるべく，ロンドンやフランクフルトやパリがしのぎを削ったのはこのためである。日本が，長年，円の国際化や東京の国際金融都市構想に熱心だったのも，経済発展に資すると考えてのことだろう。

　一方，世界中の通貨当局が，常に諸手を挙げて自国通貨の国際化に前向きだったわけではない。内外の資本の流出入が激しくなる恐れがあるのである。急な流入は国内資産価格の高騰を招き，急な流出は通貨危機につながる可能性がある。金融政策の自由度も狭まる。

ドイツの通貨当局は，伝統的なスタンスとしてドイツ・マルクが国際資本取引で使われることに慎重だった。理由は，ドイツのマネーサプライへの影響である。一方で，欧州単一市場の創設など，EU の経済金融統合は大きな流れであり，その中心的役割をドイツが担うことは避けて通れなかった。こうしたなかで，1980年代半ばから，非常に慎重ながらも段階的にドイツの資本市場の規制緩和を進め，ドイツ・マルクの国際化を推進した。結果としては，手堅く国際化を進め，ドイツ・マルクの国際化はユーロという共通通貨の誕生に軟着陸したと評価してよいだろう。

　大きな混乱に見舞われたのが，1997 ～ 98 年のアジア通貨危機であった。通貨や金融市場の自由化を急ぎ過ぎたための混乱であった。結果として，危機後のアジア各国の通貨当局は，自国通貨の国外での取引を少し制限する方向に動いた。

　巨大な実体経済を背景に流動性が潤沢な米国金融市場ですら，国際金融の影響を受けることがある。2004 年から 2006 年にかけ，景気の過熱を懸念して金融引締めを行った。しかし，世界中の資本が流入するアメリカの債券市場では，長期金利が当局の思惑通り上昇しなかったのである。結果として，予防的に景気を冷ますことに失敗し，その後のグローバル金融危機の一因をつくってしまった。

　今後，注目されるのは中国の金融市場の自由化や人民元の国際化であるが，今のところ，こうしたアジアやアメリカの失敗を学びつつ，慎重なペースで進めている。

海外市場での外貨建金融のしくみ

実務的かつ技術的な話になるが，外貨建てで資金取引する際の銀行の記帳のしくみを押さえておこう。アメリカ政府が敵対国の米ドル決済を禁止するとか，途上国政府が海外での自国通

貨売買を禁止するといったニュースを聞くことがある。政府の権限の及ばない国際金融市場での出来事なのに，なぜそれを禁止することが可能なのだろうか。

　ロンドンにある銀行（以下，この銀行を便宜的にロンドン銀行と呼ぶ）がロシア企業から1万米ドルの預金を受けたとしよう。ロンドン銀行が米ドル資金を受け取るといっても，実際にロンドンで受け取るわけではない。お金は，ロシア企業からアメリカの銀行にあるロンドン銀行の米ドル口座に振り込まれる。ロンドン銀行は，その入金を確認して，ロンドン銀行の帳簿にあるロシア企業の米ドル口座に入金記帳する。

　次にそのロシア企業がそこから他社宛に送金する場合，相手も同じロンドン銀行に口座をもっていれば，そこで振替が起こって送金が完了する。この場合，アメリカ国内にある口座に何も変化は起きない。しかし，他社が別の銀行に米ドル口座をもっている場合，その銀行とロンドン銀行が共通して米ドル口座をもっている第3の銀行で振替が起こって決済が完了する。

　預金を貸出に回す場合も同様である。貸出先が同じロンドン銀行に米ドル口座をもっている場合は，ロンドン銀行の帳簿上の振替だけで済む。しかし別の銀行に口座をもっている場合，その銀行とロンドン銀行のどちらも共通して米ドル口座をもっている第3の銀行で振替が起こる。そしてこの第3の銀行とは，多くの場合は当該通貨の母国市場にある銀行である。この例の場合，アメリカ国内の銀行となる。

　こうして，他国通貨で金融取引を行う場合は，決済の必要上，その通貨の発行国の預金につながっていることが多い。その理由は流動性確保という点にある。つまり，通貨発行国の金融市場は，その国の個人や法人の預金が豊富にあるため，流動性が非常に高

い。また，金融危機のような緊張が高まる局面では，中央銀行が流動性を供給するセーフティネットがある。したがって，海外の銀行が通貨発行国と完全に離れて金融取引をすることは，流動性を確保するという観点から非常に難しい。

政府が，国外における自国通貨の金融取引をコントロールする場合は，この民間ビジネス上の制約を逆に梃子（てこ）にする。つまり，その政府の目の及ばない第三国での取引であっても，ほとんどの場合，自国にある預金が決済に使われる。そこは政府の権限の及ぶ銀行であり，それを押さえることで，海外での自国通貨の取引を規制できるのである。

ユーロ市場とオフショア市場

世界には，実際に国際金融取引が集まって発生している場所がある。こうした国際金融ビジネスの集積地は，**ユーロ市場**，またはオフショア市場と呼ばれる。ただ，「ユーロ市場」という言葉は，実体がなくなったわけではないが，1999 年に欧州通貨ユーロ（Euro）が誕生してからは，以前ほど使われなくなった。

(1) ユーロ市場

母国以外の国で金融取引に使われる通貨を，慣習的に「ユーロ通貨」と呼び，ユーロ通貨の取引が活発に行われる市場をユーロ市場という。代表例はロンドンの金融市場であり，そこでは，非居住者と居住者が規制上も慣行上も区別されることなく取引に参加している。

ロンドンにおけるユーロ市場の発生については，第二次大戦後の規制や国際対立など３つの由来が指摘されている。第１は，イギリス政府の英ポンド建対外貸出に対する規制を回避するため，イギリスの銀行がロンドンで米ドル建てで貸出を始めたこと，第２にアメリカ政府の米ドル金利の上限規制を回避するために，ア

メリカの銀行がロンドンに支店を開き，そこで米ドル建預金や貸出を始めたこと，第3に，冷戦時代に米ドル預金をアメリカ国内に置くことを嫌った共産圏諸国が，ロンドンの銀行に預金を移したこと，などである。

イギリスの金融市場は自由度が大きく，当局は，非居住者の取引と居住者の取引をとくに分けなかった。これは内外一体型の市場といわれ，普通の銀行の資産統計に，非居住者取引も居住者取引も区別なく載っている。結果として，統計をみると，実体経済の大きさに比べイギリスの銀行資産残高は非常に大きい。同じように，内外一体型で発展したのが香港市場である。

(2) **オフショア市場**

非居住者間の取引を国内金融市場から分離した市場は，内外分離型オフショア市場と呼ばれる。代表例は，東京オフショア市場（JOM：Japan Offshore Market）やニューヨークのオフショア市場（IBF：International Banking Facilities）である。JOM は 1986 年，IBF は 1981 年に創設された。ともに，金融市場の国際性を高める目的で創設され，預金準備制度の面などで国内市場よりも有利な条件になっている。

ケイマン，バミューダなど，現地の低い税率を利用するためだけに，貸出や債券の記帳が行われる市場がある。これもオフショア市場であり，タックス・ヘイブン型オフショア市場と呼ばれる。

本章で 学んだキーワード		KEYWORD
為替ブローカー	テレフォン・マーケット	電子取引
インターバンク・ダイレクト	ダイレクト・ディーリング	
電子ブローキング	ボイス・ブローキング	アルゴリズ

ム取引　高頻度取引　プライム・ブローカー業務　国
際銀行取引　国際債券取引　外債　ユーロ債　ユー
ロ市場　オフショア市場

練習問題

1 　外国為替市場を構成する主要メンバーとメンバー間の関
　係を説明しなさい。

2 　世界の外国為替取引高で超大国ではないロンドンが世界
　一なのはなぜか。複数の理由をあげて説明しなさい。

3 　ユーロ市場と呼ばれる金融市場は，普通の国内金融市場
　と比べてどのような特徴があるか説明しなさい。

第4章

為替リスクとヘッジ手段

為替リスクをコントロールするさまざまな手法

INT**...**RNATIONA**1**

ポイント

➡ フォワード，オプション，フューチャー，スワップ
などのデリバティブと呼ばれる為替リスクヘッジの
手段・方法を理解する。

➡ デリバティブを含めた総合的な為替リスク対策には
どのようなものがあるかを理解する。

FINANC**..**

---

1 個別取引にかかわる為替リスクヘッジ

●さまざまな種類のデリバティブ

デリバティブ

　　　　　　　　これまで，外国為替のしくみを伝統的な
　　　　　　　　取引形態である直物為替と先物為替に限
定して説明してきた。一方で，変動相場制のもとでの国際取引の
拡大に伴って，為替リスクにさらされる取引も拡大してきたなか
で，市場では**為替リスクのヘッジ**（回避）を目的としたさまざ
まなタイプの取引が生み出され，定着してきた。通貨オプション，
通貨スワップ，通貨先物などである。これらの金融手法は金利や
株価の変動リスクのヘッジにも同じように活用されており，個々
の手法の応用や複数の手法の組み合わせで，さまざまな金融商品

が開発されている。これらの取引は，伝統的な先物為替取引も含めて，**デリバティブ**（金融派生商品）と総称され，為替・金利リスクを回避しつつ効率的な財務管理を行うために欠かせないものとなっている。

　言葉としての derivatives には，もともと「派生物」という意味がある。外国為替（外貨），金利，債券，株式などのもとになる金融商品（「原資産」と呼ぶ）から，その受渡条件を変えたり，売買の権利・義務を取引したりすることで，原資産に付随するリスクを回避するためのさまざまな金融商品が派生したとの意味合いで，デリバティブという総称ができたものである。デリバティブは，近年盛んになってきた「金融工学」の重要な研究対象の1つである。

　以下，主として為替リスク回避の手段という観点から，個々の取引の基本的しくみを説明しよう。

先物為替

先物為替（forward exchange）のしくみと利用目的は第 **2** 章で説明済みであるが，他の取引との相違点をはっきりさせるため，その特徴をもう一度整理しておこう。先物為替は，銀行と企業（あるいは団体，個人など）の**相対取引**のかたちをとり，将来の一定期日（あるいは一定期間内）に，当初定める一定の価格（先物為替相場）で異種通貨を交換することを約束し，期日に約束通り通貨の交換が実行されることになる。なお，通貨先物などと混同しないように，以下この取引を**フォワード取引**と呼ぶ。

通貨オプション

通貨オプション（foreign currency option）の基本的しくみは，将来の一定期日（期間）に，当初定める一定の価格（strike price）で，外貨を売る権利（put option），あるいは買う権利（call option）を売買するもの

で，権利の買手は権利を行使するか，放棄するかを自由に選択できる。一方，権利の売手は買手が権利を行使した場合に，買手の外貨の売買の相手方として応じる義務がある。権利の購入にあたっては，買手は売手に一定の対価（オプション料；option premium）を支払う。

通貨オプションには，取引所で標準化された取引として行われる**上場オプション**（listed option）と，売手と買手が相対で行う**店頭取引**（over-the-counter option）があるが，後者のほうがより活発に行われている。通常，オプションの売手となるのはリスク管理能力のある銀行である。オプションの売手は相手が権利を行使しなかった場合にはオプション料がそのまま収入となるが，買手の予想通りに相場が動き，権利が行使された場合には，為替の持ち高（ポジション）ができるので，適切にそれを処分しないと為替損を被る。オプションを売った銀行は，銀行間市場で反対のオプションを買ったり，現物市場での外貨売買でそうしたリスクに対処している。

具体的に，輸出企業が為替リスクヘッジのために通貨オプションを利用するケースを考えてみよう。いま，アメリカ向けに100万ドルの輸出商談ができたが，船積みを終えて輸出代金が入ってくるのは3カ月先になるとする。為替相場は現在1ドル＝100円であるが，先行きドル安円高の動きが予想されるとする。そこでこの企業は，銀行を相手に，3カ月先に1ドル＝100円で100万ドルを売る権利を買ったとする。3カ月先になって100万ドルが入金になったとき，予想通りの相場展開で仮に1ドル95円になっていれば，企業はオプションを行使して約束した価格（1ドル＝100円）で100万ドルを銀行に買ってもらう。何もしていなければ1ドル当たり5円，全体で500万円の減収（見込損）と

なったはずであるが，オプションを買っていたので損を免れたことになる（オプション料という支出はある）。一方で，3カ月先の為替相場が予想に反してドル高円安となり1ドル＝105円になった場合には，この企業はオプションを放棄し，より有利な1ドル＝105円で100万ドルを銀行に売ることができる。

フォワード取引の場合は期日には約束通り通貨の交換を実行しなければならないので，上記の例のように為替相場が自分により有利な展開となってもそれを為替益につなげることはできないが，オプション取引の場合は，そのようなときに最初の約束を放棄し，より有利な相場での取引に転換できるのが大きな違いである。つまり，オプション取引では為替損は回避しつつ，為替益の機会が残されている。企業が決して安くはないオプション料を払って，オプションを買うのはそのためである。ただし，期間が長くなるとリスクが大きくなり，それにつれてオプション料が高くなる。

| 通貨スワップ | **通貨スワップ**（currency swap）とは，主として中長期の資金調達に関連して，為 |

替リスクを回避したり，より有利な資金調達を図る目的で行われる取引である。当事者間で，異なる通貨建債権につき，毎期の利息支払いおよび満期の元本返済を交換するかたちをとる。

具体的な例をあげて，そのしくみを考えてみよう。いま，A社はドル建てで社債を発行しているが，この債券を円建債務に切り換えたいと考えているとする。一方でB社は円建ての社債を発行しているが，これをドル建債務に切り換えたいと考えているとする。こうした場合，銀行を中心とする金融機関が仲介役となって，両者の債務を交換することで双方の目的が達せられる。すなわち，図4-1のように，A社はB社の円建債の利払いと満期の元本返済資金を提供し，一方でB社はA社のドル建債の利

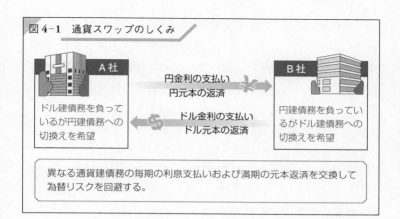

図4-1 通貨スワップのしくみ

A社
ドル建債務を負って
いるが円建債務への
切換えを希望

円金利の支払い
円元本の返済

ドル金利の支払い
ドル元本の返済

B社
円建債務を負ってい
るがドル建債務への
切換えを希望

異なる通貨建債務の毎期の利息支払いおよび満期の元本返済を交換して
為替リスクを回避する。

払いと満期の元本返済資金を提供することにすれば，実質的に
A社は円建債務を負い，B社はドル建債務を負っていることにな
る。A社をドル建ての外債を発行した日本企業とすれば，毎期
のドルでの利払いと満期のドルでの元本返済には為替リスクがあ
るが，上記のような債務の交換を行えば，後は円でB社の社債
の元利金を支払うだけであるから為替リスクはなくなっており，
資金調達コストを確定することができる。

　実際，日本企業は1980年代半ばからこうした形で資金調達を
活発に行ってきた。日本企業のドル建債の交換の相手方となるの
は，外国企業がユーロ市場で発行したユーロ円債などである。

　上記は為替リスクヘッジを目的とした通貨スワップであるが，
より有利な資金調達の手段として通貨スワップが利用されるケー
スも多い。たとえば，ドルならば6％で円ならば4％で資金調達
（社債発行）できるが，円での調達を希望しているC社と，ドル
ならば7％で円ならば3％で資金調達できるが，ドルでの調達を
希望しているD社があるとする。やや極端な想定であるが，両

者のそれぞれの市場での知名度の違いで，こうした借入条件の違いは起こりうる。この場合，C社は6％でドル建債を発行し，D社は3％で円建債を発行してそれぞれの債務を交換すれば，C社が円建債を発行し，D社がドル建債を発行した場合より，双方にとって資金調達コストは低くなる。

より有利な資金調達手段という意味では，**金利スワップ**（interest rate swap）が一般的に活用されている。通貨スワップは異なる通貨建債務の交換であるのに対して，金利スワップは同一通貨建債務の交換で，元本部分の交換は必要としない。固定金利借入と変動金利借入との間で，それぞれの金利支払いを交換するのが典型的な取引である。

通貨スワップにしろ金利スワップにしろ，交換の対象となるのは**キャッシュフロー**（金利や元本の支払資金）だけであり，両当事者が最初に発行した社債の投資家に対する債務まで交換されるわけではない。

| **通貨先物** |

債券，株式，外国通貨などの「金融商品」にかかわる先物取引を総称して「**金融先物**」（financial futures）といい，**通貨先物**（currency futures）はその一種である。各種先物取引に共通する一般的特徴は，取引所で清算機関（通常は取引所の主要メンバーで構成されている）を相手に，規格化された商品で取引がなされ，しかも通常では現物の引渡しは行われずに差金決済となることである。このため，一定の**証拠金**（margin money）の積立が求められる。現物の引渡しが行われるフォワード取引と経済効果はほぼ同じであるが，区別して，**フューチャー取引**とも呼ばれる。

具体的な事例を示して，取引のしくみを説明しよう。いま，A社は500万ドルのアメリカ向け輸出契約が成立して3カ月先に

代金を入手できる予定であるが，先行きドル安円高の相場展開が予想されるため，アメリカのシカゴ・マーカンタイル取引所（Chicago Mercantile Exchange）に上場されている円通貨先物でヘッジすることを考えたとする。

　500万ドルの入金日にこのドルを売って円を買いたいので，円通貨先物における買い契約が必要である。取引の期間は3カ月ごとに決済日がくる限月制となっており，3，6，9，12月の第3水曜日がそれぞれの限月の決済日となっている。輸出契約が成立した現時点を6月とすれば，9月が輸出代金の入金日になるので，9月限月の買い契約が必要である。現時点での直物相場は1ドル＝101円で，9月限月の円買価格は100円である。1取引単位は1枚と呼ばれ，1枚は1250万円であるので，必要契約枚数は，

　　　500万ドル× 100円÷ 1250万円＝ 40枚

となることから，9月限月の円通貨先物の円買契約を40枚購入する。

　相場が予想通りにドル安円高となり，現時点から3カ月後の9月の直物相場が1ドル＝ 95円になったとすると，輸出代金の円の受取額は，

　　　500万ドル× 95円＝ 4億7500万円

となる。一方，円通貨先物について9月限月の決済においては，価格は直物相場に収斂して95円近辺となっており，40枚の円買契約が実行されて100円で円買いドル売りが行われると同時に，この価格（95円）で反対取引の円売りドル買いが行われて差額が決済される。この差額はドルであるので，95円の直物相場で円に交換すると，

$$\left(\frac{1250万円}{95円} - \frac{1250万円}{100円} \right) × 40枚 × 95円＝2500万円$$

の利益となる。輸出代金の円の受取額とこの利益を合計すると，

　　4億7500万円＋2500万円＝5億円

となる。

　次に，相場が予想に反して円安ドル高となり，3カ月先の9月の直物相場が1ドル＝105円になったとすると，輸出代金の円の受取額は，

　　500万ドル×105円＝5億2500万円

となる。一方，円通貨先物について9月限月においては，価格は直物相場に収斂して105円近辺となっており，40枚の円買契約が実行されて100円で円買いドル売りが行われると同時に，この価格（105円）で反対取引の円売りドル買いが行われて差額が決済される。この差額のドルを105円の直物相場で円に交換すると，

$$\left(\frac{1250万円}{105円}-\frac{1250万円}{100円}\right)×40枚×105円＝-2500万円$$

のマイナスの利益，すなわち損失となるので，輸出代金の円の受取額からこの損失を差し引くと，

　　5億2500万円－2500万円＝5億円

となる。

　3カ月後の直物相場が95円でも105円でも，通貨先物を利用すると500万ドルを5億円に確実に交換することができる。これは，期日に1ドル＝100円で500万ドルを5億円に交換するフォワード取引と経済効果は同じである。その理由は，直物市場での輸出代金の受取額の増減が通貨先物の採算の損得によって相殺されることにある。このようにフューチャー取引による為替リスクヘッジは，直物市場での採算と先物市場の採算が逆に動く特性を利用したものである。金利リスクヘッジのための金利先物取引も原理は同じである。なお，説明を簡略化するために，為替取引の

マージン，通貨先物の手数料，先物決済における通貨先物価格と直物相場の差，証拠金の調達コストなどは考慮していない。

通貨先物取引は，シカゴ・マーカンタイル取引所が 1972 年に，その一部門として IMM（International Monetary Exchange）を設立し，西ドイツ・マルク，英ポンド，スイス・フラン，円など 7 通貨について先物取引を開始したのが始まりである。

その後，各国に広がったが，今日でもシカゴが中心的市場である。為替リスクヘッジのための取引にとどまらず，為替益をねらった投機としての先物取引も活発に行われている。わが国では，企業の通常の為替リスクヘッジは通貨先物取引よりも，フォワード取引やオプション取引で行われる傾向が強い。

2 総合的な為替リスク対策
●デリバティブだけではない為替リスク回避策

財務構造に潜む為替リスク

「グローバル化」と呼ばれる時代にあって，海外との取引のウェイトが高い企業は，大企業だけなく中小企業にも広がっている。これらの企業は，財務構造に潜む為替リスクを総合的に把握し，中長期的視点から為替リスク対策を行うことが必要である。

たとえば，輸出比率の高い企業は外貨建ての資産・負債の構成は資産超になりがちであり，個別取引ごとにリスクヘッジを行うことは煩雑で費用もかかるため，ヘッジが十分でないと，円高による外貨建資産の目減りが生じうる。一方で，輸入比率の高い企業や外国技術を導入して特許料を支払っている企業などは，外貨

建負債超となり，ヘッジが十分でなければ，円安によって損失が
生じうる。

為替リスクの２つの
側面

為替相場変動という不確実性が生み出す
リスクには２つの側面がある。その第１
は，為替相場変動が自国通貨建てに換算
した金額を変化させるリスクである。円に換算した収入（輸出な
ど）や支出（輸入など）が変化することで，最終的には企業の利
益や個人の所得が変化する。また，円建てで表示される貸借対照
表（バランス・シート）が変化する。これらのリスクを回避（ヘッ
ジ）する手段と手法が，これまでみてきたデリバティブである。

　第２は，為替相場変動が自国の物価の海外の物価に対する相対
価格を変化させるリスクである。たとえば，円高によって日本の
賃金が海外に対して相対的に割高になることで，製造業の価格競
争力が低下することである。こうしたリスクに対処するには，デ
リバティブのような財務面の対応ではなく，生産拠点の海外移転
などの企業戦略面における対応が必要になる。

さまざまな為替リスク
対策

上記の為替リスクの第１の側面に対する
対応については，デリバティブの他にも，
さまざまな手段があり，主要なものを列
挙すると次の通りである。

(1) 外貨建資産負債構造の調整

　外貨建資産超のポジションにある場合は，外貨建負債を造成す
ることで，資産超を圧縮することができる。その方法は外貨建て
の債券発行や借入などである。外貨建負債超のポジションにある
場合は，外貨建資産を造成することで，負債超を圧縮することが
できる。その方法として，円建てで運用している資産の一部を，
外貨建資産（証券投資や貸出）に切り換えることなどが考えられ

る。いずれの場合においても，外貨建てを含めた全体の資産・負債の通貨構成や期間構成に留意して，資産と負債の間の通貨や期間のミスマッチを管理可能な水準に抑えることが重要である。

（2）　リーズ・アンド・ラグズ

為替相場の動きに応じて外貨決済（支払いや受取り）の時期を早めたり（リーズ），遅らせたり（ラグズ）することで，為替相場変動によって被る円建受取額の減少や支払額の増加を抑えようとする操作は，リーズ・アンド・ラグズと呼ばれる。たとえば，円高が進行している過程で，ドル建輸入代金の支払いを遅らせると，支払いに必要な円貨額は減少する。ただし，このような操作を行うためには，決済相手の合意が必要であることには留意が必要である。

（3）　ネッティングと為替リスク管理体制

企業内の部門間や企業グループ内の親子会社間で，外貨建債権（受取り）・債務（支払い）を相殺することは，ネッティングと呼ばれる。部門間，親子会社間，子会社間の相対で相殺することはバイラテラル・ネッティング，企業内や企業グループ内にネッティング・センターを設けて，このセンターとの間で相殺することは，マルチラテラル・ネッティングと呼ばれる。ネッティングによって相殺した結果として残った外貨建債権・債務の為替リスクについて，対応すればよいことになる。ネッティング自体は，為替リスクをヘッジする操作ではないが，図4-2に示すように効率的な為替リスク管理に貢献する。

為替リスク管理体制としては，部門，子会社ごとに為替リスクを管理する，全社や子会社を含めた全グループの為替リスクを統括して管理する，為替リスク管理は商社や銀行に任せる，などの選択肢がある。

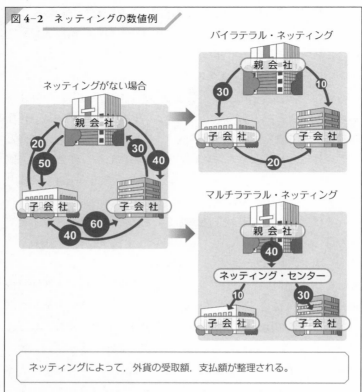

図4-2 ネッティングの数値例

ネッティングがない場合

バイラテラル・ネッティング

マルチラテラル・ネッティング

ネッティングによって、外貨の受取額、支払額が整理される。

（注） 矢印はドルの支払側から受取側への支払いの流れを示す。数値は
支払額（単位：万ドル）を示す。

(4) 円建取引の促進

日本企業の場合，海外との取引が円建てで，円で決済できれば，
為替リスクを回避できて理想的である。しかし，それは為替リス
クを相手に負わせることになるので思い通りに進まない面がある。
たとえば，ドル建てであったアメリカ向け輸出を円建てにすれば，
日本の輸出企業は為替リスクを免れるが，アメリカの輸入企業は

ドルで円を買って決済しなければならないので為替リスクを負う。相手がそれを承諾してくれなければ円建てには変更できない。無理強いすれば，取引そのものを失うかもしれない。結局，それは交渉ごとであり，どこまで円建てにできるかは商品の競争力，円の国際通貨としての魅力などによって決まる。

海外調達や生産拠点の海外移転

前述の為替リスクの第2の側面である，為替相場変動が内外の相対価格を変化させるリスクに対する対応としては，海外調達や海外生産の拡大がある。たとえば，円高が趨勢的に進行していた1980年代後半から90年代半ばにおいて，日本の物価や賃金が海外に比べて割高になるなかで，海外調達や生産拠点の海外移転が拡大した。

　経済のグローバル化が進展するなかで，商品企画，資材調達，部品供給，製造，流通などのさまざまな段階における国際分業が進行している。こうした国際分業は，グローバル・バリューチェーンなどとも呼ばれている。ただし，その決定要因には，各国の比較優位構造（賃金水準や生産性の各国間格差），消費市場の規模，各国間の輸送・通信コストをはじめとしたさまざまな要因があり，為替相場変動に対する対応が主たる決定要因ではないことには留意が必要である。

「投機は悪でヘッジは健全」というイメージがあるが，両者を区別することは難しい。このことを考えるために，次のような投資家と輸入業者を比較してみよう。

円ドル相場が1ドル＝101円であるとき，ある投資家が先行きドル高円安になると予想して，3カ月後を期日としたフォワード取引において1ドル＝100円で1億円を売って100万ドルを買った。期日の直物相場が予想通りにドル高円安の1ドル＝105円になったので，その100万ドルを直物相場で売って1億500万円を受け取ることで500万円の利益を得た。

一方，3カ月後に輸入代金を100万ドル支払う必要のある輸入業者が，採算を確定させるために，3カ月後を期日としたフォワード取引を行い，期日に1ドル＝100円の相場で1億円を支払って100万ドルを受け取った。期日の直物相場1ドル＝105円でドル買い円売りを行えば，1億500万円の支払いが必要であったが，1億円の支払いで済んで500万円の得をした。

前者の投資家の行為は，自らの相場予想に基づいて通貨を売買することで利益をあげることを狙った投機であるが，後者は輸入代金の支払円貨額を確定させるためのヘッジである。しかし，両者が行ったフォワード取引はまったく同じものである。このようにフォワード取引をはじめとしたデリバティブは，投機にもヘッジにも使えるので，為替取引だけから投機とヘッジを区別することは難しい。こうした事情から，日本では1984年まで，フォワード取引による投機を防止するために，取引の理由が輸出入や資本取引であることを示す書類を銀行に提出することが義務づけられていた（実需原則）。

ヘッジと区別がつかないとしても，投機は為替相場を不安定にするからよくないという声もあるが，逆に投機には為替相場を安定化させる効果も期待できる。

たとえば，円安のときに円を買って，円高のときに円を売れば，

その投機は利益をあげる。ここで円安時の円買いは円高圧力とし
て，円高時の円売りは円安圧力として働くので，円安と円高の幅
を狭める効果がある。したがって，事後的にみて成功した投機は
為替相場変動を安定化させる。余談だが，第7章で解説する市
場介入についても，同様の理由から，事後的にみて通貨当局が利
益をあげた市場介入は，為替相場変動の安定化に貢献したと評価
できる。

　一方，円高のときに円を買って，円安のときに円を売れば，そ
の投機は損失を被る。ここで円高時の円買いは円高圧力として，
円安時の円売りは円安圧力として働くので，円安と円高の幅を広
げる効果がある。したがって，事後的にみて失敗した投機は為替
相場変動を不安定化させる。

　失敗した投機家は市場から退出して成功した投機家が残ると
すると，投機は為替相場変動を安定化させる効果があるという結
論になる。しかし，第10章で取り上げる通貨危機の発生におい
ては，相場の変化に対する市場の予想が一方向に偏るなかで，投
機が相場の変化を増幅させる役割を果たしている。投機は平時に
おいては相場安定化に貢献しうるが，危機時には相場を不安定化
させることもあるとの考え方もあろうが，いずれにせよ，投機を
論評することは難しい。

本章で 学んだキーワード　　　　　KEYWORD

為替リスクのヘッジ　　デリバティブ　　先物為替　　相対
取引　　フォワード取引　　通貨オプション　　上場オプ
ション　　店頭取引　　通貨スワップ　　金利スワップ
キャッシュフロー　　金融先物　　通貨先物　　証拠金
フューチャー取引　　リーズ・アンド・ラグズ　　ネッティ
ング

1 先物為替と通貨オプションの違いを説明しなさい。

2 フォワード取引とフューチャー取引の違いを説明しなさい。

3 ドル建てで輸出取引をしている業者が，デリバティブを使えないとした場合，為替リスクを回避するためにできることには，どのようなものがありますか。

第5章 国際収支

国際取引を記録する統計のしくみ

ポイント

- 国際収支のしくみを理解する。

- 国際収支に計上されるさまざまな国際取引を知る。

- 国際収支と対外資産負債残高の関係を学ぶ。

1 国際収支の概念としくみ

●国際取引を記録するための原理

国際収支とは　　国際間では商品・サービスの輸出入や資本の貸借などのさまざまな経済取引が行われ，その決済のための資金の支払いが行われている。一定の期間（年，四半期，月）を区切って，その間におけるある国の対外的な資金の受払いを記録した統計表は国際収支（あるいは国際収支表）と呼ばれ，国民経済計算の基本統計の１つとなっている。国際収支をより正確に定義すると，「一定期間における一国のあらゆる対外経済取引とそれに伴う資金の受払いを一定の手法で体系的に記録したもの」ということができる。

記録の手法については，IMF（国際通貨基金）が「**国際収支マ ニュアル**」（Balance of Payment Manual）と呼ばれる国際的な基準 を定めており，各国は原則としてそれに従って国際収支統計を作 成している。この基準のうち重要なものは，次の通りである。

(1)　居住者と非居住者の取引

　国際収支は対外取引を国籍の概念でとらえるのではなく，「居 住者と非居住者の間の取引」としてとらえ，取引主体の居住性 に従って集計する。居住者とは，国籍をもつかどうかに関係なく， その国に経済活動の本拠をおく個人，企業・団体，公的機関のこ とである。この基準によると，国内で経済活動を行っている外国 企業の支店や子会社は居住者であり，逆に国内の企業の海外支店 や子会社は非居住者である（運輸会社と保険会社は例外）。外国に 滞在する個人の場合は経済活動の拠点がどこにあるか判別が難し い面もあるが，「1年以上その国に所在しまたは所在する意思が あること」を居住性の判断基準として，1年未満で帰国する予定 の旅行者や出稼ぎ人は，本国を離れている期間も居住者とみなさ れ，逆に滞在期間1年未満の外国人は非居住者とみなされる。国 際収支は，以上のような基準による居住者が非居住者と行ったあ らゆる種類の経済取引を集計したものである。

(2)　発生主義の原則

　個々の取引が国際収支表に計上されるのは，決済が完了した時 点ではなく，取引が発生した（取引が行われた）時点である。取 引発生の判断においては所有権移転が重要な基準となる。この ため，たとえば代金の3カ月後払いを条件に輸出がなされた場 合，輸出が実行された時点で「経常収支」の「輸出」の項目に計 上されると同時に，輸入側の取引相手に与えた3カ月の支払猶予 は「金融収支」の「その他投資」の項目に対外資産の増加として

計上される（経常収支や金融収支は後述する）。

(3) 複式簿記の原則

国際収支表は，複式簿記（複式計上）の手法に基づいて，すべての対外経済取引は，取引相手に何かを与え，それと交換に等しい価値をもつ何かを受けとるという，2つの取引が組み合わされたものとみなして計上される。

> **国際収支表と複式簿記の原則**

複式簿記の手法をとる国際収支表は，すべての取引を **貸方**（credit），**借方**（debit）それぞれに同額計上する。

居住者の非居住者からの資金の受取り（資金の流入）が生じる取引，すなわち，財・サービスの輸出，所得の受取り，対外資産の減少（たとえば対外資産の売却），対外負債の増加（たとえば対外借入）は貸方に計上し，その対価としての受取りは対外資産の増加，または対外負債の減少であるので，反対サイドの借方に計上する。対外資産は居住者が海外に保有している資産，対外負債は非居住者が国内に保有している資産のことである。

たとえば，日本からアメリカ向けに100万ドル相当の商品が現金払い条件で輸出されるケースを考えよう。その決済については，日本の銀行がアメリカの銀行に保有するドル預金に100万ドルが入金され，日本の銀行はそれを見合いに100万ドル相当の円を輸出業者に支払うことになる。この取引では，100万ドルの輸出が貸方に計上される一方，日本の銀行のアメリカの銀行に保有するドル預金の増加100万ドルが対外資産の増加であるので，借方に計上される。日本の銀行の輸出業者への支払いは居住者間の取引であるので，国際収支表には計上されない。

一方，居住者の非居住者への支払い（資金の流出）が生じる取引，すなわち，財・サービスの輸入，所得の支払い，対外資産の

増加（たとえば対外資産の購入），対外負債の減少（たとえば対外借入の返済）は借方に計上し，その対価としての支払いは対外資産の減少，または対外負債の増加であるので，反対サイドの貸方に計上する。

　たとえば，日本の輸入業者がアメリカから 100 万ドル相当の商品を現金払い条件で輸入するケースを考えよう。輸入業者は 100 万ドル相当額の円を日本の銀行に支払い，この銀行はアメリカの銀行に保有しているドル預金から 100 万ドルを引き出して輸出業者に支払う。100 万ドルの商品の輸入が借方に，100 万ドルの日本の銀行のドル預金の減少が対外資産の減少であるので，貸方に計上される。

　対外取引には対価を伴わない取引もあるが，複式簿記の原則を貫くために「移転」という項目を設けて同額を見合いに計上する。たとえば，外国政府が東日本大震災の被災地に 10 万ドル相当の救援物資を無償で提供した場合は，借方に 10 万ドルの輸入が計上され，貸方に 10 万ドルの「経常移転」が計上される。

国際収支統計の構成

　国際収支統計は，「その国の一定期間における居住者のあらゆる対外経済取引」を取引の内容によって，経常収支，資本移転等収支，金融収支の 3 つの項目に分類して集計している。具体的には，すべての取引を貸方と借方に同額計上したうえで，それぞれを当てはまる項目に分類して，項目ごとに集計し，その集計結果が国際収支表として発表される。この 3 つの項目はさらに細かい項目に分類されているが，それは後述する。

　経常収支 は財・サービスの輸出入，所得（投資収益など）の受払い，経常移転の受払いなどから構成される。貸方である輸出，所得の受取り，経常移転の受取りはプラス，借方である輸入，所

得の支払い，経常移転の支払いはマイナスとして計上される。すべてを集計した収支がプラスであれば黒字，マイナスであれば赤字と呼ばれる。なお，経常収支にかかわる取引は**経常取引**と呼ばれる。

資本移転等収支は，対価を伴わない固定資産の提供，債務免除などの資本移転などである。資本移転は，相手国の固定資本形成に結びつくような無償の移転という意味である。受取りは貸方でプラス，支払いは借方でマイナスとして計上される。

金融収支は対外資産，対外負債に関する取引（これは**資本取引**ともいう）を集計したものである。貸方である対外資産の減少，対外負債の増加はマイナスに，借方である対外資産の増加，対外負債の減少はプラスに計上する。経常収支や資本移転等収支とは，貸方と借方の符号が逆である点に，注意が必要である。金融収支がプラスであれば，対外純資産（＝対外資産−対外負債）の増加を意味し，マイナスであれば対外純資産の減少を意味する。

国際収支統計に計上されているすべての取引は，複式簿記の原則によって貸方と借方に同額計上されるので，絶対値（プラスやマイナスの符号を除いた数値）を使って示すと，

（すべての貸方の絶対値を集計したもの）

−（すべての借方の絶対値を集計したもの）＝０

であり，それらが経常収支，資本移転等収支，金融収支のいずれかに必ず分類されることに加え，**表5-1**の通り，経常収支と資本移転収支では貸方がプラス，借方がマイナス，金融収支では貸方がマイナス，借方がプラスであるので，次の式が得られる。

経常収支＋資本移転等収支−金融収支＝０

ただし，すべての取引を正確に統計に反映させることは難しいので，誤差が出てしまう。この誤差を「誤差脱漏」と呼び，次の

表 5-1　国際収支上の貸方，借方とその符号

			国際収支上の符号
貸方	経常収支資本移転等収支	財・サービスの輸出	プラス
		所得・移転などの受取り	プラス
	金融収支	対外資産の減少	マイナス
		対外負債の増加	マイナス
借方	経常収支資本移転等収支	財・サービスの輸入	マイナス
		所得・移転などの支払い	マイナス
	金融収支	対外資産の増加	プラス
		対外負債の減少	プラス

貸方，借方を国際収支に記録する際の符合は，経常収支，資本移転等収支と金融収支とでは符合が異なる点に注意。

ように修正する。

$$経常収支＋資本移転等収支－金融収支＋誤差脱漏＝0 \quad (1)$$

　この式は国際収支統計を理解するうえで基本となる式で，必ず成り立つ恒等式である。

国際収支の意味するもの

説明を容易にするために資本移転等収支と誤差脱漏を省略すると，(1)式は，

$$経常収支＝金融収支$$

となり，この式から以下のことが読み取れる。

　第1に，経常収支が黒字であれば，金融収支はプラスであるので，対外純資産が増加するか，対外純負債が減少する。逆に経常収支が赤字であれば，金融収支はマイナスであるので，対外純資産が減少するか，対外純負債が増加する。なお，対外資産は対外

債権，対外負債は対外債務，対外純資産は対外純債権とも呼ばれ，対外純債権がマイナスの場合は対外純債務と呼ばれる。

　第2に，対外純資産の増減額が金融収支であることから，金融収支の過去からの累積が対外純資産となる。「経常収支＝金融収支」であるので，これは「経常収支の過去からの累積が対外純資産となる」と言い換えることもできる。経常収支黒字が累積すれば対外純資産（対外純債権）が，経常収支赤字が累積すれば対外純債務（対外純負債）が形成される。

　第3に，資本取引にかかわる取引だけでは金融収支は変化せず，経常収支にかかわる取引がないと金融収支は変化しない。金融収支の借方に計上される対外資産の増加や対外負債の減少は，必ず，金融収支の貸方に計上される対外資産の減少，もしくは対外負債の増加を伴うために，全体の金融収支は変化しない。しかし，経常収支にかかわる取引は必ず対外資産もしくは対外負債の増減を伴うため，金融収支が変化するのである。

　たとえば，資本取引の例として，日本の銀行がアメリカの銀行に保有しているドル預金を引き出してアメリカの国債を購入した場合，ドル預金引出しによる対外資産の減少（貸方）と，国債購入による対外資産の増加（借方）が計上されるので，金融収支は変化しない。これに対して，経常収支にかかわる取引の例として，乗用車が日本からアメリカに輸出され，その代金をアメリカから日本に送金するために，日本の銀行がアメリカの銀行に保有しているドル預金にその代金が入金された場合，経常収支の輸出（貸方）とドル預金増加による対外資産の増加（借方）が計上されるので，経常収支と金融収支がともに増加する。

2 国際収支統計

　日本の国際収支の最近の動きは**表 5-2** の通りである。そのなかの経常収支と金融収支の主要項目をみることで，さまざまな国際取引を概観することができる。資本移転等収支と誤差脱漏は，すでに説明したので省略する。なお，日本の国際収支統計は円建てで作成し公表され，外貨建取引は，原則として市場実勢レートで円に換算される。

> **経 常 収 支**

経常収支は「貿易・サービス収支」「第一次所得収支」「第二次所得収支」の合計で，「貿易・サービス収支」は「貿易収支」と「サービス収支」に区分される。

(1) **貿 易 収 支**

　財の輸出から財の輸入を控除したものが貿易収支である。輸出入業者が税関に報告したデータを集計した「貿易統計」を原資料として，以下のような調整がなされたうえで計上される。

　貿易統計では貨物の通関時点での価額をとらえるため，輸出は FOB 建て（Free on Board の略で，輸出国における船積み価格で，船積み後，仕向地までの保険料，運賃は含まない），輸入は CIF 建て（Cost Insurance and Freight の略で，貨物の価格に運賃と保険料を加えた建値）で計上される。一方で，国際収支統計では国際間を移動した貨物の金額だけが計上されるので，輸出も輸入も FOB 建てで統一し，貿易統計の輸入価額に含まれていた運賃と保険料は別途サービス収支に計上される。

(2) **サービス収支**

　サービス収支はサービスの輸出（居住者から非居住者へのサービ

（単位：億円）

（暦年）	2015	2016	2017	2018	2019
経常収支	165,194	213,910	226,067	192,222	200,597
（対 GDP 比，％）	3.1	4.0	4.1	3.5	3.6
貿易・サービス収支	− 28,169	43,888	42,206	3,919	7,294
貿 易 収 支	− 8,862	55,176	49,113	11,981	5,536
サービス収支	− 19,307	− 11,288	− 6,907	− 8,062	1,758
第一次所得収支	213,032	191,478	205,131	208,533	207,202
第二次所得収支	− 19,669	− 21,456	− 21,271	− 20,231	− 13,899
資本移転等収支	− 2,714	− 7,433	− 2,800	− 2,125	− 4,092
金 融 収 支	218,764	286,059	186,401	200,049	247,499
直 接 投 資	161,319	148,587	172,406	147,198	227,943
証 券 投 資	160,294	296,496	− 56,513	99,765	95,053
金融派生商品	21,439	− 16,582	34,523	1,178	3,763
その他収支	− 130,539	− 136,662	9,467	− 74,720	− 107,299
外 貨 準 備	6,251	− 5,780	26,518	26,628	28,039
誤 差 脱 漏	56,283	79,583	− 36,866	9,953	50,994

> 近年の日本の国際収支の推移
> (1)　貿易収支は，エネルギー価格の下落で輸入金額が抑えられたこと
> 　　から 16 年に赤字から黒字に転じたが，2019 年にかけて世界景気
> 　　減速の輸出への影響から黒字額は縮小した。
> (2)　サービス収支は，訪日外国人観光客の増加を反映して，赤字縮小
> 　　傾向が続き，2019 年に黒字に転じた。
> (3)　第一次所得収支は，日本が世界一の対外純債権国であることから，
> 　　GDP 比 3.5 〜 4.0％程度の高水準の黒字を続けている。経常収支
> 　　の黒字のほとんどは，第一次所得収支の黒字によるものである。

（注）　金融収支の（−）は資金の流入（資産の減少，負債の増加）を示す。
（出所）　財務省「国際収支状況」。

ス の 提 供，統 計 で は サ ー ビ ス の 受 取 り と い う） か ら サ ー ビ ス の 輸 入
（非 居 住 者 か ら 居 住 者 へ の サ ー ビ ス の 提 供，統 計 で は サ ー ビ ス の 支 払
い と い う） を 控 除 し た も の で あ る。さ ま ざ ま な サ ー ビ ス に か か わ
る 対 外 受 払 い が 記 録 さ れ，「輸 送」「旅 行」「そ の 他 サ ー ビ ス」に 区
分 さ れ る。

①輸　　送

　旅客や貨物の輸送，および輸送に付随するサービスの取引を計上する。旅客については，居住者が運航する輸送手段が非居住者を国際輸送する場合の運賃が受取りに，非居住者が運航する輸送手段が居住者を国際輸送する場合の運賃が支払いに計上される。貨物については，輸出入にかかわる輸送と外国相互間の財の輸送が計上される。「輸出国の関税境界を越えた後の貨物運賃は輸入者が支払うものとする」という原則に従って，輸出に関しては居住者の業者が輸送した場合の運賃の受取り，輸入に関しては非居住者の業者が輸送した場合の運賃の支払いが計上される。

②旅　　行

　ある国に滞在中の非居住者（旅行者）が滞在先で取得した財・サービスを計上する。宿泊費，飲食費，娯楽費，現地交通費，土産物代など。外国人旅行客の日本国内での支出は受取りに，日本人旅行者の海外での支出は支払いに計上される。

③その他サービス

　(a)　委託加工サービス——財の所有者が他の企業に加工，組立などを委託した場合の手数料。

　(b)　維持修理サービス——非居住者が所有する財について居住者が行った維持修理，居住者が所有する財について非居住者が行った維持修理。

　(c)　建設——居住者が外国で行った，または非居住者が国内で行った建設・据付工事など。

　(d)　保険・年金サービス

　(e)　金融サービス——金融仲介サービスなどを計上する。たとえば，信用状開設，融資枠設定，保証，外国為替などの

銀行業務にかかわる手数料や，証券取引，デリバティブ取引，資産管理にかかわる手数料。また，預貸利子や金融商品の売買代金のなかに含まれる手数料も計上される（預貸利子は第一次所得収支，金融商品の売買代金は金融収支に計上される）。

(f)　知的財産権等使用料——産業財産権使用料や著作権等使用料。

(g)　通信・コンピューター・情報サービス

(h)　その他業務サービス

(i)　個人・文化・娯楽サービス

(j)　公的サービス等——在外公館，駐留軍，自衛隊による海外での支援活動等の経費のほか，政府や国際機関が行うサービスのうち，他の項目に該当しないもの。

(3)　第一次所得収支

第一次所得収支は「投資収益」「雇用者報酬」および「その他第一次所得収支」に区分される。居住者と非居住者の間で提供される，資本や労働の役務に対する対価の受払いが計上される。

①投資収益

対外資産から得た利子・配当などの投資収益の受取りから，対外負債に対して支払われる利子・配当などの投資収益の支払いを控除したものである。すなわち，対外資産，対外負債から生じる投資収益の純受取りである。

②雇用者報酬

個人が労働の対価として得た報酬。

③その他第一次所得

天然資源の賃貸料（鉱業権の使用料等）など。

(4) 第二次所得収支

　第二次所得収支は対価を伴わない経常移転による受取りから支払いを控除したもの。相手国の固定資本形成のための無償の取引である資本移転と異なり，経常移転は固定資本形成に結びつかないもの。具体的には，官民の無償資金協力，寄付（無償救援物資の提供など），贈与など。

| 金融収支 |

金融収支とは対外資産・負債にかかわる取引であり，対外資産・負債の増減が計上される。これは，対外資産の取得・処分（購入・売却），対外貸借の実行・返済などであるので，国際間の資本取引，もしくは投資ともいえる。

　対外資産の増加，対外負債の減少はプラス，対外資産の減少，対外負債の増加はマイナスとして計上される。第一次所得収支が対外資産・負債から生じる投資収益，すなわち預金であれば利子に相当する部分を計上するのに対して，金融収支は対外資産，対外負債それ自体の増減，すなわち預金であれば元本部分の増減が計上される。

　金融収支は投資の形態別に，「直接投資」「証券投資」「金融派生商品」「その他投資」および「外貨準備」に区分される。

(1) 直接投資

　経営支配を目的とした投資であり，支配権（10％以上の議決権）をもつ海外の企業に対して，出資（株式資本），貸付，債券投資を行うことである。一般に企業の海外進出といわれるもので，企業の海外子会社（支店）への投資や現地企業の買収などがこれに含まれる。ただし，銀行や証券会社などの金融仲介業務を行う子会社については出資のみ計上し，貸付は「その他投資」，債券投資は「証券投資」に計上される。

居住者による海外の不動産売買および非居住者による国内の不動産売買も，直接投資に計上される。

(2) **証券投資**

株式や債券（国債や社債）などの証券取引のうち，「直接投資」や「外貨準備」に該当しないもの。

(3) **金融派生商品**

金融派生商品とは，他の金融商品や指数，商品に連動する金融商品で，金融リスクを取引することができる。たとえば，通貨・金利・株価の先物・オプション・スワップ取引，ワラント（新株引受権），クレジット・デフォルト・スワップ（CDS）などがある。他の金融収支の項目のように資産・負債の増減が計上されるわけではなく，オプション・プレミアム，売買差額，元本交換差額，スワップ取引の金利・配当金・キャピタルゲイン等が計上される。

(4) **その他投資**

その他の投資とは，「直接投資」「証券投資」「金融派生商品」および「外貨準備」のいずれにも該当しない金融取引のすべてを指している。「現・預金」「貸付／借入」「保険・年金準備金」「貿易信用・前払い」「その他」などに区分される。

「現・預金」や「貸付／借入」の比重が高く，それらは主に金融機関の貸借取引である。「その他投資」とはいえ，実態的には金融機関の対外取引を反映する。このため，金融危機などにおいては，数値が大きく変化する。

(5) **外 貨 準 備**

外貨準備には，通貨当局の管理下にあり，国際収支のファイナンスや為替介入のために直ちに利用できる対外資産が計上される。日本では財務省の外国為替特別会計や日本銀行の保有資産で外貨準備として保有されているものの増減が計上される。なお，一般

の政府の対外資産・負債は，外貨準備以外の該当する項目に計上される。また，外国の通貨当局がその国の通貨を外貨準備として保有した場合は，対外負債となり，「外貨準備」以外の金融収支の項目に計上される。

外貨準備は以下の4つに分類される。国際収支のファイナンスや為替介入のために使われるのは，主に「その他外貨準備」に分類される証券や預金などの外貨資産である。国際収支のファイナンスや為替介入を実施しなくとも，外貨準備はそれが生み出す利息収入を反映して増加する点に注意する必要がある。

①貨幣用金——外貨準備として保有される金

②特別引出権（SDR: Special Drawing Right）——国際的準備資産としてIMFが創設したもので，それと引換えに他国から外貨を入手できるほか，政府間の支払いに直接利用することもできる（第8章参照）。

③IMFリザーブ・ポジション——加盟国がIMFへの出資割当額のうち自国通貨以外の通貨で払い込んだ部分で，この範囲内で加盟国はIMFから他国通貨を自由に引き出すことができる。

④その他外貨準備——証券や預金などの外貨資産。日本の外貨準備はアメリカの国債が多いといわれている。市場介入の場合，通貨当局はこの項目の資産を売買する。

見直し前の国際収支表　過去，国際収支の表示形式は何度も変更されてきた。現在のものは，2008年にIMFが「国際収支マニュアル 第6版」を公表したことを踏まえて，財務省・日本銀行が大幅に見直したもので，2014年1月から発表されている。この見直しには，以下の2つの重要な変更があった。

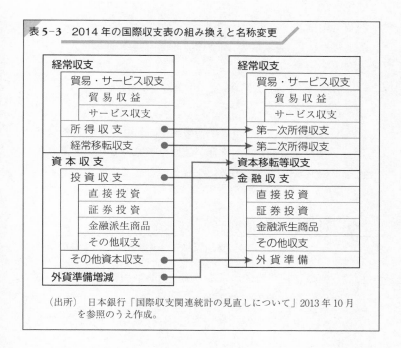

表 5-3　2014 年の国際収支表の組み換えと名称変更

経常収支			→	経常収支		
	貿易・サービス収支				貿易・サービス収支	
		貿易収益				貿易収益
		サービス収支				サービス収支
	所得収支 ●		→		第一次所得収支	
	経常移転収支 ●		→		第二次所得収支	
資本収支			→	資本移転等収支		
	投資収支 ●		→	金融収支		
		直接投資				直接投資
		証券投資				証券投資
		金融派生商品				金融派生商品
		その他収支				その他収支
	その他資本収支 ●		→		外貨準備	
外貨準備増減 ●						

（出所）　日本銀行「国際収支関連統計の見直しについて」2013 年 10 月
　　　　　を参照のうえ作成。

　第 1 は表 5-3 にあるように，名称変更と項目の組み換えである。経常収支のなかで，所得収支を第一次所得収支に，経常移転収支を第二次所得収支に変更した。また，資本収支のなかでは，その他資本収支を資本移転等収支に変更した。さらに，資本収支のなかの投資収支と外貨準備増減を統合して金融収支とした。

　第 2 は符号表示の変更である。金融収支について，資金の流入（対外資産の減少・対外負債の増加）をプラスで表示していたものをマイナスに，資金の流出（対外資産の増加，対外負債の減少）をマイナスで表示していたものをプラスに変更した。これは資産・負債の増減の側面や他の経済統計（国民経済計算や資金循環統計）との整合性を重視したことによる。

見直し前は，

　　　経常収支＋資本収支＋外貨準備増減＋誤差脱漏＝０

であったものが，見直し後は，

　　　経常収支＋資本移転等収支−金融収支＋誤差脱漏＝０

となった。

　見直し前の資本収支，外貨準備増減と，見直し後の金融収支とでは，プラス・マイナスの符合が逆になっている点が重要である。見直し前の文献では符合が逆になっていることに注意を要する。

3 対外資産負債残高
●国際収支（金融収支）の累積の結果

　国際収支は一定期間における一国の対外取引に伴う受払い（フロー）を集計したものであるが，これとは別に一定時点における一国の対外資産負債の残高（ストック）を集計した統計がある。日本ではこれを「本邦対外資産負債残高」という。

　対外資産は居住者が保有している海外資産の残高，**対外負債**は非居住者が国内に保有している資産の残高である。対外負債は，居住者の非居住者に対する負債だけでなく，居住者が発行した株式や国内不動産の非居住者による保有分なども含まれる。対外資産から対外負債を控除したものが**対外純資産**であり，**対外純債権**，あるいは**国際投資ポジション**とも呼ばれる。国際収支の金融収支と同様に，「直接投資」「証券投資」「金融派生商品」「その他投資」「外貨準備」に区分される。

　対外純資産と金融収支との関係は，ストック（一時点の残高）とフロー（一定の期間の取引額）の関係にあるので，次式のようになる。

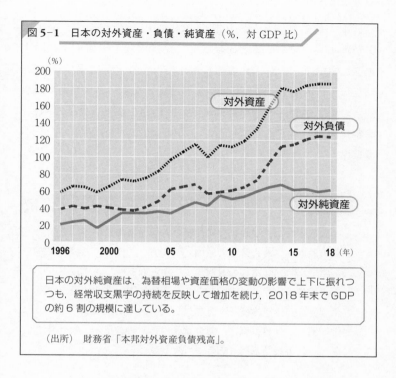

図5-1 日本の対外資産・負債・純資産（%，対GDP比）

（%）

対外資産

対外負債

対外純資産

1996　2000　　05　　　10　　　15　　18（年）

日本の対外純資産は，為替相場や資産価格の変動の影響で上下に振れつつも，経常収支黒字の持続を反映して増加を続け，2018年末でGDPの約6割の規模に達している。

（出所）　財務省「本邦対外資産負債残高」。

当年末対外純資産残高＝当年の金融収支＋（当年の為替相場・
資産価格の変動等による評価調整）
＋前年末対外純資産残高

　金融収支がプラスであれば対外純資産残高は増加し，マイナスであれば減少し，過去からの金融収支の累積が対外純資産残高を形成する。金融収支は資本移転等収支と誤差脱漏を捨象すれば経常収支に等しいので，過去からの経常収支の累積が対外純資産残高を形成するということもできる。ただし，為替相場や資産価格の変動などによって資産・負債残高の評価額が変動することを考慮する必要がある。

日本の対外純資産は，1981年以降2019年現在まで，経常収
支が毎年黒字であることを反映して増加が続き，**図5-1**に示す
ように2018年末でGDPの約6割に相当する規模に達している。
ただし，一本調子で増加しているわけではなく，為替相場や資産
価格の変動が対外資産や対外負債の評価額を変動させるために，
前年比減少する年も少なくない。なお，2018年末現在で，日本
は世界一の対外純資産国である。

本章で　学んだキーワード　KEYWORD

国際収支マニュアル　　居住者と非居住者の取引　　発生主
義の原則　　複式簿記の原則　　貸方　　借方　　経常収支
経常取引　　資本移転等収支　　金融収支　　資本取引
貿易収支　　サービス収支　　第一次所得収支　　第二次所
得収支　　直接投資　　証券投資　　金融派生商品　　その
他投資　　外貨準備　　対外資産　　対外負債　　対外純資
産　　対外純債権　　国際投資ポジション

 練習問題

1　日本国籍をもった人と日本の居住者とはどのように違う
　かを説明しなさい。

2　経常収支はどのような項目から構成されているかについ
　て説明しなさい。

3　経常収支と対外純資産の関係を述べなさい。また，経常
　収支以外で対外純資産を変化させる要因について説明しな
　さい。

第6章 為替相場の決定理論

為替市場の需給を決定するさまざまな要因

ポイント

- 長期的な為替相場の動きを説明する購買力平価を理解する。

- 短期的な為替相場の動きを説明するアセット・アプローチを理解する。

- 為替相場の日々の動きを説明するランダム・ウォークを理解する。

1 為替相場の決定理論の変遷

● 経済・金融の実態と制度の変化を反映した理論の変遷

これまで説明してきたように，為替相場は外貨の価格であり，その需要と供給が一致（均衡）する水準で価格が決まる。このメカニズムを理論的に説明する試みの歴史は古く，ゴッシェンの国際貸借説（1861年），カッセルの購買力平価説（1922年），アフタリオンの為替心理説（1927年）などが知られている。このうち購買力平価説は，現代の為替相場決定の長期理論として確立している。

一方，短期ないし中期の理論としては，1960年代にフロー・アプローチが盛んであったが，70年代に先進国が変動相場制

に移行した後はアセット・アプローチが主流となっている。**フロー・アプローチ**は，輸出や資本の流入は外貨の供給，輸入や資本の流出は外貨の需要とみなして，一定期間のフローとしてとらえた外貨の需要と供給のバランスによって為替相場が決定されると考えた。資本移動が十分に自由化されていなかった 1960 年代当時は，金融収支よりも経常収支が為替相場の決定要因として重視された。これに対して**アセット・アプローチ**は，先進国の変動相場制移行後の資本移動の自由化が進んで大量の資金が国際間を移動する時代に対応した理論で，ストック（残高）としての各通貨建金融資産に対する需給バランスによって為替相場が決定されると考える。

　第 5 章で示した通り，為替需給を生み出す国際収支は経常収支と金融収支に大別される。経常収支にかかわる財・サービス市場の需給は，内外の物価の動きによって調整される。物価は連続的に緩やかにしか変化しないことに加えて，国際間の取引や輸送に時間を要するので，調整には時間を要する。これに対して，金融収支にかかわる金融・資本市場の需給は，内外の金利や資産価格によって調整される。金利や資産価格は短時間でも大きく変動することに加えて，今日では取引は国際間であっても瞬時に行われるものも多いので，調整には時間を要しない。

　このため，財・サービス取引に注目した購買力平価説は長期理論，金融・資本取引を重視したアセット・アプローチは短期理論といえる。

2 購買力平価

一物一価の法則と購買力平価

　為替相場の長期理論である購買力平価の基本的な考え方は，「ある国の通貨に対して需要があるのは，その通貨がその国の財・サービスに対する購買力をもっているからであり，2国間の通貨の交換比率である為替相場は，それぞれの通貨のそれぞれの国での購買力によって決まる」というものである。

　まず簡単な数値例から始めよう。東京で日本製パソコン1台が20万円，ニューヨークでアメリカ製パソコンが2000ドルとして，日米経済では同一の品質のパソコンのみが生産され，両国間の輸出入は自由で，パソコンの輸送コストはゼロであると仮定する。このとき，為替相場が1ドル＝100円であれば，パソコン価格は東京でもニューヨークでも円に換算すると20万円となる。これを式で表すと次のようになる。

日本製パソコンの円価格＝為替相場×アメリカ製パソコンのドル価格

　もしも1ドル＝90円になると，東京では日本製パソコン20万円に対して，ニューヨークから輸入したアメリカ製パソコン価格の円換算額は18万円となるので，日本の対米輸入が増加する。輸入代金はドルで支払う必要があるので，為替市場ではドル買い円売りが増加する結果，ドル高円安が進み，それは1ドル＝100円になるまで続く。1ドル＝110円になった場合は，それとは逆のプロセスをたどって，やはり1ドル＝100円に戻る。

　このように自由市場経済においては輸送コストや貿易障壁（関税など）がなければ，同じ財・サービスであれば，同じ通貨に換

算すると国は異なっても同じ価格になる。これは**一物一価の法則**と呼ばれている。

　ここで一物一価の法則が1種類の財ではなく，さまざまな種類，数量の財・サービスから構成されるバスケットについても成り立つとすると，

　　　日本でのバスケットの円価格
　　　＝為替相場×アメリカでのバスケットのドル価格

と書ける。ここで「日本でのバスケットの円価格」を「日本の物価」と言い換えて，さらに分数の形に書き改めると，

$$為替相場 = \frac{日本の物価}{アメリカの物価} \qquad (1)$$

となる。(1)式より，一物一価の法則が成り立てば為替相場は両国の物価の比率に等しくなることがわかる。この式に基づけば，日本の物価が上昇すればドル高円安になり，アメリカの物価が上昇すればドル安円高になる。

　通貨の購買力は，通貨1単位で購入できる財・サービスの量である。バスケットのドル価格でバスケットを1つ購入できるのだから，1ドルで購入できるバスケットの量は，

$$1ドルの購買力 = \frac{1}{アメリカでのバスケットのドル価格}$$

であり，1円で購入できるバスケットの量も同様に計算できるので，(1)式は，

$$為替相場 = \frac{1ドルの購買力}{1円の購買力}$$

となり，これは2通貨間の為替相場は両国の通貨の購買力の比率で決まることを示している。このため，(1)式で決まる為替相場は**購買力平価**と呼ばれている。

絶対的購買力平価と相対的購買力平価

両通貨の購買力の比率（購買力の逆数である物価の比率でもある）は，後述する相対的購買力平価と区別するために，**絶対的購買力平価**と呼ばれている。しかしながら，各通貨の絶対的購買力を比較することは厳密にいえば難しい。なぜなら，各国ごとに消費や生産における財・サービスの構成には違いがあるので，各国共通の財・サービスのバスケットを想定することには困難を伴うからである。

そこで，実際の為替相場動向の分析には相対的購買力平価が使われることが多い。それは，国際収支をはじめとした統計データから購買力平価に近い水準に為替相場があったとみられる年（四半期・月の場合もある）を基準時点として選び，その基準時点の為替相場を出発点とするもので，次の式から算出される。

為替相場＝基準時点の為替相場

$$\times \frac{\text{基準時点を100とする日本の物価指数}}{\text{基準時点を100とするアメリカの物価指数}} \quad (2)$$

これは基準時点の為替相場を両国の物価指数の比率の基準時点からの相対的な変化によって調整した為替相場であるので，**相対的購買力平価**と呼ばれている。(2)式の両辺を変化率に変えると，

為替相場の変化率＝日本の物価上昇率－アメリカの物価上昇率

となり，相対的購買力平価の変化率は，両国間の物価上昇率格差に等しいことがわかる。(2)式では基準時点の選択によって相対的購買力平価の水準は異なるが，相対的購買力平価の変化率は基準時点の選択の影響を受けない。

購買力平価の留意点

一物一価の法則を前提とできれば，為替相場は購買力平価によって説明できるは

ずであるが，現実の為替相場の動きを説明する場合は，以下の点に留意する必要がある。

第1は，購買力平価は，算出に使う物価が**非貿易財**であるよりも**貿易財**であるほうが成り立ちやすいことである。貿易財とは自由に国際間の貿易で取引される財・サービスであり，非貿易財とは国内で取引される財・サービスである。輸送コストや貿易障壁（関税など）などがあるとはいえ，貿易財は国際間の競争によって一物一価の法則が成り立ちやすいが，非貿易財では必ずしも成り立たない。自国に比べて外国の理髪サービスの価格がどれだけ安くとも，わざわざ外国の理髪店に行くことはないことからもわかるように，一物一価の法則を成り立たせるための国際間の競争メカニズムは非貿易財では働きにくい。

図**6-1**は円ドル相場について，実勢為替相場と1973年を基準年とした購買力平価を1955年から2019年までの期間について示したものである。貿易財物価と非貿易財物価の双方を含むGDPデフレーター（経済全体の物価指数に相当）から算出した購買力平価よりも，貿易財物価である輸出デフレーター（ここでの輸出は財・サービスの輸出のこと）から算出した購買力平価のほうが，実勢為替相場の動きをよりよく説明できていることがわかる。

第2に，購買力平価は為替相場の長期的な変化の説明に適しており，短期的な変化の説明には不向きである。これは為替相場，金利，資産価格などに比べると物価は緩やかにしか変化しないからである。実際，長期間の為替相場の変化については購買力平価の説明力は高い。図6-1のなかで変動相場制に移行した1973年以降現在までの動きをみると，購買力平価は実勢為替相場の短期的な上下の振れは説明できていないが，長期的な変化の方向（趨勢）をよく説明できている。また，20 ～ 40年の長期間をとると，

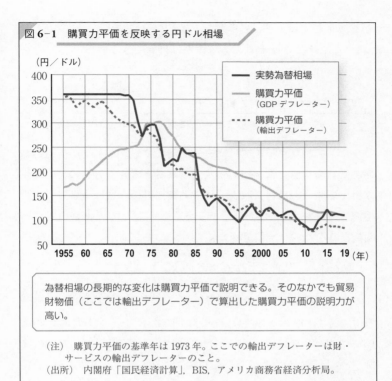

図6-1 購買力平価を反映する円ドル相場

(円／ドル)

（凡例）
実勢為替相場
購買力平価（GDPデフレーター）
購買力平価（輸出デフレーター）

為替相場の長期的な変化は購買力平価で説明できる。そのなかでも貿易財物価（ここでは輸出デフレーター）で算出した購買力平価の説明力が高い。

(注)　購買力平価の基準年は1973年。ここでの輸出デフレーターは財・サービスの輸出デフレーターのこと。
(出所)　内閣府「国民経済計算」，BIS，アメリカ商務省経済分析局。

物価上昇率においてアメリカを大きく上回る国の通貨ほど対ドル相場の減価率が大きく，逆に物価上昇率においてアメリカを大きく下回る国の通貨ほど対ドル相場の増価率が大きい傾向が知られている。

　第3は，相対的購買力平価の基準時点の選択の問題である。概念上は均衡値に近い為替相場が実現していたとみられる時点を基準時点として選択すべきであるが，データと経済モデルに基づいても，恣意性を排除した判断をすることは難しい。分析期間全体

を基準年とする方法（基準となる為替相場は分析期間全体の平均値になる）もあるが，それでも恣意性は排除できない。

3 フロー・アプローチ
●経常収支を中心に据えたフローの為替需給理論

フロー・アプローチでは，一定期間のフローとしての外貨の需要と供給の均衡で為替相場が決定されると考え，外貨の需給を生み出す国際取引は経常収支，外貨準備以外の金融収支，外貨準備増減（通貨当局の市場介入）からなるとみなして，為替市場の需給均衡式を次のように考えた。

$$CA\left(\frac{P^* * S}{P}, Y^*, Y\right) = F(r^* - r) + \Delta R \tag{3}$$

ここで，記号は以下を指している。CA：自国の経常収支（$\frac{P^* * S}{P}$ の増加関数，Y^* の増加関数，Y の減少関数），$\frac{P^* * S}{P}$：実質為替相場（増加すれば実質自国通貨安，詳細は第7章で解説），P^*：外国の物価，P：自国の物価，S：為替相場（上昇すれば自国通貨安〔自国通貨の減価〕，円ドル相場の場合は1ドル＝S円），Y^*：外国の実質GDP，Y：自国の実質GDP，F：外貨準備を除く金融収支（プラスは資金流出，マイナスは資金流入，(r^*-r) の増加関数），r^*：外国金利，r：自国金利，ΔR：外貨準備増減（金融収支の外貨準備の部分，プラスは外貨準備増加，マイナスは外貨準備減少）。

この式に基づいて，内外通貨当局の金融政策によって決まる内外金利差（r^*-r）によって外貨準備を除く金融収支が決まり，介入政策で外貨準備増減（ΔR）が決まって右辺の金融収支全体の額が決まれば，それに見合う経常収支を生み出すように為替相場が決まるとフロー・アプローチでは考えられている。

自国を日本，外国をアメリカとして補足説明しよう。仮に日本の通貨当局がドル買い円売りの市場介入を行えば，円がドルに対して減価し，外貨準備の増加に見合うだけ経常収支が増加する。また，アメリカの金利が上昇すると日本からの資本流出が増え，この資本流出の増加（外貨準備を除く金融収支の増加）に見合って経常収支が増加するように為替相場は減価する。

　国際間の資本移動が制限されていた 1960 年代の状況を背景に，金融収支は金利に反応する受動的なものとみなされた一方，為替相場の経常収支調整機能は十分高く，主として為替相場の変化に反応した経常収支の動きによって，為替市場の需給が均衡に向かうと考えられていた。

　1973 年に変動相場制に移行した先進国では資本取引の自由化が進んだ結果，為替市場では資本取引に関連した取引が増大し，やがて経常取引関連の為替取引を大きく上回るようになった。このため，フロー・アプローチでは説明できない為替相場の変動がみられるようになった。たとえば，なんらかの要因によって経常収支が減少すると，フロー・アプローチは，経常収支を増加させて元の水準に戻すために，自国の為替相場は減価すると予想するが，現実には資本流入の拡大による金融収支の減少によって為替相場は減価せずに，逆に増価するような局面もみられるようになった。このため，後述するアセット・アプローチが主流になっていく。

　なお，(3)式それ自体は国際収支の定義式でもあることから，現在でもマクロ経済学の教科書において為替市場の均衡条件として登場する。また，資本移動に規制を課している新興・発展途上国の為替相場を分析するうえで，(3)式は有用である。さらに，金融収支の内外金利差に対する弾力性（感応度）が高まると，アセッ

ト・アプローチの式に近づくことも知られている。フロー・アプローチの「為替相場の変化に反応した経常収支の動きで，為替市場の需給が均衡に向かう」との考え方は先進国の変動相場制移行後に修正を求められるようになったが，(3)式を使って為替相場を分析すること自体は依然として有用である。

4 アセット・アプローチ
●為替相場は短期的には金利と予想為替相場から決まる

先物カバーなしの金利裁定式

1973年の先進国の変動相場制への移行後，短期的には為替相場は自国通貨建資産（アセット）と外貨建資産の需給関係によって決まるとする，アセット・アプローチの考え方が主流になった。

アセット・アプローチでは，国際金融市場にはリスクを負担する能力のある数多くの投資家が存在して，各国通貨建資産の間で活発な裁定取引（予想収益率の低い資産を売って予想収益率の高い資産を買う取引）を行う結果，為替相場の予想変化率を考慮した各国通貨建資産の収益率は一致するようになるという考え方から出発する。この考え方は各通貨間の**資産の完全代替性**と呼ばれており，この前提に基づいた円資産とドル資産の関係は次の式で表される。

$$円金利＝ドル金利＋\frac{将来の予想為替相場－現在の為替相場}{現在の為替相場} \quad (4)$$

ここで金利は1％であれば0.01と表示し，為替相場は直物の円ドル相場で1ドル何円と表示したものである。右辺の第1項はドル金利である。第2項は予想為替相場変化率であり，現時点で

円をドルに換えて，将来時点でそのドルを直物相場で円に換えた場合に発生する為替差益（プラスであれば），または為替差損（マイナスであれば）を示している。したがって，右辺全体は「円資金を直物市場でドルに換えてドル資金として運用し将来時点の直物相場で円に換えた場合に予想される収益率」を意味する。この右辺が「円資金のまま運用した場合の収益率」である左辺に等しいとする(4)式は，「為替相場の予想変化率を考慮した各国通貨建資産の収益率は一致する」ことを示している。ここでの予想とは市場参加者の平均的な予想と考えればよい。なお，わかりやすさを優先して，「予想」を使っているが，経済学では「期待」が使われることのほうが多い。

　右辺の「将来の予想為替相場」を「先物為替相場」に入れ替えると，「円資金を直物市場でドルに換えて運用し将来時点で現時点に締結した先物相場で円に換えた場合の収益率」となり，(4)式は第2章の先物カバー付の金利裁定式（金利平価）になる。このことから，(4)式は**先物カバーなしの金利裁定式**，または，**先物カバーなしの金利平価**（open interest rate parity）と呼ばれており，アセット・アプローチの基礎となる重要な式である。

金利と為替相場の関係　(4)式は次のように変形できる。

$$現在の為替相場 = \frac{将来の予想為替相場}{1 + 円金利 - ドル金利}$$

　この式に基づくと，現在の為替相場と円金利，ドル金利，将来の予想為替相場のそれぞれとの関係は次のようになる。

①円金利が上昇すれば，他の条件が一定であれば，現在の為替相場の数値は低下するので，ドル安円高になり，逆は逆である（(4)式に基づくと，左辺の円金利が上昇すれば，現在の為替相

場の数値が低下することで〔ドル安円高になることで〕，右辺の第2項の予想為替相場変化率が上昇することから，「左辺＝右辺」の関係を維持することができる）。

②ドル金利が上昇すれば，他の条件が一定であれば，現在の為替相場の数値は上昇するので，ドル高円安になり，逆は逆である（(4)式に基づくと，右辺の第1項のドル金利が上昇すれば，現在の為替相場の数値が上昇することで〔ドル高円安になることで〕，右辺の第2項の予想為替相場変化率が低下することから，「左辺＝右辺」の関係を維持することができる）。

③将来の予想為替相場の数値が低下すると，すなわち，将来の予想為替相場がドル安円高になると，他の条件が一定であれば，それと同じ変化率で現在の為替相場も低下する，すなわちドル安円高になる。

(4)式は円金利やドル金利だけでなく，将来の予想為替相場が現在の為替相場の決定に重要な役割を果たしていることを示している。(4)式における将来の予想為替相場に，(2)式で決定される購買力平価に近づこうとする力が働くとの前提を設けることで，為替相場は購買力平価を中心としつつも，円金利とドル金利との金利差（より正確には実質金利差）の変化を反映して上下に振れる動きを説明することができる。数式の説明は割愛するが，これはオーバーシューティング・モデルと呼ばれている。図6-1に示されている現実の円ドル相場の動きも，購買力平価を中心としつつも短期的には上下に振れていることがわかる。

ポートフォリオ・バランス・モデル

(4)式は，予想収益率が同じであれば，円資産を保有しても，ドル資産を保有してもよいと考える投資行動（資産の完全代替性）を前提としているが，経常収支の黒字や赤字が投資行動に

影響を及ぼすことを考慮していない。日本とアメリカの２国間について，この影響を考えてみよう。

　日本の経常収支黒字が続いて日本の投資家のドル資産の保有が増加すると，日本の投資家は同じ収益率が予想されるのであれば，ドル資産よりも為替リスクのない円資産を選好する結果，円資産よりも予想収益率が高くないとドル資産に投資しなくなる。そして，その傾向はドル資産の保有が増加するに従って強まるはずである。

　一方，日本の経常収支黒字が続いて日本の投資家のドルではなく円資産が増加すれば，それはアメリカ側からみると円建負債の増加である。アメリカ側にとって，円建負債によって資金調達する場合，為替リスクのないドル建負債よりも調達コストが低くなければ，円建負債による資金調達には消極的になる。そして，その傾向は円建負債が拡大するほど強まるはずである。

　このように日本の経常収支黒字が続くほど，市場参加者が円資産とドル資産を，または，円建負債とドル建負債を区別して考える傾向が強まり，円資産の予想収益率よりもドル資産の予想収益率が高くなる傾向が強まるはずである。このことは資産の完全代替性が満たされなくなることを意味するので，(4)式は次のように修正される。

　　　円金利＋リスク・プレミアム＝

$$\text{ドル金利}＋\frac{\text{将来の予想為替相場}－\text{現在の為替相場}}{\text{現在の為替相場}} \quad (5)$$

ここでの**リスク・プレミアム**は，為替相場の予想変化率を考慮したうえで，市場参加者が円建資産よりもドル建資産により高い収益率を求める場合はプラス，より低い収益率を求める場合はマイナスになる。

日本の経常収支黒字の累積は，リスク・プレミアムを上昇させ（プラスであればプラス幅を拡大させる），逆に日本の経常収支赤字が累積すれば，リスク・プレミアムを低下させる（マイナスであればマイナス幅を拡大させる）はずである。経常収支の黒字や赤字の累積が各通貨建資産の保有比率の変化をもたらすことで，リスク・プレミアムの変化を通じて先物カバーなしの金利裁定式に影響を及ぼすことを意味するので，資産の保有比率を意味するポートフォリオ・バランスの言葉をとって，(5)式は**ポートフォリオ・バランス・モデル**と呼ばれる。

　リスク・プレミアム　リスク・プレミアムの現在の為替相場への影響をみるために，(5)式を次のように書き直す。

$$現在の為替相場＝\frac{将来の予想為替相場}{1＋リスク・プレミアム＋円金利－ドル金利}$$

(6)

　この式から他の条件が一定であれば，リスク・プレミアムの上昇はドル安円高をもたらし，その低下はドル高円安をもたらすことがわかる。

　1980年代後半以降の日本の経常収支黒字の累積と，アメリカの経常収支赤字の累積のなかでのドル安円高の進行の一部は，ポートフォリオ・バランス・モデルにおけるリスク・プレミアムの上昇によるものと解釈することもできる（実証分析に基づく見解はさまざまであるが）。また，第7章で解説する通貨当局の市場介入が各国通貨建資産の保有比率を変化させることを通じて為替相場に影響を及ぼす効果（ポートフォリオ・バランス効果）を考えるうえでも，ポートフォリオ・バランス・モデルは重要である。

　一方，リスク・プレミアムは各通貨建資産の保有比率だけでな

く，その時々の情勢によってリスクに対して許容的（リスクオン）になったり警戒的（リスクオフ）になったりする投資家行動によって変化すると考えることもできる。2007年後半から2012年にかけて世界金融危機とそれに続くユーロ圏危機によって国際金融市場が不安定化し，市場参加者がリスクに対して警戒的になった。そうしたなかで，世界一の対外純債権国である日本の円が安全資産とみなされて，円資産への資金シフトが強まったことを背景に円高が進行したことは，リスク・プレミアムの上昇によって説明できる。また，第10章で解説する通貨危機や金融危機の際に，新興・発展途上国の通貨が大きく減価することを説明するうえでもリスク・プレミアムは有用である。

　なお，(6)式における現在の為替相場の変化が，将来の予想為替相場とリスク・プレミアムのいずれの変化によるものかを区別することは，両者とも金利と異なり直接に観察できる変数ではないため，議論がわかれる可能性がある。

5 ランダム・ウォーク
●為替相場の日々の無作為な動き

効率的市場

短期理論の主役である金利の変動を無視できる日々の為替相場の変動は，ランダム・ウォークに近い動きを示すことが知られている。ランダム・ウォークとは，無作為ないわばデタラメな動きで，過去の動きから将来の動きを予測できない動きのことである。

　日々の為替相場が無作為に近い動きをする理由は，為替市場が**効率的市場**に近いことにある。市場価格が現時点で利用可能な情報をすべて反映した価格で決まるとき，その市場は情報の利用

に関して効率的市場であるという。利用可能な情報が瞬時に価格に反映されることに加えて，その情報が無作為に発生して市場参加者に届くと考えることができれば，価格も無作為に動くことになる。この動きは，水に浮かんだ花粉の動きに関するブラウン運動の名で古くから知られており，ウィーナー過程として数学的に定式化され，為替相場をはじめとした金融の世界ではランダム・ウォークと呼ばれている。

効率的市場でない場合には，ある財について供給不足が発生する情報が出た場合，その財の価格は一定の時間をかけて上昇する。これは市場価格が現時点で利用可能な情報をすべて反映しておらず，そのすべてが価格に反映されるまでに時間を要するためである。これに対して，為替市場は効率的市場に近いため，為替相場に影響を及ぼすニュースが出ると，その影響は為替相場に直ちに現れ，その後に影響が続くことはない。このため，効率的市場でない場合は，今日の価格が上昇しているから明日も上昇するだろうとの予想は的中しうるが，効率的市場に近い為替市場では，そのような予想は的中しにくい。このように，為替相場については，過去の動きから将来の動きを予測することが難しくなる。

ただし，やや禅問答のようになるが，現実の為替相場の動きはランダム・ウォークに完全に一致するわけではないので，過去の動きから将来の動きを予測できる余地が完全に排除されているわけではない。実際，為替ディーラーの間では**チャート分析**と呼ばれる手法が使われている。これは，為替相場の推移を移動平均線などのさまざまな手法を使ってチャート（図のこと）にすることで，経験則などに照らして相場の転換点や方向性を予測する手法である。また，「ある通貨が何％増価したら買い，何％減価したら売る」といったフィルター・ルールを使って利益をあげる手法

もある。もちろん，これらの手法を使って儲かる場合もあれば損する場合もある。

| バブル |

最後に，為替市場における**バブル**について説明しておきたい。購買力平価やアセット・アプローチなどに基づいて，物価，金利，国際収支などの**ファンダメンタルズ**（経済の基礎的条件）から説明できる為替相場に変化はなくとも，その通貨が増価している限りは，その通貨を買って増価した後に売れば利益が出る。それと同じ行動をとる市場参加者が増えれば，いわば「買いが買いを呼ぶ」ことを通じて増価幅が増幅される。その結果，為替相場はファンダメンタルズから説明される相場水準から大幅に乖離する。これがバブルである。

しかし，このプロセスは永遠には続かない。一度，増価が止まると利益が出なくなるので，その通貨を買う市場参加者がいなくなることで，相場は反対方向に急激に戻るからである。この急激な戻りをバブルの崩壊という。株式市場（個別銘柄を含め）ではしばしばバブルが観察されるが，為替市場ではそれほどではないとの指摘もある。

本章で 学んだキーワード **KEYWORD**

フロー・アプローチ　アセット・アプローチ　一物一価の法則　購買力平価　絶対的購買力平価　相対的購買力平価　非貿易財　貿易財　資産の完全代替性　先物カバーなしの金利裁定式　先物カバーなしの金利平価　リスク・プレミアム　ポートフォリオ・バランス・モデル　ランダム・ウォーク　効率的市場　チャート分析　バブル　ファンダメンタルズ

練習問題

1　購買力平価は貿易財と非貿易財のいずれのほうが成立し
やすいか。また，その理由を述べなさい。

2　円金利が上昇すると円の対ドル相場はどのように変化す
るかについて，アセット・アプローチに基づいて説明しな
さい。

3　ポートフォリオ・バランス・モデルにおけるリスク・プ
レミアムの概念を説明しなさい。

第7章 為替相場とマクロ経済

マクロ経済に影響を及ぼす為替相場

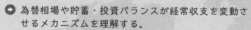

ポイント

➡ 為替相場や貯蓄・投資バランスが経常収支を変動させるメカニズムを理解する。

➡ 国際資本移動（金融収支）は各国間の予想収益率格差，投資家のリスク分散行動などから説明されることを理解する。

➡ 経常収支の望ましい水準とそれを達成するための政策を考える。

➡ 為替相場に影響を及ぼす市場介入の概要を学ぶ。

1 為替相場の経常収支（貿易収支）調整機能

●為替相場変動が輸出入を変化させるメカニズム

為替相場とマクロ経済の相互作用

為替相場は，各国のマクロ経済の動きを反映した国際間の財・サービスの貿易取引や資本取引が生み出す，外貨の需要と供給のバランスによって変動する。一方で，為替相場の変動は貿易取引や資本取引の流れだけでなく国内経済にも大きな影響を及ぼす。このように，為替相場とマクロ経済は相互に作用し合う関係にある。

本章では為替相場がマクロ経済に及ぼす影響に焦点を当てて，

為替相場が経常収支（貿易収支）や金融収支を変動させるメカニズム，望ましい経常収支の水準とそれを達成するための政策，さらに，通貨当局が外国為替市場において為替相場に影響を与える市場介入について考える。

為替相場の貿易への影響：弾力性アプローチ

自国通貨の為替相場の上昇（増価）は，価格競争力の変化を通じて，輸出を抑制し，輸入を促進する。逆にその下落（減価）は，輸出を促進し，輸入を抑制する。

このことを日本とアメリカの2国について考えてみよう。日本はアメリカにA財を円建てで輸出し，アメリカからドル建てでB財を輸入している。ここで10%のドル安円高が起こったとしよう。アメリカ国内では日本から輸入するA財のドル表示価格は10%上昇するので，その売上は数量ベースで減少する。一方，日本ではアメリカから輸入するB財の円表示価格は10%低下するので，その売上は数量ベースで増加する。どれだけ減少したり増加したりするかは，ドル安円高による価格の変化に対応してA財，B財に対する需要が数量ベースでどれだけ変化するかにかかっている。これは需要の価格弾力性と呼ばれ，非価格競争力（価格以外の質の面での競争力），代替商品・競合商品の有無などによって決まる。逆に，ドル高円安が起こった場合には，これと逆方向の変化が起こるので，同様のプロセスを経て，日本の輸出は増加し，輸入は減少する。

実際には日本のアメリカへの輸出はドル建てのものが多いので，A財の輸出がドル建てで行われているとすると，10%ドル安円高となっても，アメリカ国内でのドル表示価格はすぐには変化しない。そのかわり，日本の輸出業者の円ベースの売上や利益は減少するので，ドル建て輸出価格を引き上げて，その減少を埋め合

わせようとする。ただし，安易な価格引上げは長年にわたり開拓してきた市場を失うことにもなりかねないため，売上への影響を見極めながら段階的に行われることが多い。最終的には，為替相場の変動を価格に100％転嫁するとは限らない。

　一方，日本の輸入はドル建てが多いが，円建てもある。B財の輸入が円建てであるとすると，10％円高ドル安になってもすぐには日本国内での円表示価格は変化しない。しかし，アメリカの輸出業者のドル・ベースの売上や利益は増加するので，円建価格を引き下げることで，日本への輸出の拡大を図るかもしれない。どの程度円建価格を引き下げるかについては，価格引下げが売上を増加させる効果や長期的な市場開拓の方針などに左右される。

　このように輸出入の建値が自国通貨建てか外国通貨建てかによって，為替相場変動による上記の調整プロセスには違いが出る。以上を踏まえて，為替相場の変化が貿易収支（＝輸出－輸入）に与える影響について，需要の価格弾力性に基づいて分析する手法は，**弾力性アプローチ**と呼ばれている。

　このアプローチは，貿易収支や経常収支の短期的な変化を為替相場によって説明する際に力を発揮する。ただし，景気循環要因（景気拡大や景気後退）や長期的な構造的要因（人口構成，社会保障制度，税制などの変化）が貿易収支や経常収支に及ぼす影響を分析するには，後述するアブソープション・アプローチや貯蓄・投資バランス・アプローチなどが有用である。このため，これらのアプローチを相互補完的に活用することが重要である。

　まずは，弾力性アプローチを使って貿易収支の動きを考えるうえでのポイントは次の通りである。

| マーシャル・ラーナー 条件 | 為替相場が貿易収支を調整する機能を果たすためには，円安によって輸出増加と輸入減少を通じて貿易収支が増加するこ |

と，逆に円高によって輸出減少と輸入増加を通じて貿易収支が減少することが必要である。弾力性アプローチに基づけば，そのための必要条件は，「輸出数量の価格弾力性と輸入数量の価格弾力性の和が1よりも大きいこと」である。これは**マーシャル・ラーナー条件**と呼ばれている。

このことを説明するために，為替相場（円ドル相場）が次の式で示されるドルに換算した貿易収支に及ぼす影響を考える。

$$\frac{円建輸出価格}{為替相場} \times 輸出数量 - ドル建輸入価格 \times 輸入数量$$

説明を簡明にするために，ここでは円建輸出価格とドル建輸入価格は一定で，貿易収支はゼロであると仮定する。

いま，為替相場が1%ドル安円高（為替相場の数値は1%減少）になったとしよう。円建輸出価格をドルに換算した輸出価格（円建輸出価格／為替相場）は1%増加する。1%の円高によって輸出数量は X%減少し，輸入数量は Y%増加したとする。円高が貿易収支を減少させるためには，ドル建てでみた輸出増加率である $(1-X)$%を，輸入増加率 Y%が上回る必要があるので，$(1-X) < Y$ が成立しなければならない。これを整理すると，$X+Y > 1$ となる。Xは1%の円高に対して輸出数量が何%減少するかを示しているので，輸出数量の価格弾力性（もしくは弾性値）である。Y は同様に輸入数量の価格弾力性である。したがって，この不等式はマーシャル・ラーナー条件に他ならない。

上記の仮定がそのままにはあてはまらない現実においても，輸出数量と輸入数量が為替相場変動に応じて変化する度合いが一定

の値を上回らないと，為替相場は貿易収支調整機能を発揮できないことを，この条件は示している。

<table>
<tr><td>J カーブ効果</td></tr>
</table>

マーシャル・ラーナー条件が満たされていても，ドル安円高がすぐに貿易収支を減少させ，ドル高円安がすぐに貿易収支を増加させるとは限らない。貿易黒字の際に，円高になっても黒字は逆に増加し，一定の時間を経た後に減少に向かい，やがて円高直前の黒字を下回ることがある。この推移をグラフに表すと，**図7-1**のようにローマ字のJを逆さにした形状をたどることから**Jカーブ効果**と呼ばれている（貿易赤字の際の円安の場合はJの字になる）。

　貿易収支がこのようなパターンをたどるのは，為替相場の変化

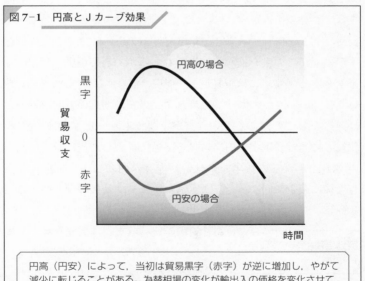

図7-1　円高とJカーブ効果

円高（円安）によって，当初は貿易黒字（赤字）が逆に増加し，やがて減少に転じることがある。為替相場の変化が輸出入の価格を変化させて，さらに数量を変化させるには時間を要するためである。

が輸出入価格を変化させて，さらに輸出入数量を変化させるには時間を要するためである。

　輸出についてみると，円高によってドル表示の輸出価格が上昇するが，現実には瞬時に上昇するのではなく，徐々に上昇する。これは輸出業者が市場の動向をみながら円高の影響を輸出価格に転嫁させるからである。次にドル表示の輸出価格の上昇が輸出数量を減少させるが，その影響はタイムラグを伴って徐々に表れる。その結果，ドル表示の輸出金額は，当初は輸出価格上昇を反映して増加するが，輸出価格引上げの動きが終わり，輸出数量が減少を始めるに伴って，増加から減少に転じ，価格効果が出尽くすまで減少を続けることになる。

　これに輸入も含めてさまざまな条件（輸出金額の輸入金額に対する比率，輸出入価格の外貨建比率〔もしくは円建比率〕，為替相場変動の輸出入価格への転嫁率，輸出入数量の価格弾力性など）に依存するので，Jの字を描かない場合もあるが，為替相場の変化の効果が必ずしもすぐには貿易収支（説明は割愛するが，ドル表示においても，円表示においても）に現れず，当初は効果の方向が予想とは逆になることがあるという点が重要である。日本では1980年代後半に，貿易黒字が円高によって逆に拡大した後に減少に向かい，2012年からの数年間には貿易赤字が円安によって逆に拡大した後に減少に向かった。これらはJカーブ効果の例といえるだろう。

実効為替相場と実質為替相場

為替相場の貿易収支調整機能を考える場合には，日本とアメリカのように特定の2国間の為替相場（ここでは円ドル相場）の動きをみるだけでは不十分である。ある国の通貨の主要な貿易相手国の通貨に対して，総合的にどのように変化したかをみる必

要がある。ある国の通貨の主要貿易相手国通貨に対する為替相場について基準年を 100 とした指数を，貿易量などを参照して算出したウェイトで加重平均した指数は**実効為替相場**と呼ばれる。実効為替相場が大きく変化している場合には，貿易収支にそれだけ大きな調整圧力が働いているとみることができるが，逆に特定国通貨に対する為替相場が大きく動いても実効為替相場が大きく動かなければ，調整圧力は小さい。

　さらに，この為替相場の調整機能を考えるうえでは，為替相場の変化だけでなく，その結果としてその国の価格競争力がどのように変化したかが重要になる。価格競争力は，外国の物価と自国の物価の比率で測ることができるので，日本とアメリカの場合は，

$$\frac{\text{アメリカの物価（ドル建て）} \times \text{為替相場}}{\text{日本の物価（円建て）}}$$

となる。これは為替相場を両国の物価で調整したものとみることもできるので，**実質為替相場**と呼ばれている。為替相場は実質為替相場と区別するために**名目為替相場**とも呼ばれる。参考までに上記の分数式をさらに書き換えると，

$$\text{実質為替相場} = \frac{\text{名目為替相場}}{\dfrac{\text{日本の物価（円建て）}}{\text{アメリカの物価（ドル建て）}}} = \frac{\text{名目為替相場}}{\text{購買力平価}}$$

となり，実質為替相場は名目為替相場の購買力平価（第 **6** 章の(1)式を参照）に対する比率であることがわかる。

　実質為替相場は基準年を 100 とした指数で表すことが多いので，次のように算出する。

$$\text{実質為替相場指数} = \frac{\text{アメリカの物価指数}}{\text{日本の物価指数}} \times \text{名目為替相場指数}$$

これを変化率で書き直すと，掛算を足算，割算を引算に代えれば

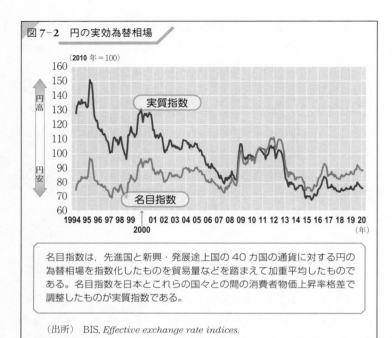

図7-2 円の実効為替相場

(2010 年＝100)

実質指数

名目指数

円高 / 円安

1994 95 96 97 98 99 | 01 02 03 04 05 06 07 08 09 10 11 12 13 14 15 16 17 18 19 20
2000 (年)

名目指数は，先進国と新興・発展途上国の 40 カ国の通貨に対する円の為替相場を指数化したものを貿易量などを踏まえて加重平均したものである。名目指数を日本とこれらの国々との間の消費者物価上昇率格差で調整したものが実質指数である。

（出所）　BIS, *Effective exchange rate indices.*

近似式になることが知られているので，

> 実質為替相場変化率＝（アメリカの物価上昇率−日本の物価上昇率）＋名目為替相場変化率

となる。

　この関係の意味するところは，仮に名目為替相場が 1 年間に 5％ドル安円高（変化率は − 5％）になっても，この間にアメリカの物価上昇率が日本のそれよりも 5％高かったとすると，両国間の物価比を表す実質為替相場は変化せず，アメリカの財と日本の財の間の価格競争力の関係は変化しないことになる。もし名目為替相場は変化せずに，アメリカの物価上昇率が日本のそれよりも

5%高かったとすると，実質為替相場は5%ドル高円安（変化率は＋5%，実質ベースでドル高円安という）となって，アメリカの日本に対する相対的な価格競争力が低下することになる。

先の実効為替相場についても，主要貿易相手国の名目為替相場指数を加重平均した**名目実効為替相場**（nominal effective exchange rate）の他に，実質為替相場指数を加重平均した**実質実効為替相場**（real effective exchange rate）が作成されている。後者がより正確に総合的な価格競争力を示す指標といえる。なお，**図7-2**に示すように，BIS（国際決済銀行）をはじめさまざまな機関が実効為替相場（名目・実質）を発表しているが，上記の指数の逆数，すなわち，指数の増加が自国通貨高を意味するように作成されている。

企業の価格設定行動 個々の企業が為替相場の変化を輸出価格や輸入価格に反映させる転嫁率が低下するほど，為替相場の貿易収支調整機能は低下する。この転嫁率を低下させる要因として，同一製品でもそれぞれの輸出先の市場において，需要の価格弾力性（価格変更が売上に与える影響）を見極めて価格を設定し，現地通貨建価格を安定させる企業行動が指摘されている。こうした行動は**PTM**（Pricing to Market）**行動（市場別価格設定行動）**と呼ばれている。また，多くの国々でグローバルに活動する企業は，支店や海外子会社を含めて世界中の活動から生じる為替リスクを相殺させることで為替相場変動の影響を受けにくい体制の構築を進めている。こうした行動は，為替相場が輸出入価格に及ぼす影響を低下させうる。

2 経常収支と貯蓄・投資バランス

●経常収支に影響を与える為替相場以外の要因

> **アブソープション・ア**
> **プローチ**

弾力性アプローチは価格変化から経常収支（貿易収支）の変化を考えたのに対して，アブソープション・アプローチは，経常収支を「一国で生産されたもの」と「国内で支出（購入）されたもの」の差額と考えることで，その変化を説明する。すなわち，一国で生産されたものがすべて国内で購入されずに余りがでれば，それは海外に輸出されるし，逆に生産されたもの以上に国内で購入しようとすれば，海外から輸入するしかないと考える。「一国で生産されたもの」は国民総所得（国内総生産〔GDP〕と類似の概念）である。所得は生産の対価として受け取るものであるので，国民総所得は生産でもある。「国内で支出（購入）されたもの」とは内需（民間消費，民間投資，政府支出の合計）である。国民総所得と内需との差が経常収支であるので，次の式を使って経常収支の変化を説明する手法が，アブソープション・アプローチである（アブソープションとは内需を意味する）。

経常収支＝国民総所得－内需

この式によって，政府の政策や景気拡大・後退による経常収支の変化を説明することができる。たとえば，政府が財政政策（政府支出の拡大や減税）によって内需を拡大させると，経常収支は減少する。逆に政府が財政政策（政府支出の削減や増税）によって内需を減少させると，経常収支は増加する。また，景気拡大期には内需が拡大するので経常収支を減少させる力が働き，景気後退期には逆に内需が縮小するので経常収支を増加させる力が働く。

貯蓄・投資バランス・アプローチ

経常収支は生産と内需の差であるが，それは貯蓄と投資の差でもある。経常収支を貯蓄と投資の動きから説明する手法が，**貯蓄・投資バランス・アプローチ**であり，これはアブソープション・アプローチから導出できる。まず，アブソープション・アプローチの式は次のようにも書ける。

　　　経常収支＝国民総所得−（民間消費＋民間投資＋政府支出）

ここで民間投資とは国際収支における投資と異なり，設備投資，建設投資，在庫投資および住宅投資であることに注意が必要である。一方，所得は消費支出，税金の支払いに使われ，残ったものが貯蓄になる。これは一国全体についても当てはまるので，次の式が成り立つ。

　　　国民総所得＝民間消費＋民間貯蓄＋税収

　この式をその前の式の国民総所得に代入して整理すると次の式になる。

　　　経常収支＝（民間貯蓄−民間投資）＋（税収−政府支出）

　この式の（税収−政府支出）は財政収支であるので，次のようにも書ける。

　　　経常収支＝（民間貯蓄−民間投資）＋財政収支

　ここで，政府支出は（政府消費＋政府投資）であるので，財政収支は（税収−政府消費−政府投資）でもある。ここで（税収−政府消費）は政府貯蓄（政府の所得のうち消費しなかった残り）であるので，財政収支は（政府貯蓄−政府投資）でもある。このことから，経常収支は一国全体（民間と政府）の貯蓄と投資の差であることがわかる。

　この式を使うと，経常収支の変化が貯蓄や投資の変化とどのように対応しているかがわかる。短期的な動きについては，景気拡

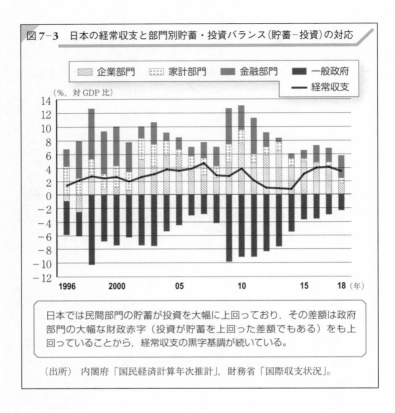

図7-3　日本の経常収支と部門別貯蓄・投資バランス（貯蓄−投資）の対応

凡例: 企業部門　家計部門　金融部門　一般政府　経常収支

(%, 対GDP比)

日本では民間部門の貯蓄が投資を大幅に上回っており，その差額は政府部門の大幅な財政赤字（投資が貯蓄を上回った差額でもある）をも上回っていることから，経常収支の黒字基調が続いている。

（出所）　内閣府「国民経済計算年次推計」，財務省「国際収支状況」。

大期においては，経常収支は減少する傾向にある。これは，税収拡大により財政収支が増加し，所得増大により民間貯蓄も増加するが，それ以上に民間投資が増加することに対応している。景気後退期においては，これと逆のプロセスをたどる。

　この式は，長期的・構造的な経常収支の動きを説明するうえでも力を発揮する。図7-3は，1990年代後半以降の日本の経常収支と貯蓄・投資バランス（貯蓄−投資）を示したものである。民間部門（企業部門，家計部門，金融部門の合計）の貯蓄が投資を大

幅に上回っており，その差額は政府部門の大幅な財政赤字をも上回っていることから，経常収支の黒字基調が続いていることがわかる。

3　為替相場と国際資本移動

●為替相場以外にもある，さまざまな資本移動の誘因

国際間の資本移動の要因

国際収支のなかの金融収支に記録される国際間の資本移動（資金の流れ）を説明するうえで最も重要な要因は，各国間の予想収益率格差である。国際マクロ経済学では，自国金利を外国金利に為替相場の予想変化率を加えたものと比較して，低いほうから高いほうに資金が流れ，両者が等しくなったときに資金の流れが止まると説明される。さらに外貨建資産と自国通貨建資産は完全に代替的ではないことを考慮して，外貨資産保有のリスク・プレミアムを差し引いて，自国金利を（外国金利＋為替相場の予想変化率－リスク・プレミアム）と比較することで，資金が流れると考えられている（第6章第4節の「ポートフォリオ・バランス・モデル」の項を参照）。ここで外貨建資産のリスクが自国通貨建資産のリスクよりも高ければリスク・プレミアムはプラス，低ければマイナスである。

　資本移動を説明するもう1つの要因は，リスク分散である。たとえ同じ予想収益率であっても，投資先を分散させることによってリスクを低下させることができる。これは，「卵を全部1つのカゴに入れずに複数のカゴに分散させることで卵が全部割れるリスクを低下させることができる」という原理である。預金や国債のようなリスクの低い資産だけでなく，社債，企業融資，株

式のようなリスクの高い資産になるほど，この原理は重要になってくる。

　たとえば株式投資についてみてみると，自国株価の上昇率が外国株価を自国通貨に換算したものの上昇率を上回る場合もあれば下回る場合もあるが，それを予想することが難しければ，保有資金をすべて自国株式のみに投資するよりも，自国株式と外国株式に分けて投資することで，リスクを分散することができる。株式投資に限らず，投資家は自らの資産の運用を自国の資産だけでなく，さまざまな外国の資産に分けて国際分散投資を行うことで，リスクを低下させようとする。その結果，国際間の資本移動が生じるのである。

　このように国際間の資本移動は，マクロ経済（経済全体）の観点からは予想収益率やリスク分散などによって説明できる。この資本移動をさらに形態別に，直接投資，証券投資，金融派生商品，その他投資に分類すると（言葉の定義や意味は第5章を参照），それらの動きを説明する要因にはそれぞれに特徴がある。マクロ経済的観点に加えて，資本移動の担い手である企業や金融機関の行動などのミクロ経済的観点が必要になってくる。

| 形態別資本移動の要因 |

(1)　直 接 投 資

　直接投資は支配権をもつ海外の企業に対する投資であるが，実態的には実物資産への投資であるので，長期的視点からの投資採算が主要な要因である。経営資源（生産技術，経営ノウハウ，販売網など）の海外における優位性，内外の人件費格差，将来有望な市場の開拓，研究開発上のメリットなどが投資採算に影響する。現地生産は貿易よりも制限されにくいので，投資対象国の保護貿易主義への対応という側面もある。為替相場や金利水準も投資採算に影響するが，投資決定の主たる要因では

ない。

　為替需給（外国為替市場における外貨の需給）の観点からは，**ア
ンカバー**（先物取引によって為替リスクをヘッジしない）**の資本取
引**であるので，対外直接投資は外貨の需要，対外直接投資は外
貨の供給となる。

(2)　**証券投資（金融派生商品を含む）**

　対外証券投資は，金融機関や企業が外国の金融商品を取得して
一定期間後に反対取引を行うことで利益を得ることを目的とした
投資である。投資の誘因は，国際マクロ経済学で説明される各国
間の予想収益率格差やリスク分散である。アンカバーで行われる
もの，投資の当初からもしくは途中から為替リスクをヘッジした
り，逆にヘッジを外したりするものがある。これらが為替需給に
影響を及ぼす。保険会社，年金基金，投資信託，ヘッジファンド
などは，国際分散投資の重要な担い手である。

　一方，国内の金融機関や企業は，内外で証券を発行することで
資金を調達する。発行された証券を非居住者が購入すれば証券投
資となる。この場合，資金調達コストを決める内外金利差や予想
為替相場変化率が重要な要因であるが，発行手数料，発行手続き，
発行市場の消化能力，税制などの内外の制度的違いも影響する。

(3)　**その他投資**

　その他投資の大半は金融機関の貸借（預金や貸出）である。短
期取引については，為替取引に伴うリスクヘッジのための資金取
引，たとえば為替スワップ取引などがある。これは**カバー付資本
取引**と呼ばれている。自国金利と先物カバー付の外国金利の間
に差が生じると金利裁定取引が行われるので（第2章参照），資金
は低いほうから高いほうに流れる。為替リスクをヘッジした取引
であるので，為替需給には影響を及ぼさない。ただし，大幅な為

替相場変動が予想される場合には，証券投資も含めてアンカバーの短期資本取引が大規模に発生するので，為替需給にも影響を及ぼす。

多国籍金融機関は，グローバルに活動する企業の資金調達・運用のニーズに対応するために，世界中で金融サービスを展開しており，より有利な調達コスト，投資収益率を求めて資金は移動する。証券投資と同様に国ごとの制度の違いが影響する。ロンドンをはじめとした国際金融センターでは，国際銀行業務を獲得するために，銀行業務に対する規制や税が軽減されている。

4 経常収支の望ましい水準
●国内均衡と対外均衡の達成

望ましさの基準とは　ここまでに示した為替相場をはじめとしたさまざまな要因によって変動する経常収支と金融収支（国際資本移動）は，第5章と第6章で説明したように，「経常収支＝金融収支」が成り立つように調整される（資本移転等収支は省略）。すなわち，経常収支赤字が外国からの資金純流入額（金融収支のマイナスの額）と等しくなるように，あるいは経常収支黒字が外国への資金純流出額（金融収支のプラスの額）と等しくなるように調整される。

それでは，経常収支はどのような水準が望ましいのであろうか。多くの人は赤字や借金は良くないという先入観があるので，黒字が良くて赤字は悪いと感じるし，黒字額も大きければ大きいほど良いように感じるが，これは適切ではない。

国内均衡　経常収支の望ましい水準を判断する基準として，まず**国内均衡**があげられる。こ

れは**完全雇用**と**物価安定**が実現している状態を意味する。この状態は，現実の GDP（国内総生産）が潜在 GDP の水準に維持されることで達成される。**潜在 GDP** とは物価上昇を加速させない範囲で労働力や資本設備を十分に活用した場合に実現する GDP のことであり，完全雇用の際に実現する GDP である。現実の GDP が潜在 GDP を上回ると，この両者の間の乖離は**インフレ・ギャップ**と呼ばれ，人手不足になり，物価上昇率の上昇リスクが高まる。逆に現実の GDP が潜在 GDP を下回ると，これは**デフレ・ギャップ**と呼ばれ，失業者が増加して物価上昇率の下落リスクが高まる。

　経常収支は国内均衡を達成する水準であることが望ましい。この観点からみると，経常収支の増加は財・サービスの純輸出（輸出－輸入）の増加であるので，GDP を増加させることから（「GDP＝内需＋純輸出」である），現実の GDP が潜在 GDP を下回っていれば，失業者を減少させて完全雇用に近づけるので望ましい。逆に，現実の GDP が潜在 GDP を上回っていれば，すでに完全雇用は達成されているため，経常収支の増加は人手不足や物価上昇の加速などの問題をさらに悪化させるので，望ましくない。

<hr>

対外均衡　　　　経常収支の望ましい水準を判断するもう
1 つの基準は**対外均衡**である。そもそも経常収支赤字とは，外国から資金調達することで（マイナスの金融収支），財・サービスについて生産を上回る支出を行うことを意味する（本章第 2 節の「アブソープション・アプローチ」の項を参照）。この外国から調達した資金は，将来において生産を下回る支出を行うことによって，経常収支を黒字にすることで返済される（プラスの金融収支）。

　これとは対称的に経常収支黒字の場合は，支出が生産を下回

ることで余剰になった資金を外国で運用する（プラスの金融収支）。この運用した資金は将来において返済を受けるので（マイナスの金融収支），経常収支は赤字となり，生産を上回る支出を行うことになる。

このことは，「経常収支の赤字や黒字は財・サービスの**異時点間取引**（現時点で支出が生産を上回る代わりに将来時点では支出が生産を下回ること，またはその逆）の結果として生まれる」と表現できる。したがって，自由な市場経済の下でこの取引が行われた結果として経常収支が増減したり，赤字や黒字になったりすることは問題ないだけでなく，むしろ望ましいことである。

ただし，外国から調達した資金について，将来において返済不能に陥らないことが条件になる。経常収支赤字が過大であると，自国の対外債務が拡大する結果，自国が債務不履行に陥るリスクが高まる。逆に，経常収支黒字が過大であると，外国の対外債務が拡大する結果，外国が債務不履行に陥ることで自国が損失を被るリスクが高まる。経常収支の赤字や黒字が過大になることなく，債務不履行リスクが管理可能な適正な水準にある状態は対外均衡と呼ばれている。なお，対外均衡は概念として定義することは容易であるが，具体的な水準を示すことは難しく，しかもその水準に幅があることには留意すべきである。

金融・財政政策の役割　　国内均衡と対外均衡が市場メカニズムによって同時に達成されるとは限らないので，政府は**金融政策**（金利の上げ下げなど）と**財政政策**（政府支出や税の上げ下げ）を使って両均衡の達成に貢献することができる。

変動相場制のもとでは金融政策は金利を通じて為替相場や内需（国内需要）に影響を及ぼす。金融緩和（金利の引下げ）は，自国通貨の減価をもたらすので，GDP，経常収支ともに増加させる。

金融引締め（金利の引上げ）は逆に GDP，経常収支ともに減少させる。

　一方，財政政策は内需に直接影響を及ぼし，その影響は金利や為替相場にも波及する。財政拡大（政府支出拡大や減税）は内需の拡大による輸入の増加によって経常収支を減少させると同時に，内需の拡大が経常収支の減少を上回るので，GDP を増加させる（その際に，金利上昇と自国通貨の増価をもたらす）。財政緊縮（政府支出削減や増税）は逆に経常収支を増加させると同時に，GDP を減少させる。

　このような金融政策と財政政策の GDP と経常収支に及ぼす影響の違いを利用して，この２つの政策を組み合わせて使うことで，GDP を国内均衡の水準に，経常収支を対外均衡の水準に近づけることができる。そのメカニズムの詳細については，マクロ経済学の教科書などに譲りたい。

5 市 場 介 入
●介入が効果をもつための条件

単独介入と協調介入

　政府・中央銀行は金融政策や財政政策を通じて為替相場に影響を及ぼすことができるが，これとは別に，通貨当局（財務省や中央銀行など国によって権限の領域が異なる）の決定に基づいて中央銀行が外国為替市場の参加者として為替相場に影響を及ぼすために通貨の売買を行うことがある。それは，為替市場介入，為替介入，**市場介入**，もしくは介入と呼ばれている。

　固定相場制のもとでは，通貨当局は平価（基準相場）を中心とした一定の変動幅の範囲内に為替相場を維持する義務をもつので，

市場における為替相場が変動幅を超える恐れがある場合は無制限に介入する。

　日本も1970年代初めまでは固定相場制であったので，円とドルの間に許容変動幅を設けていた。ドル相場が許容変動幅の上限を超えそうな場合には，中央銀行である日本銀行は，ドルを市場で売ることで相場の上昇を抑えようとした。逆に，ドル相場が許容変動幅の下限を割りそうな場合には，市場でドルを買ってドル相場を下支えした。

　変動相場制のもとでは，為替相場を一定の変動幅のなかに維持する義務はないので，中央銀行はこのような介入は行わない。しかし，為替相場が不安定な動きとなって乱高下するような場合や，為替相場が一方向に急激に変化して経済全体に悪影響を及ぼすことが懸念されるような場合，中央銀行は為替相場を安定させるために，あるいは為替相場の変動を抑えるために市場に介入している。固定相場制，変動相場制のいずれのもとにせよ，相場の動きを抑える（和らげる）介入は，「風向きに逆らう」(leaning against the wind) 介入と呼ばれている。

　1国が単独で介入することは**単独介入**と呼ばれ，2国以上が協調して介入することは**協調介入**と呼ばれている。協調介入の狙いは，単独介入よりも介入の効果を高めることにある。

　協調介入の例として，G5（アメリカ，イギリス，フランス，西ドイツ，日本）の通貨当局が，1985年9月のプラザ合意によるドル高是正のために，ドル売り協調介入を行ったことがあげられる。1980年代前半，アメリカのレーガン政権下で行われた経済成長促進のための積極的な財政政策とインフレ抑制のための高金利政策を背景に外国からの資金流入によってドル高基調が続いたために，アメリカの経常収支赤字は拡大し，ドル高是正の必要性が高

まった。そこで主要国の通貨当局が協調して，それぞれの市場でドル売りを行うと，相場の流れは一変してドル相場は主要通貨に対して持続的に大幅な下落を記録した。円ドル相場でみると，プラザ合意時点で1ドル＝240円程度の水準であったものが，為替相場の安定を目標とした1987年2月のルーブル合意時点では1ドル＝150円程度の水準に達した。

　介入の目的は当初はドル高是正であったため，ドル売り円買い介入であったが，ドル高是正がプラザ合意でめざした以上に進んだ。そのため，その後は為替相場安定をねらったドル買い円売り介入，すなわち「風向きに逆らう」介入へと変わった。

| 介入の効果 |

介入の効果には，まず，民間部門が保有する資産の通貨別構成（ポートフォリオ・バランス）が変化することによる効果がある。これは**ポートフォリオ・バランス効果**と呼ばれている。たとえば，ドル買い円売り介入の場合，介入によって通貨当局が保有するドル資産が増加し，円資産が減少する結果，通貨当局以外の民間部門が保有するドル資産は減少し，円資産は増加する。このため，民間部門では資産残高でみてドル資産が円資産に比べて相対的に希少となるので，為替市場ではドルに対する需要が増し，円に対する需要が減少する。その結果，為替相場はドル高円安方向に変化する。

　しかし，市場の取引量が大きな通貨については，ポートフォリオ・バランス効果を通じて，為替相場の動きをコントロールすることは難しい時代になりつつある。実際，2019年4月平均の1日の世界の為替取引高は6.6兆ドルにものぼる。このため，効果が感じられない介入があったことは否定できない。

　その一方で，効果が一時的なものから相場展開に働きかけるものまで，相場に一定の影響を及ぼす介入もいくつもみられてきた。

これは，市場に対して通貨当局の意向や姿勢を示す効果があるためである。この効果は，**アナウンスメント効果**や**シグナル効果**と呼ばれている。ただし，この効果を発揮させるためには，市場参加者の為替相場の将来予想を変化させる必要がある。たとえば，介入によって将来の金融政策の変更を市場参加者に信じさせることができれば，その効果は大きくなる。為替相場を決定している金利をはじめとしたファンダメンタルズ（経済の基礎的条件）を変化させるような政策と相まって初めて，効果を発揮するといえる。

　介入は通常は公表される。プラザ合意の際も声明が発表された。これは介入を行う政策当局の意思を為替市場に浸透させ，アナウンスメント効果を高める狙いがある。これに対して公表せずに介入を行う場合があり，これは覆面介入と呼ばれている。当局の意思を明確に市場参加者に伝えるのではなく，市場に通貨の売り圧力ないし買い圧力があるとみせかけることで，介入効果を高めることを意図したものであるといわれているが，その効果についてはさまざまな見方がある。

介入の不胎化

　介入は，為替市場だけでなく金融市場にも影響を及ぼす。たとえば，日本銀行がドル買い円売り介入を実施すると，ドル資金が民間銀行から日本銀行に支払われる代わりに，円資金が日本銀行から民間銀行に支払われる。これは円資金の金融市場への供給であるので，市場金利に低下圧力が働く。このような場合，日本銀行は，**公開市場操作**を通じて（たとえば，日本銀行が保有している国債を民間銀行に売却することで），供給された資金を吸収することによって市場金利を維持することが多い。このように市場金利への影響を打ち消す操作を伴った介入は**不胎化介入**，こうした操作を伴わない介入

は非不胎化介入と呼ばれている。

　金融政策が不変であるなかでの，すなわち，市場における中央銀行の政策金利の誘導目標が不変で維持されているなかでの介入は，不胎化介入である。非不胎化介入は，市場金利の変化を伴った介入であるので，金融政策の変更を伴った介入とみることもできることから，効果は不胎化介入よりも大きくなる。

本章で学んだキーワード **KEYWORD**

価格競争力　　弾力性アプローチ　　マーシャル・ラーナー条件　　Jカーブ効果　　実効為替相場　　実質為替相場名目為替相場　　名目実効為替相場　　実質実効為替相場PTM行動（市場別価格設定行動）　　アブソープション・アプローチ　　貯蓄・投資バランス・アプローチ　　リスク・プレミアム　　リスク分散　　アンカバーの資本取引　　カバー付資本取引　　国内均衡　　完全雇用　　物価安定潜在GDP　　インフレ・ギャップ　　デフレ・ギャップ対外均衡　　異時点間取引　　金融政策　　財政政策　　市場介入　　単独介入　　協調介入　　ポートフォリオ・バランス効果　　アナウンスメント効果　　シグナル効果　　公開市場操作　　不胎化介入　　非不胎化介入

　練習問題

① 経常収支の水準に影響を及ぼす要因について説明しなさい。

② 経常収支が望ましい水準にあると判断するための基準について説明しなさい。

3 政策当局が為替相場を円高方向に変化させるための政策
　手段について考えられるものを，すべてあげなさい。

第**8**章 国際通貨制度の変遷

どのような歴史を経て今日の姿になったか

ポイント

- 国際通貨制度の機能，国際通貨の役割，為替相場制度を縛る制約条件を理解する。

- 金本位制，ブレトンウッズ体制を経て変動相場制という先進国の国際通貨制度の変遷とその背景を概観する。

- 現在の世界にはさまざまな為替相場制度があることを学ぶ。

1 国際通貨制度の役割と性格

●流動性，信認，および調整

国際通貨制度とは

国際通貨制度は幅広い内容を含む概念であるが，大まかには「国際間で行われる商品・サービスの貿易取引，資本取引の円滑な決済を可能とする制度的枠組み」ということができる。そうした枠組みは，国際間の公式・非公式のルールや慣行・慣習に支えられており，世界の政治・経済の構造変化や経済思想の変化を反映して，歴史的に変貌を遂げてきた。

19 世紀末にかけて国際金本位制が成立して以来，戦間期の国際金為替本位制，戦後のブレトンウッズ体制と推移して，1973

年以降は先進国では変動相場制が続いている。一方，新興・発展
途上国では，固定相場制から変動相場制までさまざまな為替相場
制度が採用されている。

　国際通貨制度や各国の為替相場制度について，その望ましいあ
り方や将来を考えるためにも，これまでの制度の時代背景，しく
み，特徴，行き詰まった理由などを理解しておくことは重要であ
る。

国際通貨制度の機能

　国際通貨制度の機能を考察するにあ
たっては，流動性（liquidity），信認（con-
fidence），調整（adjustment）の 3 つの側面をみるべきだと指摘さ
れてきた。**流動性**とは，**国際流動性**とも呼ばれ，国際間の決済手
段としてどの国にも受け入れられ，また将来の対外決済の準備と
して保有される資産である。そうした国際的な決済手段かつ準備
資産は，世界経済の順調な成長と発展を可能にするように十分に
供給される必要がある。それは主としてその時々の中心的国際通
貨（基軸通貨）によってなされるが，十分な供給が確保されるだ
けでなく，その価値の安定について，国際的な**信認**が維持され
なければならない。これが信認という側面であるが，準備資産に
対する信認にとどまらず，制度全体の安定性に対する信認の問題
として議論されることもある。**調整**の問題というのは，国際収
支不均衡が生じた場合にそれを調整するメカニズム（均衡回復を
促す制度的枠組み）が備わっているかどうかということである。

　これらの 3 つの機能は相互に密接に関連し合っている。たとえ
ば，厳格な調整メカニズムをもつ制度のもとでは制度全体に対
する信認も高まり，流動性の必要量も相対的に少なくなる一方で，
過剰に流動性が供給されれば，準備資産の価値の安定への信認が
崩れる。調整メカニズムが十分に働かない制度のもとでは準備資

産の価値が不安定となり，ひいては制度全体への信認が動揺することになりかねない。歴史的に存在したそれぞれの制度のもとで，これらの機能がどのように関連し合っていたかを検討することは，望ましい国際通貨制度を考えるための糸口となる。

国際通貨

かつて金本位制のもとでは金が最終的な国際決済手段かつ準備資産の地位を占めていたが，日常の国際間決済は主としてポンドで行われていた。その後，時代が進むにつれて国際決済に（したがって準備資産として）使用される通貨（国際通貨）の数は増え続けて，今日では先進国通貨のみならず，新興・発展途上国通貨の一部も**国際通貨**の特性をもつようになっている。国際通貨は国際通貨制度というメカニズムを動かす歯車である。

一般に貨幣の役割は，**計算単位**（unit of account），**支払手段**（means of payments），および**価値保蔵手段**（store of value）の3つに分類される。国際通貨は，国際取引においてこの3つの機能を果たすことのできる通貨と定義づけることができる。国際取引を民間取引と公的取引に区分すると，そこでの国際通貨の役割はさまざまな用語で表現されており，表8-1のように分類することができる。

民間取引と国際通貨

民間取引についてみると，商品・サービス取引や資本取引の売買価格や取引金額を示す計算単位の役割を果たす通貨は，**表示通貨**（**契約通貨**）と呼ばれる。支払手段としての役割を果たす通貨は**決済通貨**（**取引通貨**）と呼ばれる。多くの場合，表示通貨は決済通貨でもある。たとえば，ドルで建値された取引はドルで決済され，円で建値された取引は円で決済されるのが一般的である。

表示通貨は同時に決済通貨であることが多いことからもわかる

表8-1 国際通貨の役割

種　　類	民間取引	公的取引
計算単位	表示通貨（契約通貨）	公的基準通貨
支払手段	決済通貨，取引通貨，媒介通貨	介入通貨，公的決済通貨
価値保蔵手段	資産通貨	準備通貨

> 通貨の役割は，計算単位，支払手段，価値保蔵手段の3つに分けられる。国際通貨の役割については，それぞれの機能にさまざまな名称がつけられている。

ように，決済資金の調達や運用が最も効率的に行える通貨が選択される一般的な傾向がある。このため，アメリカの取引だけでなく，アメリカが直接関係しない第三国間の取引においても，ドルが表示通貨・決済通貨として使用される割合が多い。しかしながら，取引当事者のうち誰が為替リスクを負担するかも重要な意味をもってくる。自国通貨建てで取引を行うことができれば為替リスクを回避できるが，それは取引相手に為替リスクを負わせることになってしまう。自国通貨，相手国通貨，ドルなどの選択肢のなかから，取引当事者間の交渉によって表示通貨・決済通貨が決まってくる。

　支払手段としての機能に関して**媒介通貨**（vehicle currency）という用語がある。媒介通貨とは，貿易取引，資本取引，為替取引において3国間の取引を媒介する通貨という意味である。日本とイギリスの貿易取引がドルで建値されドルで決済される場合は，ドルは媒介通貨の役割を果たしている。媒介通貨の役割が顕

著に発揮されるのは為替取引である。為替市場で円をポンドに交換する場合，直接，両通貨を交換する取引もあるが，多くの場合は，まず円をドルに換え，次にドルをポンドに換えるという2段階の取引がなされる。円とドル，ドルとポンドの市場は十分に発達しているが，円とポンドを直接取引する市場はそれに及ばないからである。媒介通貨の役割を果たす通貨は，中心的な国際通貨（基軸通貨）である。

民間取引における**資産通貨**とは，運転資金の保有あるいは投資資金の運用に使われる通貨のことである。前者については取引通貨として活発に使用されていること，後者については価値の安定，資産運用機会の多様性，取引の自由度，効率的に情報が入手できることなどの要素が選択の基準となる。

公的取引と国際通貨

公的取引についてみると，為替制度において平価（ないし中心レート）を設定する際の基準となる通貨は**公的基準通貨**と呼ばれている。ブレトンウッズ体制において，アメリカ以外の国は金あるいは1オンス35ドルで金と交換性をもつドルによって平価（IMF平価）を設定しており，ドルは公的準備通貨であった。変動相場制移行後はIMF平価という概念はなくなったが，今日でも新興・発展途上国では，変動相場制を採用する国が増えてきたとはいえ，いまだかなりの国が為替レートを特定の先進国通貨（ドルやユーロなど）あるいは通貨バスケット（複数の通貨を一定額ずつ組み入れた通貨のバスケット）に固定させる為替相場制度を採用しているので，公的基準通貨という概念は依然として失われていない。

固定為替相場制をとっている国や相場の動きを一定の範囲に抑えている国は，為替市場介入を行う必要があり，変動相場制を採用している国でも，為替相場の乱高下や一方向への行き過ぎた動

きを是正するために市場介入を行うことがある。そのような市場介入に使用される通貨が**介入通貨**である。公的部門の**外貨準備**として保有される通貨は**準備通貨**と呼ばれ，その保有動機は為替市場介入のための準備と国際収支の大幅赤字や国際金融不安に備えた対外決済手段の確保である。各国の準備通貨の通貨別構成は，それぞれの国がどの通貨との相場関係を重視しているかによって違ってくる。

基軸通貨

基軸通貨（key currency）は，数ある国際通貨のなかで中心的・支配的地位を占め，それぞれの時代の金融・為替システム運営の要となっている通貨である。第一次大戦前はポンドが基軸通貨であったが，両大戦間にその地位は徐々にポンドからドルに移り，第二次大戦後にはドルが基軸通貨になった。

　それぞれの時代で卓越した経済力をもち，世界経済の運営に指導的役割を果たしていた国の通貨が基軸通貨となった。「経済力」を具体的に補足すれば，経済規模が大きいこと，工業部門で強い国際競争力をもつこと，経常収支が黒字で資本輸出力をもつこと，自由な金融市場と国際競争力のある金融部門が存在することなどであった。しかしながら，世界経済の運営に指導的な役割を果たすためには，経済力に加えて政治力が必要である。ポンドにしろドルにしろ，これまでに誕生した基軸通貨はそれぞれの時代の覇権国家の通貨であった。将来の基軸通貨を考える際には，経済的側面だけでなく，政治的な考察が欠かせない。加えて，情報通信革命が進むなかで，工業部門だけでなくサービス部門も含めた国際競争力が重要になってくる。

国際金融のトリレンマ

図8-1にあるように，特定の国際通貨制度のもとで各国が採用する為替相場制

図 8-1　国際金融のトリレンマ

①為替相場の安定

資本移動の規制

厳格な固定相場制 *

②金融政策の自律性　　　　変動相場制 *　　　③自由な国際資本移動
（海外からの独立）

> 三角形の頂点にある条件のうち，2つを満たすと，もう1つは満たされ
> ない。①と③を満たす為替相場制度は厳格な固定相場制，②と③を満た
> すものは変動相場制，①と②を満たすものは国際資本移動を規制した制
> 度である。

（注）　*：本章末の *Column* ②の表を参照。

度によって達成したい目標としては，①為替相場の安定，②金融
政策の自律性（海外からの独立），③自由な国際資本移動，の3つ
がある。これらをすべて同時に達成することはできず，いずれか
1つを犠牲にしなければならない。これは**国際金融のトリレンマ**
と呼ばれる重要な制約条件である。

　たとえば，為替相場の安定と自由な国際資本移動のもとで，外
国の金融引締めによって外国金利が上昇すると，国内から海外へ
資金が流出するので自国通貨の為替相場に下落圧力が働く。為替
相場の安定を維持するためには，自国も金融引締めによって自国
金利を引き上げる必要があるので，金融政策の自律性は達成され

ない。金融政策の自律性を維持して自国金利を引き上げない場合
は，自由な国際資本移動を制限することによって資金流出を止め
ることで為替相場の安定を維持するか，自由な国際資本移動を維
持したなかで為替相場の安定をあきらめるしかない。

　3つの目標の達成度は100％（達成した）か0％（達成しない）
という二者択一ではなく，両者の間の中間的状態（ある程度達成
した）もあるので，目標相互の間でトレードオフの関係があるこ
とには留意すべきである。たとえば，為替相場の安定のもとでは，
自由な国際資本移動が制限されるほど，金融政策の自律性は高ま
る。金融政策の自律性のもとでは，自由な国際資本移動が制限さ
れるほど為替相場の安定性は増す。自由な国際資本移動のもとで
は，金融政策の自律性が強まるほど，為替相場の安定性は弱まる。

2 国際金本位制

●金をベースとする国際通貨制度

| 国際金本位制の成立 |

　国際通貨制度は，**図8-2**に示すように，
歴史的な変遷を経て今日のすがたになっ
ている。最初にできあがった国際通貨制度である**国際金本位制**
は，19世紀の間に主要国が金をベースとした通貨制度を確立し
た結果，自然発生的に形成された国際通貨制度である。第二次大
戦後にできたブレトンウッズ体制がIMF協定という国際協定を
拠り所としているのと比べて，この点に大きな違いがある。

　最初にイギリスが，**金銀複本位制**から1816年の貨幣法（Coin-
age Act）によって**金本位制**に移行した。それからおよそ半世紀
遅れて1871年にドイツが金本位制を採用し，1876年にはフラン
スがそれに続いた。アメリカは1873年に銀の自由鋳造を停止し

図8-2　国際通貨制度の変遷

国際金本位制 1870年代後半～1914年	● 第一次大戦勃発 (1914. 7)
国際金為替本位制 1920年代半ば～ 1930年代半ば	● アメリカ金輸出解禁・金本位復帰 (1919. 6) ● イギリス金本位復帰 (1925. 5) ● ニューヨーク株式市場の暴落 (1929. 10) ● イギリス金本位停止 (1931. 9) ● アメリカ金輸出停止 (1933. 4) ● ロンドン経済会議 　(⇒金ブロック形成) (1933. 6) ● 金ブロック崩壊 (1936年半ば) ● 第二次大戦勃発 (1939. 9)
ブレトンウッズ体制 1945.12 (IMF協定発効) ～1971. 8	● ブレトンウッズ会議 (1944. 7) ● IMF協定発効 (1945. 12) ● 金プール協定発足 (1961. 10) ● アメリカ金利平衡税導入 (1963. 7) ● SDR制度発足 (1970. 1) ● ニクソン・ショック 　(ドルの金交換停止) (1971. 8)
スミソニアン体制 1971.12～1973年春	● 先進10カ国スミソニアン会議 (1971. 12) ● 主要通貨対ドル固定相場関係を放棄 　(1973年2月から3月にかけて)
変動為替制 1973年春～現在	● 第1次石油危機発生 (1973年秋) ● IMF協定第2次改正発効 　(変動相場制の認知) (1978. 4) ● 第2次石油危機発生 (1978年暮) ● プラザ合意 (1985. 9) ● ルーブル合意 (1987. 2) ● ユーロの誕生 (1999. 1) ● リーマン・ブラザーズ倒産 (2008. 9) ● ギリシャ財政危機発生 (2009年秋) 　(⇒ユーロ圏危機に発展)

て事実上の金本位制になっていたが、銀製造業者の抵抗があって、制度上は1900年に金本位制法（Gold Standard Act）が成立するまで金銀複本位制であった。1897年には日本とロシアが金本位制に移った。諸説あるが、L. B. イーガーによれば、国際金本位制のかたちが整ったのは1870年代後半で、1914年の第一次大戦の勃発までおよそ40年続いた。

国際金本位制の機能

国際金本位制の基本的要件は、中央銀行券の金（金貨）への無制限兌換（交換）が保障されていること（国内的要件）、国際間の自由な金輸出入が認められていること（対外的要件）、ならびに各国通貨当局が金準備の増減に合わせて通貨供給量を増減させることである。3番目の要件は、制度的要件というより通貨当局の行動規範であり、**金本位制のゲームのルール**と呼ばれている。以上の要件が満たされていると、為替相場関係には固定相場制が成り立ち、国際収支不均衡の自動調整メカニズムが働く。

　まず為替相場関係についてみると、国際間の経済取引の決済にあたっては、通常は外国為替（主としてポンド）が使用されていたが、国際間の自由な金の輸出入が認められていると、為替相場しだいで直接に金が使用された。たとえば、国際収支赤字で自国通貨の為替相場が一定水準以下に下落すると、為替相場で相手国通貨を買って決済するより、自国中央銀行で金を買い、その金を相手国に直送して決済するほうが有利になった。その一定水準とは金平価（各通貨の金との交換比率から算出される為替相場）から金の現送コストを差し引いた水準であり、そこまで為替相場が下がると、赤字国から金の流出が生じる代わりに、それ以上の為替相場の下落は生じなかった。同じように、国際収支が黒字で自国通貨が上昇する場合には、金平価に金の現送コストを加えた水準

以上になると，金で決済を受けるほうが有利となり，黒字国には金が流入して為替相場のそれ以上の上昇は抑制された。

したがって，外国為替市場で形成される為替相場は，金平価に金の現送コストを加減した幅のなかでしか変動しないことになり，おのずと固定相場関係が成立した。金の現送点は金平価の上下1％以下のせまい幅のなかにあった。

各国が金準備の増減に合わせて通貨供給量を増減させるゲームのルールを遵守していると，次のような経路をたどって為替相場の国際収支調整機能が働いた。赤字国では，為替相場が上記の金現送点まで下落して金の流出が起こると，それに合わせて通貨供給量が減少する。その結果，国内経済活動が抑制され，国内物価が下落して価格競争力が回復し，やがて輸出増・輸入減となって赤字が縮小した。黒字国では，金流入に伴って通貨供給量が増え，国内景気が刺激されるとともに国内物価は上昇し，やがて輸出減・輸入増となって黒字が縮小した。

このような調整過程のなかで，短期資金移動が為替相場の下落・上昇に歯止めをかける役割を果たした。すなわち，赤字国で通貨供給量が減少すると国内金利が上昇し，海外から短期資金が流入して為替相場の下落が押しとどめられた。黒字国では，逆に国内金利の低下から海外への短期資金流出が起こり，為替相場の上昇が抑制された。こうした短期資金の役割によって，赤字国の極端なデフレ的調整や黒字国のインフレ的調整は避けられていたようである。

機能の実態

ただし，国際金本位制の実態は，必ずしも以上の説明の通りではなかったようである。現実には，金本位制を採用している国の間で頻繁に金の移動があったわけではなく，通常は各国がロンドンに保有する預金

で決済がなされ，残高が不足する場合にのみ，各国は金をロンドンに送ってポンドを調達していた。基軸通貨国のイギリスは公定歩合の変更を行って短期資金の移動をコントロールし，ポンド相場の安定を図って金の流出入を抑えていた。

当時のイギリスは巨額の経常収支黒字を実現していたが，経常黒字を金で貯め込む政策はとらず，おおむね同額のポンドを資本輸出（対外投資）に振り向けていた。加えて，当時すでに高度に発達していたロンドン金融市場で各国のポンド資金需要に応えていたので，世界的にポンド不足は発生せず，基軸通貨とその他の通貨の為替相場の安定を助けた。国際金本位制が40年近く安定的に推移したのは，当時のリーダー国イギリスの適切な世界経済運営に負うところが大きいといわれている。

| 国際金本位制の評価 |

国際金本位制を国際通貨制度の機能に関する3つの側面である流動性，信認，調整に照らし合わせると，どのような評価ができるであろうか。

まず流動性に関しては，金が最終的な国際決済手段であることから，金の供給量によって国際流動性の総量が規定されるという制度的制約がある。しかし，現実には，次の2つの要因からこの点は大きな問題とはならなかったようである。その1つは，1848年のカリフォルニアの大金鉱発見に続き，19世紀後半にはオーストラリア，南アフリカでも金鉱が発見され，世界的な金本位制の採用を可能にするだけの金の供給があったことである。もう1つの要因は，前述の通り，イギリスが適切なポンドによる流動性供給を行ったことである。

国際金本位制のもとでは，為替相場は一定の幅のなかで安定的に推移し，また外国為替には価値の安定した金の裏づけがあったので，国際決済手段・準備資産に対する信認の動揺は起きにく

かった。各国がゲームのルールを遵守している限り，特定国の物価水準が世界物価水準から持続的に乖離することはなく，したがって，持続的な国際収支不均衡の発生は回避されるしくみになっていた。このため，制度の安定性への信認もしっかりしていた。

　国際金本位制に問題があったとすれば，それは国際収支不均衡の調整が自動的に行われるかたちになり，それに伴う通貨供給量の変化が国内経済目標に合致しない場合でも，対外均衡を優先することを強いられたことである。つまり国内均衡（経済成長や雇用の維持，物価の安定）を犠牲にして，対外均衡を図るしくみとなっていたことで，この点は時代が進むにつれてしだいに政策運営上の制約として意識されるようになる。

　実際，この制約のために，後述する 1930 年代の国際金為替本位制崩壊のなかで，金本位制からの離脱が遅れた国ほど，深刻なデフレと不況に悩まされるという傾向がみられた。

3　国際金為替本位制

●変質した金本位制

第一次大戦後の金本位制再建の動き

1914 年の第一次大戦勃発によって，国際金本位制は機能を停止した。その理由は物理的に金の海外輸送が困難になったことに加え，各国とも戦争継続に備えて金を貯め込む政策をとり，金の輸出入はもとより国内的にも通貨の金への交換を制限するようになったからである。

　大戦終了後は，各国ともインフレの進行に悩まされ，経済再建のためには通貨の安定が先決課題と認識されて，金本位制復帰へ

の努力が始まった。アメリカは1919年6月に金輸出を解禁していち早く実質的に金本位制を復活させた。イギリスは1925年5月に**金地金本位制**（国内では金の買上げは行うが通貨の金交換は認めず，海外で保有されているポンドについては金地金で兌換に応じる）を確立した。1928年6月には，フランスがイギリス型の金地金本位制になった。これに相前後してオランダ，スイス，北欧諸国などが金本位制になり，1920年代後半には再び金をベースとする国際通貨制度が確立された。1925年のイギリスの金本位制復帰でポンドとドルの固定相場関係が回復され，これら2つの通貨を軸に世界的な固定相場制が復活した。

再建された金本位制の特徴

再建された金本位制は**国際金為替本位制**と呼ばれるようになった。これは，一部の基軸通貨国を除き，ほとんどの国は発券準備として金に加えて金と交換性をもつ外貨（**金為替**）を保有する傾向を強めたためである。1922年のジェノア会議で，戦後，顕著になった金不足に対処するために金為替の保有が奨励されたことも，その一因といわれる。

特筆すべきは，ドルがポンドと並ぶ基軸通貨として台頭し，一方でフランス・フランが準基軸通貨的地位を占めて，**複数基軸通貨体制**の性格が強まったことである。イギリスは第一次大戦で国力を消耗したにもかかわらず，戦前の金平価のまま金本位制に復帰したので，ポンドは過大評価になっており，かつての安定した基軸通貨ではなくなっていた。このため複数の投機的な短期資金移動が活発となり，為替市場は不安定となった。

国際金為替本位制の機能の実態

新しい金本位制のもとでは，国際流動性の供給が円滑に行われず，世界的にデフレ圧力が強まった。イギリスは経常黒字

の縮小に加え，為替相場対策上たえず金融引締めを余儀なくされる状態となったため，戦前のようなポンドによる潤沢な流動性供給は困難となった。

アメリカには金が流入する傾向があったが（1920 年代半ばには世界の公的金準備の 46%がアメリカの保有となっていた），金流入が国内インフレを助長することを恐れ，アメリカはゲームのルールを軽視して**金の不胎化政策**（金が流入してもそれに合わせて国内の通貨供給量を増やさない政策）をとった。このため，ドルでの流動性供給も十分行われなかった。

フランの大幅な過小評価の状態で金本位制に復帰したフランスの場合は，経常収支の黒字が続き，短期資金も流入して金・外貨が集中する傾向にあった。ただし，中央銀行の外貨買入れで創出されたフラン資金を国債発行で吸収し，政府の中央銀行借入れを返済する政策をとったので，国際収支黒字が通貨供給増につながらなかった。しかも，しばしば中央銀行保有の外貨を金に換える政策をとったので，そのことがたえずポンドへの圧力となった。

基軸通貨国以外でも，外貨準備の増減が国内通貨供給に及ぼす影響を極力中立化しようとする動きが強まったので，金本位制の伝統的な国際収支調整機能も力を失っていった。戦後の金本位制も原理的には戦前のそれと同じであったが，中心国が不在となったこと，大戦を契機とする基礎的経済状況の変化（インフレの脅威，財政の悪化など）に影響されて各国が金本位制のゲームのルールへのコミットメントを低下させたことから，機能の実態は戦前の金本位制とは大きく異なっていった。

為替切下げ競争と国際金為替本位制の崩壊

以上のような制度的枠組みのなかで，1929 年 10 月に発生したニューヨーク株式市場の大暴落をきっかけに，世界経済

は大不況に見舞われた。1930年代初めには，ヨーロッパは金融恐慌の状態となり，1931年9月にイギリスは金本位制を停止した。その影響でアメリカも1933年4月に金輸出停止に追い込まれた。この頃には，英米を含めて35カ国が金本位制を離脱していた。

1933年6月には，英米仏の提唱で，不況からの脱出と通貨秩序の回復を目的とする国際会議が開催された（ロンドン経済会議）。会議では，フランスを代表とする金本位制の国が世界的スケールでの金本位制復帰を主張したが，イギリスをはじめ金の保有量に関係なく通貨を発行できる管理通貨体制にすでに移行していた多くの国は，むしろ貿易障壁の排除によって貿易の拡大を優先すべきだとして，合意が成り立たず，アメリカの消極的態度も影響して，結局，会議は物別れとなった。

その後，フランス，スイス，ベルギー，オランダ，イタリア，ルクセンブルクの6カ国を中核とする一部の国は，いわゆる**金ブロック**を形成して，あくまで金本位制を維持しようとしたが，1934年から36年にかけて離脱する国が相次ぎ，36年には金ブロックも崩壊した。

この間，アメリカは1934年金準備法（Gold Reserve Act of 1934）で新しい平価（純金1オンス＝35ドル）を設定し，「対外的に固定平価で金を売買する外国通貨当局に対してはアメリカも金売却に応じる」として，制限つきながらドルの金兌換（交換）を再開したので，ドルへの信認が高まり，1930年代後半にかけて再びアメリカに金が流入し続ける動きとなった。

金ブロック崩壊後は世界は全面的に変動相場制となり，為替切下げ競争が横行するようになり，しだいにブロック化し，第二次大戦に向かうことになった。

4 ブレトンウッズ体制

●金との交換性を保ったドルがベースの制度

ブレトンウッズ会議 1944年7月，アメリカのニューハンプシャー州ブレトンウッズに連合国側の44カ国代表が参加して開かれた国際会議は，戦後の世界経済運営の枠組みづくりに成功し，為替の安定と無差別多角的な貿易取引を通じて世界経済を秩序ある成長軌道に復帰させることになった。

ブレトンウッズ会議で討論された新しい世界経済秩序の枠組みでは，為替の安定を司る国際通貨基金（International Monetary Fund: IMF）と，戦後の世界経済の復興や発展途上国の経済開発を支援する国際復興開発銀行（通称，世界銀行あるいは世銀，International Bank for Reconstruction and Development: IBRD），ならびに貿易問題を担当する国際貿易機構（International Trade Organization: ITO）の3つの国際機関の設立が展望されていた。

このうちIMFとIBRDについては，この会議で議定案ができあがり，いずれも1945年12月には協定が発効する運びとなった。ITOは1948年になって協定が合意されたものの，アメリカをはじめ多くの国が批准しなかったため予定通りに進まず，協定発足までの暫定的な措置として準備された多国間条約「関税および貿易に関する一般協定」（General Agreement on Tariffs and Trade：GATT）が長らく多角的貿易自由化のための協議の枠組みとなった（その後，ガット・ウルグアイ・ラウンドの合意を踏まえて，1995年1月1日に世界貿易機関〔World Trade Organization：WTO〕が発足した）。

ブレトンウッズ会議が輝かしい成功を収めたのは，第二次大戦

が終局に近づき，世界経済の混乱に終止符を打ち，新しい秩序を確立しようという政治的意欲が盛り上がっていた当時の時代背景によるところが大きい。それに加えて，アメリカのホワイト財務次官補とイギリスのケインズ政府代表を中心とする交渉当事者の熱意とリーダーシップが大きな貢献をしたと評価されている。IMF協定の原案として提出されたホワイト案とケインズ案は1942年初めに公表され，すでに1943年秋には両案をめぐる米英間の政府交渉が開始されていった。

ブレトンウッズ体制の理念としくみ　IMF創設の基本的理念は，国際金融関係における各国の自国本位の政策運営を改め，国際金融協力を促進するためのルールと基盤を確立することであった。そのためにメンバー国が遵守すべき行動規範の骨子は，為替の安定，秩序ある為替取決め，競争的為替切下げの回避ならびに自由で多角的な国際決済である。こうした目的にそって国際協定のかたちでルールが設定され，メンバー国を監視して支援する恒久的国際機関としてIMFが設立された。IMF協定により再建された第二次大戦後の国際通貨制度には，ブレトンウッズ体制という呼称が与えられている。

(1) 平価の設定と為替の安定に関する義務

　為替の安定については固定相場制が採用され，加盟国は自国通貨の平価を設定してIMFに登録し，日々の為替相場の変動は平価の上下1％の範囲内に維持するものとされた。平価（par value）設定は「共通尺度たる金により，または1944年7月1日現在の量目および純分を有する合衆国ドル（純金1オンス＝35ドル）により表示する」（協定第4条）とされて，形のうえではドル以外の通貨も金平価をもちうることになっているが，戦後，金との交換性を維持していたのはドルだけであり（1934年金準備法に基づき，

アメリカは外国通貨当局保有のドルについては金交換を維持), 各国はドルに対して平価を設定したというのが実態である。ただし, ドルはあくまで金と交換性をもつドルであり, 後にドルの金交換が行き詰まったとき, IMF平価制度とそれをベースとする固定相場制は崩壊した。

固定相場制が原則であるが, それが加盟国の経済政策運営に過度の負担を与えることがないように, 国際収支が基礎的不均衡に陥っていると判断された場合には, 加盟国はIMFと協議のうえ, 為替相場の切下調整を行うことができるとされた。「基礎的不均衡」は協定上には明確な規定はないが, 国内成長や雇用の面で耐えがたいほどの犠牲を払わないと解消できない不均衡という意味である。すでに国際金為替本位制の頃からマクロ経済政策運営の自立性を求める動きが強まって, そうした経済思想の変化が反映されたルールである。

(2) **自由で多角的な国際決済**

為替の安定と並んで重視されたのが自由で多角的な国際決済の再建であり, 協定第8条で, 経常取引については為替制限をなくすこと, 差別的な為替取決めや複数為替相場制を採用しないことなど, 加盟国の具体的義務が列挙されている。しかしながら, 国際金為替本位制の時代に投機的な資本移動が為替市場を不安定にした経験から, 資本取引自由化の義務は協定に盛り込まれなかった。

(3) **融 資 制 度**

多くの国が厳しい外貨不足に直面している当時の状況では加盟国が協定上の義務を遵守することは容易ではなかったので, IMFには一定の金融支援のメカニズムが用意された。具体的には, 各加盟国はそれぞれの経済力に見合って設定される**出資割当額**

（quota）をIMFに払い込み，それを原資として，一時的に国際収支難に陥った国に対して，自国通貨と交換にIMF保有の外貨を買い取るかたちで短期間の融資が供与されることになった。ここで，借入国が国際収支の均衡回復のための調整政策を策定してIMFの承認を受け，それを実行することが融資の条件とされ，国際収支不均衡の継続を回避するしくみがつくられたことは重要な点である。

ブレトンウッズ体制の
動揺

ブレトンウッズ体制は，最初の20年間は期待通りに機能し，世界経済は順調に戦後復興を成し遂げて繁栄の時期を迎えた。しかしながら，1960年代後半になると，基軸通貨ドルの通貨基盤が弱体化し，制度全体が不安定になっていった。

アメリカの国際収支は世界経済の復興を反映した貿易黒字の縮小，対外民間直接投資の増大，海外軍事支出の増加などから，すでに1950年代末から悪化傾向を示していた。1960年代に入ると国内福祉重視の政策運営のもとで，アメリカ経済にはインフレ体質が定着して貿易黒字が一段と縮小し，60年代後半になるとベトナム戦争の負担も加わって，国際収支赤字が慢性化した（アメリカの国際収支は，経常収支は60年代を通じて黒字基調を維持したが，民間および政府の長期資本収支の赤字拡大で，経常収支と長期資本収支の合計である基礎収支は60年代前半から赤字となり，60年代後半にはその赤字幅が増大した。ここでの長期資本収支の赤字は，現在の国際収支の定義ではプラスの金融収支に相当し，長期資本の純流出を意味するので，基礎収支の赤字とは経常収支黒字を長期資本の純流出が上回ったことを意味する。詳細は第5章参照）。

その結果，アメリカの対外短期債務（ドル残高；外国が保有するドル預金やアメリカの財務省証券・国債など）が膨張して金準備と

表8-2　金によるアメリカの対外短期債務カバー率

年	①対外短期債務 （百万ドル）	②金準備 （百万ドル）	③カバー率 ②／①×100（%）
1950	7,117	22,820	320.6
1955	11,719	21,753	185.6
1960	17,366	17,804	102.5
1965	24,072	13,806	57.4
1970	40,449	11,072	27.4

アメリカの対外短期債務（ドル残高）が増え続ける一方で，金準備は減少し，両者のバランスが悪化して，いずれドルの金交換は行き詰まると懸念されるようになった。

（出所）『東京銀行月報』1976年11月号。

のバランスが悪化し（**表8-2**参照），ドルの金交換の先行きへの不安が強まっていった。そうした不安を反映して，ロンドンの自由金市場では**投機的な金買い**（ゴールド・ラッシュ）が頻発するようになった。

ドル防衛　　こうした動きのもとで1960年代を通じて，アメリカ独自の，また国際協力による**ドル防衛策**が展開されることになった。アメリカは1963年に**金利平衡税**（対外証券投資や銀行貸付の利息収入に特別税をかけて資本流出の抑制をねらったもの）を導入したのに続き，資本流出抑制策を段階的に強化していった。

国際協力によるドル防衛策の代表的なものは，1961年に形成された**金プール**である。アメリカとヨーロッパの7カ国がそれ

ぞれの割当額にそって金を拠出し，イングランド銀行（イギリスの中央銀行）を代理人としてロンドン金市場で介入操作を行い，金価格の上昇を抑えようとしたものである。純金1オンス35ドルの公定価格で金と交換性をもつドルがブレトンウッズ体制の要であるが，ロンドン市場の金価格がそれ以上に上昇すると，外国通貨当局が保有ドルを公定価格で金に換えようとする動きが強まり，アメリカの金準備がいっそう減少してドルの金交換が行き詰まる恐れがあった。そのため，ロンドン金市場の価格上昇を抑えなければならなかった。

金プールは1967年までは金投機の鎮静に成功したが，同年11月のポンド切下げで誘発された大規模なゴールド・ラッシュは抑えきれず，68年3月には通貨当局間の金取引と民間のそれを完全に二分する「金の二重価格制」が採用されることになった。それにより「通貨当局間ではアメリカは従来通り1オンス35ドルで売却に応じるが，通貨当局は民間市場への金売却は行わず，民間市場からの購入の必要も認めない」ことが確認されている。このときから，アメリカは外国通貨当局に対して金交換の自粛を求めることによって，実質的にドルの金交換を制限するようになった。ついで1971年8月15日には，ニクソン大統領によって公式にドルの金交換停止（いわゆるニクソン・ショック）が発表された。

流動性ジレンマ論とSDRの創出

1960年代に入ってドルの通貨基盤がしだいに不安定になる動きのなかで，制度的な流動性ジレンマを解決するためには，新しい準備資産の創出が必要だとする意見が有力になった。「流動性ジレンマ」というのは，1960年に出版された『金とドルの危機』で，R.トリフィンが最初に提起した議論である。ブレトンウッズ体制のもとでは，国際流動性の供給は主としてアメリカの

国際収支の赤字を通じてドルが世界に散布されるかたちで行われているが，このプロセスが進むとアメリカの対外短期債務（外国の保有するドル残高）のアメリカの金準備に対する比率が上昇し，やがて基軸通貨ドルへの信認が揺らぐのは避けがたいというものである。

　基軸通貨国アメリカが安定的なマクロ経済政策を続けていれば，ドル価値の安定は持続しえたはずだとする説もある。しかし，最終的な決済手段は金であるという通念が生き残り，最強の経済力をもつアメリカの国民通貨ドルも金の裏づけがあって初めて一般的に受領される国際通貨になるとみなされていた制度のもとでは，ドルでの流動性（資金）供給が続く限り（前述の通り IMF に融資制度が用意されたが，資金力には限界があり，世界経済の成長に伴う流動性需要の増加は，アメリカからの公的資金および民間資金の供給に頼らざるをえなかった），ジレンマは基本的に避けがたかったと思われる。すでにみた通り，現実に 1960 年代が進むにつれ，ジレンマが表面化した。

　ドルを補完する**新準備資産**の創出については，伝統的に金選好の強いヨーロッパ諸国は批判的であったが，アメリカが支持し，対外決済手段の不足に悩んでいた発展途上国グループがこれに賛同したため，長い議論の末，1967 年秋の IMF 総会で **SDR 制度**の創設が決議され，70 年からスタートすることになった。SDR（Special Drawing Right）というのは「それを対価に IMF が指定する国から外貨を引き出す特別な権利」で，IMF の帳簿のうえで準備資産なしに「無から有を生み出す」かたちで創出され，出資割当額に基づいて各国に配分される。SDR には金交換性はないが，価値は 1SDR = 0.888671 グラムの純金（ドルと等価）と決められた（その後 1973 年春の先進国の変動相場制への移行を受け，

74年7月からSDRの価値は通貨バスケットとして再定義され，いくたびかの調整を経て現在の構成通貨は米ドル，ユーロ，中国人民元，日本円，英ポンドである）。

SDRは1970～72年の第1基本期間に合計93億ドル相当が創出され配分されたが，第2基本期間（1973～77年）には国際流動性は不足していないとの判断から創出されず，第3基本期間（1979～81年）になって第2次石油危機の影響を考慮して合計120億ドル相当が創出され配分された。その後は創出は止まり，結局のところ，長い議論の末にSDRが誕生したときは国際流動性不足よりも**過剰ドル**（過剰なアメリカの対外短期債務）が問題となっており，SDRは本来期待された役割を果たせないまま終わった。

しかしながら，2009年8月に世界金融危機への対応として2500億ドル相当のSDRの一般配分がIMF総務会で決定されて，SDRへの関心が蘇った。同年9月には，遅れてSDR制度に参加した国（主に旧ソ連・東欧諸国）への一度限りのSDR特別配分（合計330億ドル）も実現した。それでも，これまでのところSDRの国際通貨制度における役割を高めようとする動きはみられない。

スミソニアン体制

ニクソン・ショックでドルの金交換が停止されると，ブレトンウッズ体制下の固定相場制は拠り所を失い，主要通貨は変動相場制に追い込まれた。当時の主要国通貨当局は早急に固定相場関係を回復すべきだと考え，1971年12月にワシントンのスミソニアン博物館で10カ国蔵相・中央銀行総裁会議が開催され，各国は金と交換性をもたないドルに対して新しい基準相場（central rate）を設定し，その上下2.25％の範囲内に相場を維持することを約束した（スミソニア

ン合意)。このとき，円の対ドル基準相場はそれまでの360円から308円に変更され，円以外の主要通貨の対ドル基準相場も同じように調整された。これが**スミソニアン体制**と呼ばれる新しい固定相場制である。

　しかし，ドルへの信認は回復せず，ヨーロッパや日本は絶えず為替市場で大量のドル買介入を余儀なくされ，その結果，国内流動性の膨張に悩まされるようになったので，結局1973年2月から3月にかけて，主要通貨は対ドル固定相場関係を放棄して変動相場制に移行した。

変動相場制の認知

　この間，1972年7月にIMF総務会は国際通貨制度改革を検討するための**20カ国委員会**（通称，モース委員会）の設置を決議した。同委員会はおよそ2年の討議を経て1974年4月に最終報告書「**通貨制度改革概要**」(Outline of Reform) を取りまとめ，同年秋のIMF総会で了承された。報告書では，第1部「新制度」では「SDRを主要な準備資産として育成しつつ調整可能な平価制度の再建をめざす」グランド・デザインが示されたが，第2部「当面の措置」では，1973年秋に発生した第1次石油危機で世界経済が混乱したため，当分の間は新制度への移行は困難という判断が示された。

　固定相場制復帰が困難となり，変動相場制の現実を認めざるをえない情勢になったため，その後の制度改革作業はIMF協定を現実に適応させることに重点が移行した。そのための作業は，1975年1月のジャマイカのキングストンで開催された**IMF暫定委員会**での合意を経て，**IMF協定第2次改正**（第1次改正はSDR制度創設に関するもの）が76年4月に総務会で承認され，78年4月に発効した。

　主要改正点の1つは金の取扱いで，平価の表示基準としての金

の役割は完全に停止され，IMFと加盟国の間で金による支払い
を義務づけていた規定はすべて廃止された（いわゆる金廃貨）。為
替相場制度についての改正のポイントは，以下の通りである。

(1) 各国がどのような為替制度をとるかは自由とする。

(2) 各国の為替相場政策はIMFの監視に従う。

(3) 将来，世界経済が安定を取り戻したときには，IMFは
    85%の多数決で平価制度への移行を決定することができる。

　各国は為替相場の安定的な制度を維持するための一般的義務
（自国本位の為替政策や差別的通貨取決めの回避など）を負い，その
限りではIMFは引き続いてレフェリーの役割を果たす。しかし，
各国はさまざまな為替相場制度のなかから自国に最も都合のよい
制度を選択できることになって，ブレトンウッズ体制当初のよう
に各国を一律に支配するゲームのルールは失われたので，通貨秩
序の番人としてのIMFの発言力は大きく低下することになった。

ブレトンウッズ体制の評価

　ブレトンウッズ体制は別名を金ドル本位
制ともいわれるようにドルが金にペッグ
（交換比率を固定）し，その他の通貨はド
ルにペッグする基本構造になっている。そして，この関係はそれ
ぞれに**金融節度**（discipline）を求めるしくみとなっている。アメ
リカはドルの金交換を維持するためにはインフレを起こさない政
策運営が必要であり，アメリカ以外の国はドルとの固定相場関
係を維持するためには対外均衡を重視した政策運営が必要である。
それぞれが自らのコミットメントに忠実であれば，大きな国際収
支不均衡は発生せずに制度的安定を保ちえたと考えられる。

　しかし，現実には，アメリカ以外の国はおおむねゲームのルー
ルに忠実であったのに対して，基軸通貨国のアメリカが金融節度
を失っていったために制度は不安定になった。アメリカの金融節

度喪失の背景にはさまざまな経済的・政治的要因が考えられるが，制度的側面に限ってみれば，もともとドルの金交換はアメリカが自らの意思で決めたことで他から強制される性格のものではなかったこと，アメリカは自国通貨ドルで対外決済が可能なために国際収支赤字の制約を感じなかったこと，以上2つの要因が大きな意味をもったと考えられる。

ブレトンウッズ体制のもとでは，国際流動性の供給がもっぱらアメリカからの資本輸出でまかなわれ，その結果，対外決済・準備資産（ドル）の価値の安定が崩れた。前述の通り，最終的な国際決済手段は金であるとみなされていた時代に，もっぱらドルで流動性供給が続けば，アメリカがより安定重視の政策運営を行っていたとしても，早晩この結果を招くのは不可避であったと思われる。戦後は，アメリカを含めて**管理通貨制度**（金の保有量にかかわらず通貨当局が通貨の発行量を調節する制度）が一般的になっていたが，国際間の決済には金本位制の考え方が残っていた。その意味で，ブレトンウッズ体制は金本位制から国際的な管理通貨制度への転換期の特徴をそなえた通貨制度であったといえよう。

5 変動相場制

●固定相場制にはない新たな問題が浮上

> **変動相場制の理論上の利点と現実**

ブレトンウッズ体制の末期，当時のエコノミストの間では，為替相場制度として変動相場制のほうを望ましいとする主張が有力になっていた。その主張は，おおむね以下の通りである。

(1) 為替相場の変動を自由にすれば，それによって経常収支不均衡は自動的かつ迅速に調整される。

(2)　その結果，各国は対外均衡を維持するための政策負担から
　　解放されて，国内均衡（雇用と物価の安定）の追求に取り組
　　むことができる（国内均衡と対外均衡の意味については第7章
　　参照）。

(3)　外部からの攪乱的要因（たとえばアメリカのインフレの進
　　行）は為替相場の変動によって吸収されるので，経済政策
　　（とりわけ金融政策）の自主性を確保できる。

　しかしながら，1973年以降の経験はそうしたメカニズムが理
論通りには働かないことを立証した。為替相場の大幅な変動が
あっても，経常収支不均衡の是正には長い時間がかかることが
はっきりした。それ以前の問題として，国際的な資本移動が盛ん
になるに伴って，資本取引による為替需給が相場水準を左右する
傾向が強まり，必ずしも経常収支を均衡に向かわせるような為替
相場は保証されないことが明らかになった。それのみならず，資
本取引を通じて，為替相場が経常収支の均衡を図るうえで適正と
みられる水準から大幅に乖離してしまう，いわゆる**ミスアライン
メント**（misalignment）が発生することがわかった。その典型的
なケースは，1980年代前半にアメリカのレーガン政権の積極財
政と金融引締めのポリシー・ミックスのもとで生じた異常なドル
高であった。

　変動相場制のもう1つの大きな問題点として認識されるように
なったのは，為替相場の**乱高下**（volatility）である。国際間の資
本移動が活発となった結果，ファンダメンタルズに関する情報の
みならず，種々の政治・経済・社会面の出来事に反応して資本が
動くと，為替相場は変動する。しかも，動き出すと行き過ぎが生
じてから，やがて調整が起こるかたちになりやすく，いきおい相
場変動の幅は大きくなる。

ブレトンウッズ体制のもとでは，各国は経常取引について自由化の義務を負っていたが，資本取引については自由化義務がなく，実際ほとんどの国が多かれ少なかれ対外資本取引を制限していた。そのことが固定相場制の維持を容易にしていた。

　しかし，変動相場制移行後は為替相場を一定の幅のなかに維持する義務がなくなったので，1970年代後半から80年代にかけて各国は積極的に対外資本移動の自由化を進めた。そうした動きに通信技術やコンピューターによる情報処理技術の発達が加わって，1980年代から90年代にかけて国際的な資本移動のスケールが急速に膨張した。そのことで，資本取引による為替需給が大きな力をもつようになった。

国際的な政策協調による為替相場の安定

1980年代後半になると，変動相場制の問題点が明らかになったことから，主要通貨当局の間では経済政策の協調を強化して為替相場の安定を図ろうという考え方が強まった。そうした方針にそった最初の大きな動きは1985年9月の**プラザ合意**である。当時の異常なドル高を是正するために，主要国の政策スタンスの協調を確認するとともに大規模な協調的市場介入が実施された。ついで1987年2月の**ルーブル合意**では，ドル高是正の目的を達成したとの共通認識を踏まえ，主要国の経済パフォーマンス指標（経済成長率，インフレ率，金利，失業率，貿易・経常収支，為替レートなど）の多角的監視（multilateral surveillance）を通じて為替相場の安定を図ろうという方針が確認された。

　その後，為替相場安定のための政策協調は，年に何度か開催されるG7（先進7カ国）会合の課題の1つとなっている。しかしながら，G7はもともと非公式な会合であり，その合意に強制力はなく，各国は国内事情しだいでは一方的に約束を無視する自由

を確保している。為替相場安定のためのゲームのルールはできあがっていない。このため，時として市場が政策当局のコミットメントを疑ったり誤解したりして，市場介入では防戦しきれないほどの大規模な短期資金移動が発生することになる。G7 の枠組みは国際金融システムに不測の混乱が生じた場合の対応においては効果的であっても，為替相場安定のアンカー（錨）の役割は果たしてこなかった。

変動相場制改革論　変動相場制改革については，1980 年代から，非公式にも大学・研究機関や民間経済会議などさまざまなレベルで議論されてきた。そのなかで代表的なものは，許容変動幅を広くとり，弾力的な基準レートの調整を認める**目標相場圏**（Target Zone）**構想**である。この構想の代表的な提唱者の 1 人である F. バーグステンの考え方は，次の通りである。

(1)　基本的性格は，ブレトンウッズ固定相場制とその後の自由変動相場制の中間型システムである。為替相場の乱高下が抑制されて将来見通しが立てやすい固定相場制の利点と，ファンダメンタルズの変化への迅速な対応という変動相場制の利点をあわせもつ。

(2)　そのしくみは，最初に主要通貨間で持続性のある経常収支ポジション（sustainable current account position）を生み出すような為替相場水準を算出し，その上下 10％の幅の相場圏（zone）を設定する。相場圏は公表され，インフレ格差調整後の実質レートが一定となるように，また石油価格の急激な変化のような外的ショックに対しては調整を加えつつ，たえずレビューされる。

(3)　相場圏を維持するための手段は協調介入と政策協調であり，

広いバンドのもとで効果的な協調介入が実施されれば，金融政策を含めてマクロ経済政策に過度の負担は生じない。

このような構想にはさまざまなバリエーションがあるが，その実効性には疑念が残る。出発点での相場水準の設定の難しさ，介入の効果といった技術的な問題に加え，主要国間に効果的な政策協調のための枠組みができていないことが大きな制約要因とみられるからである。

政策協調の枠組みの強化

目標相場圏構想より現実的な改革案として示されたのが，政策協調の枠組み強化案である。ブレトンウッズ協定50周年にあたり，米・欧・日の国際金融のエキスパートおよそ50名をメンバーとして2年がかりで実行された民間プロジェクトであるブレトンウッズ委員会（Bretton Woods Commission）が1994年7月に公表した報告書は，IMFを通じた政策協調の枠組みの強化を改革案として示した。

それまでのG7などの主要国間の政策協調プロセスは，対応がアドホックすぎて合意が永続的な取決めにつながらず，その効果には限界があると判断された。G7は制度ではないし，恒常的な組織でも執行権限をもつ組織でもない。そこで報告書は，IMFはもともと通貨安定のための政策協調を推進する正当な権限をもつ機関であり，国際経済・金融情勢の分析や政策立案のための十分な専門的能力も備えているから，その運営に一定の改革を行えば期待される役割を十分果たしうるとして，運営強化のための一連の具体的提言を行っている。

しかしながらこの報告書が公表された頃には，主要国の政策担当者は固定的な為替相場システムを再構築する改革案への取組み意欲を失っていたとみられる。活発な資本移動のもとでは，それ

は難しく，あえて取り組もうとすれば，金融政策運営上の負担は
大きすぎると判断されたからである。

　このようないきさつを経て変動相場制改革案は棚上げされるこ
とになり，主要通貨当局の関心事は活発化する国際資本移動のも
とでの国際金融安定維持に向けられることになった。

変動相場制の展望

国際金本位制の時代にも，国際間の短期
資本の移動が為替相場安定を乱すことが，
たびたびあった。このためブレトンウッズ体制の枠組みである
IMF協定では資本取引自由化は義務づけられていないし，当初
はほとんどのメンバー国が資本取引には制限を設けていた。

　資本移動自由化の動きが始まったのは，1971年8月にドルの
金交換が停止され変動相場制が一般的になってからである。為替
相場を一定の変動幅に維持する必要がなくなったので，資本取引
を自由化することができた。1970年代からまず先進国で自由化
の動きが進み，80年代から90年代になると発展途上国が追随し
た。

　先に議論した「国際金融のトリレンマ」に照らし合わせて判断
すると，世界は資本移動の自由を犠牲にして為替相場の安定と金
融政策の自律性維持を重視した政策から，為替相場の安定を犠牲
にして資本移動の自由と金融政策の自律性を重視した政策に選択
を転換したのである。

　それに伴って，為替相場の変動が激しくなる不都合が生じたが，
世界経済の成長が促進された側面も見逃せない。発展途上国の資
本不足という成長制約要因が解消されたからで，とりわけ1980
年代のアジアの高度成長はその影響が大きい。本書でも解説した
通り為替相場変動リスクに対処するためのさまざまな金融技術・
手法が開発されてきたので，ビジネスの変動相場制への適応が進

んだ。こうして現状では変動相場制は永遠に続くしくみとなったように思われるが、望ましい為替相場制度は世界経済の構造的変化を反映して移り変わる性格のものなので、長い眼で見るとまた変化の時が訪れるかもしれない。

世界金融危機後の景気に対する不安心理が残るなかで、2013年9月のG20首脳宣言においては、「市場で決定される為替レート」の重要性とともに「通貨の競争的な切下げを回避する」との考え方が確認された。これは、市場メカニズムによって為替相場が均衡水準に近づく力が働くことに期待しつつも、変動相場制に一定のルールが必要であるとの問題意識を反映していると解釈することもできる。そのルールは、より幅広く考えると、政策協調に関するものであり、たとえば、対外不均衡の調整負担を国際収支黒字国と赤字国の間でどのように分担するのかという問題ともかかわってくる。こうした政策課題はいつの時代にも続くのであろう。

一方、現在のドルが唯一の基軸通貨であるという側面についてみると、アメリカの経常収支赤字は外国のドル資産蓄積によって自動的にファイナンスされるので、アメリカは対外均衡やドル価値の安定ではなく国内均衡を重視した経済運営を実行できる。このことが、これまで為替相場を不安定にする要因になってきた。

仮にドルに次ぐ国際通貨であるユーロが、ドルの基軸通貨の地位を脅かすような存在になれば、上記のように経常収支赤字を自動的にファイナンスすることができなくなることから、アメリカは対外均衡やドル価値を配慮した政策運営が不可欠となる。このこと自体には為替相場を安定化させる効果が期待できる。

しかし、アメリカの政策運営とは別に国際間の資金の流れに注目して長期的視野から考察すると、第11章で議論するようなド

ル，ユーロ，人民元などの複数基軸通貨体制になった場合には，かつて1920年代にみられたように，これらの基軸通貨の間で頻繁に資金シフトが生じ，為替相場の変動がいっそう激しくなる可能性がある。その場合には主要通貨間の為替相場の安定のためのしくみ，あるいは取決めを真剣に議論することが必要になるかもしれない。

現在の政策的関心は，第10章で議論する国際金融システム安定の側面に重心が移っているが，将来，為替相場の安定，すなわち国際通貨システムの安定に再び向かう可能性があることには留意しておく必要があろう。

Column ② 世界の為替相場制度

表に示すようにIMFは世界の為替相場制度を厳格な固定相場制（hard peg），固定相場制（soft peg），変動相場制（floating）に分類している。1973年春に固定相場制から変動相場制に移行したのは先進国で，世界全体としてみると，各国はそれぞれの事情に応じて，固定的なものから変動的なものまでさまざまな為替相場制度を採用している。

(1) 厳格な固定相場制

厳格な固定相場制には，まず，独自の法定通貨をもたずに外国通貨を流通させる制度があり，ドルを採用したものは「ドル化」，ユーロを採用したものは「ユーロ化」と呼ばれる。エクアドルは2000年にインフレ抑制のためにドル化を採用した。また，カレンシー・ボード制は，自国通貨を特定の外貨と一定の固定相場で交換することを法的に約束し，その約束を確実にするために自国通貨の発行に100％以上の外貨資産を裏づけとして保有することを通貨当局に課す制度である。このため，自国の金融政策はそ

表 IMF加盟国の為替相場制度（2018年4月末現在）

タイプ	国の数	備考
厳格な固定相場制 (Hard pegs)		
その国独自の通貨をもたない為替制度	13	米ドルが流通（エクアドル、パナマなど）、ユーロが流通（コソボ、モンテネグロなど）。
カレンシー・ボード制	11	自国通貨の発行を特定外国通貨の保有準備以内に抑え、自国通貨を固定レートで当該外国貨に交換することを保証する制度。香港、ボスニア・ヘルツェゴビナなど。
固定相場制 (Soft pegs)		
取決めによる固定相場制 (Conventional peg)	43	取決めによって、特定国通貨あるいは通貨バスケットに対して6カ月以上にわたり為替相場の変動が2%以内に抑えられる制度。米ドルにペッグ（サウジアラビアなど中東諸国を中心に、ユーロにペッグ（西アフリカ経済通貨同盟および中部アフリカ経済通貨共同体の加盟国を中心に）。
事実上の固定相場制 (Stabilized arrangement)	27	事実上、特定国通貨あるいは通貨バスケットに対して6カ月以上にわたり為替相場の変動が2%以下に抑えられている制度。シンガポール、ベトナムなど。
クローリング・ペッグ制（およびその類似型）	18	主要貿易相手国とのインフレ格差に応じて固定相場を調整する制度。中国、ニカラグアなど。
水平バンドの固定相場制	1	特定国通貨あるいは通貨バスケットに対して6カ月以上にわたり為替相場の変動が2%を上回るバンド以内に抑えられる制度。トンガ。
その他	13	固定相場制で上記のいずれにも分類されない制度。カンボジアなど。
変動相場制 (Floating regimes)		
変動相場制 (Floating)	35	為替相場は大勢として市場決定型であるが、為替相場の変化率を抑制したり行き過ぎた変動を抑えるための市場介入がある制度。韓国、インドなど。
自由変動相場制 (Free floating)	31	市場介入は市場が混乱した例外的な状態でのみ行われ、為替相場は自由に変動する。アメリカ、日本、ユーロ圏、イギリスなど。

IMF協定では各国は自国にもっとも適した為替相場制度を選択することが認められており、実際に各国が採用している制度は上記のとおりさまざまである。

（出所）IMF (2018) Annual Report on Exchange Arrangement and Exchange Restrictions.

の外貨の発行国の金融政策に連動する。たとえば，香港は米ドルのカレンシー・ボード制を採用しているので，香港ドルの金利は米ドル金利に連動する。

国際金融のトリレンマからみると，為替相場の安定，金融政策の自律性，国際資本移動の自由のうち，金融政策の自律性を犠牲にすることで固定相場制を強固にした制度が厳格な固定相場制である。

(2)　固定相場制

固定相場制とは，基準となる為替相場を定め，日々の相場の動きを基準相場の上下一定の変動幅内に抑える制度であり，ペッグ制とも呼ばれる。基準相場を内外インフレ率格差などに従って調整するものは，クローリング・ペッグ制と呼ばれる。基準為替相場は特定の通貨に対して設定する場合と，通貨バスケットに対して設定する場合がある。通貨バスケットとは，1つのバスケットを想定し，いくつかの通貨についてそれぞれ定められた金額をそのなかに入れて，その合計を価値の単位としたものである。

(3)　変動相場制

変動相場制は，為替相場の変動を許容する制度であるが，必要があれば為替相場の変動を抑制するために市場介入が行われる。市場が混乱した例外的な場合にのみ市場介入を行う制度は自由変動相場制と呼ばれている。日本やアメリカは自由変動相場制に分類されている。

本章で 学んだキーワード　　　　　　　　　KEYWORD

国際通貨制度　　流動性　　国際流動性　　信認　　調整
国際通貨　　計算単位　　支払手段　　価値保蔵手段　　表
示通貨（契約通貨）　　決済通貨（取引通貨）　　媒介通貨

資産通貨　　公的基準通貨　　介入通貨　　外貨準備　　準
備通貨基軸通貨　　国際金融のトリレンマ　　国際金本位制
金銀複本位制　　金本位制　　金本位制のゲームのルール
金地金本位制　　国際金為替本位制　　金為替　　ジェノア
会議複数基軸通貨体制　　金の不胎化政策　　金ブロック
ブレトンウッズ会議　　国際通貨基金（IMF）　　国際復興開
発銀行（世界銀行，世銀，IBRD）　　国際貿易機構（ITO）
関税および貿易に関する一般協定（GATT）　　世界貿易機関
（WTO）　　ブレトンウッズ体制　　出資割当額　　投機的
な金買い（ゴールド・ラッシュ）　　ドル防衛策　　金利平衡
税　　金プール　　金の二重価格制　　ニクソン・ショック
流動性ジレンマ　　新準備資産　　SDR制度　　過剰ドル
スミソニアン体制　　20カ国委員会　　通貨制度改革概要
IMF暫定委員会　　IMF協定第2次改正　　金融節度　　管
理通貨制度　　ミスアラインメント　　乱高下　　プラザ合
意　　ルーブル合意　　G7（先進7カ国）会合　　目標相場
圏構想　　厳格な固定相場制　　固定相場制　　変動相場制

 練習問題

1　金本位制のもとで成り立つ固定相場のしくみを説明しな
　さい。

2　ブレトンウッズ体制におけるIMF加盟国の為替相場制
　度のしくみを説明し，次に1970年代初めにそれが行き詰
　まった理由を述べなさい。

3　国際金融のトリレンマの視点から，ブレトンウッズ体制
　と変動相場制の違いは何か。

第9章

欧州通貨統合

長年の取組みで実現した単一通貨が抱える課題

INTERNATIONAL

ポイント

➡ 第一次大戦後にさかのぼることのできる長年の欧州
統合の取組みの成果である 1999 年の通貨統合の経
緯，背景，および意義を理解する。

➡ 1992 〜 93 年に発生した欧州通貨危機の背景と通
貨統合計画に及ぼした影響を理解する。

➡ 2009 年秋に始まったユーロ圏危機の展開，原因，
再発防止策を学ぶことでユーロの将来を考える。

FINANCE

1 通貨統合への始動

●経済統合から通貨統合へ

経済統合の歴史

ヨーロッパでは第一次大戦後の 1920 年
代から，小国分立状態ではアメリカ，ソ
ビエト連邦（ソ連），日本などの新興国に対抗できないという危
機意識が強まり，欧州統合の必要性が叫ばれていた。そして，第
二次大戦後にそうした認識が一段と高まって，政治統合より
も推進の容易な経済統合が段階的に進められ，1958 年の EEC
（European Economic Community；欧州経済共同体）の誕生につな
がった。1967 年には，EEC と ECSC（European Coal and Steel
Community；欧州石炭鉄鋼共同体，52 年設立）ならびに EURATOM

（European Atomic Energy Community；**欧州原子力共同体**，1958 年設立）の 3 つの共同体の機関が統合され，3 つの共同体を総称して，**EC**（European Community；**欧州共同体**）と呼ばれるようになった。EC の加盟国は，西ドイツ，フランス，イタリア，ベルギー，オランダ，ルクセンブルクの 6 カ国であったが，1973 年にイギリス，デンマーク，アイルランドが EC に加盟し，さらに 80 年代になってギリシャ（81 年），スペイン，ポルトガル（86 年）が加盟した。1993 年に EC という呼び名が EU に変わった後の 95 年にオーストリア，フィンランド，スウェーデンが加盟した。なお，2020 年 1 月 31 日（イギリス時間）にイギリスが EU を離脱した。

　経済統合の質的な面では，1968 年に関税同盟と農業共同市場をつくりあげたが，その後 70 年代から 80 年代前半にかけては，2 度の石油危機の影響もあって大きな進展はなかった。しかし，1980 年代後半になって再び統合促進の機運が盛り上がり，87 年 7 月に発効した**単一欧州議定書**（Single European Act）で，92 年末までにモノとサービス，人，資本の移動を完全に自由化して**単一市場**を形成する目標が設定され，この目標は予定通り達成された。

| **通貨統合への動き** |

このような**経済統合**の進展にあわせて，紆余曲折を経ながら**通貨統合**をめざす動きが続けられてきた（**図 9-1**）。通貨統合計画が最初に公的議題となったのは 1969 年のハーグ首脳会議であり，そこで経済通貨同盟を段階的に創設する方針が合意された。これを受けてウェルナー・ルクセンブルク首相を議長とする委員会が設置され，1970 年に通貨統合に関する最初の具体的な報告書である「**ウェルナー・レポート**」が発表された。報告書では「加盟国間の経済

図 9-1　欧州通貨統合の歴史

通貨統合への始動

- EC ハーグ首脳会議で段階的に経済通貨同盟をめざすことを合意（**1969.12**）
- ウェルナー・レポート公表（10 年間で加盟国通貨間の為替相場変動をなくし資本移動の完全な自由を達成）（**1970.10**）
- 理事会は経済通貨同盟の段階的実現のための委員会案を採択（**1971.3**）

域内通貨間の為替相場安定をめざす動き

- 対ドル共同フロート（域内固定相場・対ドル変動相場）（**1973.3**以降。第 1 次石油危機の影響もあって 70 年代半ばには機能停止）
- EMS（欧州通貨制度）発足（**1979.3**。80 年代後半には安定度が高まった）
- 単一欧州議定書発効（1992 年末までに商品・サービス・資本・人の域内完全自由移動の実現をめざす）（**1987.7**）

本格的な通貨統合への動き

- EC ハノーバー首脳会議で経済通貨統合の本格的検討開始を決議（**1988.6**）
- ドロール・プラン完成（経済通貨同盟への 3 段階アプローチ）（**1989.4**）
- マーストリヒト条約調印（ドロール・プランにスケジュールを設定。一定の条件を満たせば 1997 年 1 月から，遅くとも 99 年 1 月には条件を満たした国だけで単一通貨が発行される第 3 段階へ移行）（**1992.2**）
- 欧州通貨危機（1992 年秋～93 年夏）
- マーストリヒト条約発効（**1993.11**）
- 欧州中央銀行の設立と単一通貨導入のための準備を担当する欧州通貨機構（European Monetary Institute）をフランクフルトに設立（**1994.1**）
- EU 特別首脳会議で 11 カ国の第 3 段階移行を決定（**1998.5**）
- 欧州中央銀行発足（**1998.6**）
- ユーロの誕生（**1999.1**）
- ユーロ通貨の一元的流通（**2002.3**）
- ギリシャの大幅な財政赤字が明るみに（**2009.秋～**）（→その後，ユーロ圏危機に発展）
- 危機国の国債を無制限に購入する OMT 導入の決定（**2012.9**）
- 欧州安定メカニズム発足（**2012.10**）

政策の協調を進め，10年間で域内の為替変動をなくし，資本移動を完全に自由にする」ことが目標とされた。

　しかしながら，この目標ができたときには，ブレトンウッズ体制は崩壊期に差しかかっており，ECの通貨統合計画はしばらく国際通貨情勢激変の渦中を漂流することになる。1971年8月のニクソン・ショック（ドルの金交換停止）の後，12月のスミソニアン合意で，各国はドルに対してセントラル・レートを設定し，為替相場変動をその上下2.25％に抑えることになったが，EC諸通貨がドルに対してこの変動幅を維持すると，域内通貨間の為替変動幅は基準相場の上下4.5％まで広がることになる（西ドイツ・マルクがドルに対して変動幅の上限にあり，フランス・フランは同じく下限にあるとすると，このときマルクはフランに対しては基準相場より4.5％高くなっている。その逆もありうる）。域内通貨間の為替変動幅が拡大すると域内貿易の発展に障害となり，とりわけ域内統一価格の農業共同市場が円滑に機能しなくなるため，EC諸国は対ドル変動幅をスミソニアン合意の半分の上下1.125％に抑え，域内通貨間の変動幅も半分の上下2.25％に抑えることにした。この変動幅を「ヘビ」，スミソニアン合意の変動幅を「トンネル」にたとえて，「トンネルのなかのヘビ」と呼ばれた。

　1973年3月に変動相場制になってからは，ドルに対しては変動幅をなくし，域内通貨間では2.25％の変動幅を維持する，いわゆる共同フロートに移行した。これは「トンネルを出たヘビ」と呼ばれた。

　このようにして域内固定相場関係の維持に懸命の努力が続けられたが，1973年秋の第1次石油危機の影響も加わって共同フロートを離脱する国が増え，70年代半ばには共同フロートは機能を停止した。

2 EMS の発足

1978 年には第 1 次石油危機による混乱もようやく落ちつき，各国の不況や失業，インフレなどの問題を解決するためには為替の安定を回復すべきだという認識が強まり，再度，通貨統合に向けた動きが始まった。新しい動きをリードしたのはジスカール・デスタン大統領（フランス）とシュミット首相（西ドイツ）で，1978 年 4 月の欧州理事会において「通貨安定圏」の形成を呼びかけた。この提言が具体化したものが EMS（European Monetary System；**欧州通貨制度**）であり，1979 年 3 月に発足した。

EMS のしくみ

(1) ECU の導入

新しい制度の特徴の 1 つは，ECU（European Currency Unit；**欧州通貨単位**）と呼ばれる EC 独自のバスケット通貨が導入されたことである。ECU の役割は，まず後述の為替相場メカニズムや信用供与メカニズムにおいて共通計算単位となることである。その価値は，EMS 加盟国通貨を一定額ずつ繰り入れた通貨バスケットで規定されており，バスケットの構成は定期的に見直される。ECU はまたメンバー間の公的決済資産となり，したがって準備資産ともなる。そのしくみは，加盟国は FECOM（Fonds Européen Coopération Monétaire；**欧州通貨協力基金**，BIS に事務委託）との間で，自国の金および外貨準備の 20％につき，3 カ月ごとのスワップを行って ECU を取得し，域内中央銀行間の債権・債務の決済に使用された。

(2) ERM

ERM（Exchange Rate Mechanism；**為替相場メカニズム**）とは共同フロートのときと同じように，域内通貨間では固定相場制をと

2 EMS の発足　177

り，域外通貨に対しては自由変動する為替相場制度である。1999年初めにユーロが誕生したことにより，第一陣で共通通貨採用に踏み切った国の間ではこのしくみは役割を終えたが，EU加盟国でユーロ導入に至っていない国に対してはERM2として同様のしくみが受け継がれている。域内固定相場制のしくみは，次のようにして維持された。

まず各国はECUに対して中心レート（central rate）を設定する。各通貨の対ECU中心レートが決まると，それをベースに各通貨間の基準交換レートが決まり，基準レートの上下2.25％の水準に相場変動の上下限が設定される（1993年8月に上下15％に拡大）。ERMに参加しているすべての通貨間で，このようにして設定された変動幅を維持していくことになる。横にフランクフルト，パリ，ミラノというように市場を並べ，縦にそれぞれの市場でのメンバー通貨の基準レートならびに変動上下限の数値を記入していくと，格子状の一覧表（parity grid）ができあがるので，**パリティ・グリッド方式の相場システム**とも呼ばれた。

特定通貨間の為替相場が変動上下限の数値に達した場合には，両通貨国は相手国通貨で無制限に市場介入して，許容変動幅を維持する義務を負う。さらに，変動上下限の数値に達してからの市場介入だけでは，変動幅の維持が難しくなる恐れがあることから，各通貨の対ECUレートの変動を目安にして，上下限の数値に達する以前でのいわゆる限界内介入のルールも定められていた。この限界内介入は，当初はドルで行われていたが，1987年9月のニボールEC蔵相会議以降は徐々に域内通貨で行われるようになった。

(3) 信用供与メカニズム

以上のような為替相場制度を維持していくためには，中央銀行

間で生じる債権・債務関係を清算するルールとともに，必要に応じて信用を供与するしくみが用意されなくてはならない。そこで，超短期ファイナンス，短期通貨支援ファイナンス，中期金融援助の３つの信用供与制度がつくられた。超短期ファイナンスについては，市場介入に要する相手国通貨は相手国中央銀行から無制限に供与され，それに伴う中央銀行の債権・債務はFECOMに対する債権・債務として記帳され，介入が行われた月の月末から75日目に決済された。債務の決済は債権国通貨，ECUおよびその他の外貨（ドルが中心）で行われた。短期通貨支援ファイナンスは一時的な国際収支困難に陥っている加盟国に対する支援措置で，中期金融援助は国際収支の構造的不均衡に直面している加盟国への支援措置である。

| EMS の実績 |

第２次石油危機の影響で加盟国の経済パフォーマンスに格差が広がったため，1980年代前半のEMSの実績は順調とはいえなかった。実際，かなり頻繁にERMの再調整（基準レートの調整）が行われた。しかし，1980年代半ばから後半にかけては，各国が物価の安定なくして持続的成長はありえないという認識を強め，通貨価値の安定を最優先するブンデスバンク（西ドイツの中央銀行）の金融政策に追随する政策運営に努めるようになったことから，メンバー間のインフレ格差はしだいに縮小に向かい，それに伴ってEMSの安定性は高まった。

EMSの発足時においては，特定国の通貨を基軸通貨にする考えはなかったが，現実にはEMS維持のための介入通貨はドルから西ドイツ・マルクにシフトし，ドイツ以外の国の外貨準備の多くがマルクで保有されるようになった。また，各国の金融政策も対マルク相場の安定を重視してブンデスバンクの政策に追随する

傾向を強めて，マルクは事実上 EMS の基軸通貨の性格をもつようになった。ともあれ，1980 年代後半になると EMS は成功と評価されるようになり，これで自信を深めた EC は通貨統合への次のステップを踏み出すことになる。

3　ドロール・プランとマーストリヒト条約
●本格的な通貨統合への進展

通貨統合への本格的取組み

EMS が軌道に乗ったことに加え，域内市場の完全統合をめざす単一欧州議定書が 1987 年 7 月に発効したことから，88 年 6 月のハノーバー EC 首脳会議で，ドロール委員長を議長とする特別委員会（委員長のほか各国中央銀行総裁と 3 人の学識経験者で構成）を設け，経済・通貨統合への段取りについて 1 年以内に報告書を作成することが決まった。翌年 4 月に報告書が完成し，6 月のマドリッド首脳会議で基本的合意に達した。

　しかし，この間の作業を通じて，通貨統合の進め方をめぐる加盟国間の考え方の違いも表面化した。フランス，イタリア，スペインなどの積極派は欧州中央銀行の早期創設をテコとする通貨統合促進を主張したのに対し，ドイツ，オランダなどの慎重派はファンダメンタルズの収斂が先決であり，欧州中央銀行の創設は長期的課題と主張した。こうした基本的スタンスの違いは，通貨統合計画の初期の段階から現れており，両陣営の主張を調整しつつ統合プランが具体化されることになった。一方，イギリスは金融主権の制約を嫌って，通貨統合には当初から消極的であった。

3 段階アプローチ

ドロール・プランでは，EMU（Economic and Monetary Union；経済通貨同盟）への

3段階アプローチが示されており，その概要は以下の通りであった。

(1) 第1段階では，まず全EC通貨のERM参加と金融政策の協調強化，ならびに中央銀行総裁会議の権限強化が課題とされる。

(2) 第2段階では，**ESCB**（European System of Central Banks；**欧州中央銀行制度**）が創設され，金融政策の最終的責任は各国通貨当局にとどまるものの，ESCBがEC全体としての金融政策の方向を決定するようになる。また為替相場変動幅の縮小が図られる。

(3) 第3段階では，恒久的な固定相場制が採用され，最終的には**単一通貨**の発行に進む。また，欧州中央銀行が一元的に金融政策を決定するようになる。

ドロール・プランではそれぞれの段階への移行スケジュールは定めていなかったが，1990年7月にすべてのEC加盟国がEMUの第1段階に入った。

通貨統合のスケジュール設定　　1991年12月，マーストリヒト首脳会議で，経済・通貨統合を目標にそれまでEC経済統合のベースとなっていたローマ条約（58年発効）を大幅に改正する「**欧州連合条約**」（Treaty on European Union）の締結について合意が成立し，92年2月に条約が調印された。条約は各国の批准手続きを経て，単一市場の完成と併行して1993年1月に発効する予定であったが，デンマークの国民投票で1度否決されたこともあり，93年11月になってようやく発効した。以後，ECという呼び名はEUに変った。

マーストリヒト条約は，政治統合まで目標を拡大した画期的な条約である。とくに，通貨統合との関係では，ドロール・プラン

で示された経済・通貨統合への3段階アプローチをさらに具体化し，上位段階への移行スケジュールを設定した点に大きな意義がある。

　それによると，第1段階はEMU実現に向けたプロセスが開始された時点で始まるとされており，上記の通り，これは1990年7月にスタートした。第2段階はEMU実現のための制度的・経済的環境を整えるための準備期間で，1994年1月が予定されていて，これも予定通りスタートした。ドロール・プランでは，第2段階では欧州中央銀行制度がスタートし，徐々に各国中央銀行の権限がそこに委譲されていく構想となっていたが，金融政策の責任が各国中央銀行に残されている段階での権限移譲には強い抵抗があったため，妥協の産物として**EMI**（European Monetary Institute；**欧州通貨機構**）を設立して，**ECB**（European Central Bank；**欧州中央銀行**）設立と単一通貨導入のための準備を行うことになった。欧州中央銀行は，第3段階で欧州中央銀行制度の中核をなす機関となった。EMIは1994年1月フランクフルトに設立された。

第3段階への移行条件　単一通貨が導入される第3段階への移行に関しては，下記のような**経済収斂条件**（Convergence Criteria）に照らして経済的環境の整備状況を判断し，加盟国の過半数が収斂条件を満たしている場合には，早ければ1997年1月から第3段階への移行を決定していた。また，満たされない場合にはスタートを繰り延べるが，遅くとも99年1月には条件を満たした国だけで自動的に第3段階に移行するとされた。

　経済収斂条件の具体的内容は以下の通りであり，**マーストリヒト基準**とも呼ばれる。

(1) 過去1年間の消費者物価指数でみたインフレ率が，加盟国中もっとも低い3カ国の平均値より1.5%以上乖離しておらず，そうした状態が持続可能であること。

(2) 一般政府（中央政府，地方政府，社会保障基金）の財政赤字の対GDP比率が3%以内で，一般政府の債務残高の対GDP比率が60%以内であること。

(3) 少なくとも過去2年間，当該国の通貨がERM（EMSの為替相場メカニズム）のなかで，自国の責任による中心レートの切下げ調整は行わず，標準変動幅内で推移し続けたこと。

(4) 長期国債あるいはそれに相当する証券の金利が，過去1年間にわたり，加盟国中もっともインフレ率の低い3カ国の長期金利の平均から2%以上離れていないこと。

4 欧州通貨危機と通貨統合計画

●東西ドイツ統合の影響

欧州通貨危機 マーストリヒト条約が設定した計画が予定通り実現すれば，ドルに匹敵する経済規模をもつ国際通貨の誕生となることから，EUの通貨統合には全世界の注目が集まった。

ところが，1992年秋になってERMは大混乱に見舞われることになった。英ポンド，イタリア・リラなどの一部の通貨が，市場で激しい売りアタックを浴び，関係国通貨当局の懸命の市場介入にもかかわらず，投機の波を抑えきれず，ついに英ポンドとイタリア・リラはERMを離脱することになった。そのほかいくつかの通貨が中心レートの切下げに追い込まれた。1993年夏には，フランス・フランにも売りアタックが強まり，8月1日に開

催された緊急蔵相・中央銀行総裁会議で，ERM の変動幅を上下2.25％から上下 15％に拡大することが決定された。これによって為替市場は鎮静に向かったが，通貨統合の先行きの見通しは厳しいものになった。

　1992 年から 93 年にかけて発生した**欧州通貨危機**の主要因の1 つは，基軸通貨ドイツ・マルクの経済異変である。マルクはしだいに EMS の基軸通貨の地位を占めるようになっていったが，1990 年 10 月に東西ドイツ統合が実現したことで，ドイツはEMS の安定よりも国内事情を優先した金融政策を余儀なくされることになった。すなわち，旧東ドイツ復興のための財政赤字の拡大や統合に伴う特需によってインフレ圧力が高まり，通貨価値の安定を最優先の課題とするブンデスバンク（ドイツの中央銀行）は金融引締め政策を継続せざるをえない状況となった。他のEMS メンバー諸国も，ドイツの金融政策に追随して EMS の安定に努めた。しかし，東西ドイツ統合の特需効果が薄れ，全般的に欧州景気が下り坂に向かうに伴い，市場では多くの国がいつまでもドイツの高金利政策に追随することは難しいであろうと予想されるようになった。その結果，高金利に耐えきれなくなって金融緩和に転換しそうな国の通貨に売りアタックが生じた。

　もう 1 つの要因は，通貨統合のスケジュールが具体化し，第 3段階移行のための基準達成が重要課題となったことから，各国が基準レート調整を回避する政策を続けていたことである。実際，1987 年以降は，90 年にリラの小幅切下げがあった以外は EMSの通貨調整は行われていなかった。しかし，EMS が成功と評価され，メンバー国間の経済パフォーマンスが収斂の方向に向かっていたとはいえ，引き続きインフレ格差は残っていたので，表面的安定の陰で実質為替相場の関係は変化していた。

| マルチ・スピード方式 |

予想外の危機は通貨統合計画の難しさを印象づけ，計画は一時的に後退したものの，1990年代半ばから後半にかけて政治主導型で再び計画実現に向けて作業のスピードが高まった。まず，予定通り1994年に第2段階へ移行し，前述の通りEMIが発足した。しかし，加盟国の過半数が1996年中に移行条件を満たして，97年から第3段階が始まる可能性は非現実的となっていたから，次の目標，すなわち条件を満たした国だけで99年から第3段階に移行することが課題となった。いわゆる**マルチ・スピード方式**による前進である。

1995年1月からオーストリア，スウェーデン，フィンランドが新たにEUに加盟して参加国は15カ国になったが，97年の各国の経済実績をもとにマーストリヒト条約で定められた移行条件を満たしたかどうかを判定して，第一陣の選考グループを選ぶことになった。4つの移行条件のうち各国がとりわけ苦労したのは財政に関する条件，すなわち単年度の財政赤字をGDPの3%以内に抑え，政府債務残高を同じく60%以内に抑えるという条件である。条件を満たすために社会保障費の削減，特別税の創設など，さまざまな対策が実施された。それでも条件未達とみられる国がいくつか残ったが，政治判断でかなり弾力的な判定が行われ，1998年5月2日ブリュッセルで開催されたEU特別首脳会議で，15カ国のうちイギリス，デンマーク，スウェーデン，ギリシャを除く11カ国が，99年1月から第3段階に移行し共通通貨ユーロを導入することが決定された。1998年6月には欧州中央銀行が発足した。

第一陣に加わらない4カ国のうちイギリス，デンマーク，スウェーデンは自らの意思による不参加である。国家主権への制約

を嫌うイギリスは通貨統合の動きを静観するという態度をとっており，デンマークは国民投票で通貨統合への参加が否定されたため参加できなかった。スウェーデンは国民投票は実施しなかったが，政府は第一陣での参加を留保した。ギリシャは参加条件を達成できなかったための不参加であったが，その後，条件達成に努め，2001年初めからの参加が認められた。

5 ユーロの誕生

●運営の枠組み

ユーロ導入のスケジュール

単一通貨の名称はさまざまな議論を経て，結局1995年12月のEU首脳会議で「ユーロ」（Euro）と決定された。そして11カ国の第3段階移行を決めた1998年5月の特別首脳会議を踏まえて，次のようなスケジュールでユーロの導入が実行に移されることになった。

(1) 1999年1月1日時点でユーロと参加国通貨の交換比率が固定された。このとき，ユーロは従来EMSの計算単位であったECUと等価となるよう価値規定された。

(2) 1999年の年初より参加国の公債発行はユーロ建てとなったが，2001年末までの「移行期間」においては，一般の商取引についてはユーロの使用は「強制せず・禁止せず」の原則が維持され，各国通貨建ての取引も認められる。

(3) ユーロ紙幣・硬貨の流通機関は2002年1月で，その後ユーロと各国通貨がともに流通する期間を経て同年7月初めにはユーロが単一の法定通貨となる（その後，ユーロと各国通貨がともに流通する期間は2002年の最初の2カ月間に短縮さ

れた)。

(4) EU 加盟国でユーロ導入を決定していない国の通貨は，対ユーロ中心相場を設定し定められた変動幅を維持する。これは ERM2 と呼ばれ，将来のユーロ参加の前提条件となる。

| 欧州中央銀行制度 |

単一通貨ユーロを管理する中央銀行組織は，欧州中央銀行（ECB）と EU 加盟のすべての中央銀行から構成される欧州中央銀行制度（ESCB）である。ユーロ不参加国の中央銀行はユーロ圏の政策に加わらないので，ECB とユーロ参加国の中央銀行で構成されるユーロシステム（Eurosystem）がユーロ圏の政策を決定し実施する。

ECB の最高意思決定機関である政策理事会（Governing Council）は ECB 総裁，副総裁，4 名の理事およびユーロ参加国中央銀行総裁で構成されている。議決においては 2014 年までは 1 メンバー 1 票であったが，参加国の増加のために 2015 年以降は，ECB 総裁，副総裁，4 名の理事はそれぞれ 1 票をもつものの，各国中央銀行総裁については，月ごとのローテーションによって，ドイツ，フランス，イタリア，スペイン，オランダの 5 カ国のなかから 4 カ国に，その他の 14 カ国のなかから 11 カ国に 1 票ずつ割り当てられる。ただし，会議には全メンバーが参加し発言できる。

総裁，副総裁，理事 4 名からなる役員会（Executive Board）は執行機関で，各国中央銀行に必要な指示を与えつつ政策理事会が定めた金融政策を執行する。ECB はフランクフルトに所在する。

欧州中央銀行制度の任務は，①ユーロ圏（ユーロの流通地域）における一元的な金融政策の決定と実施，②加盟国の公的外貨準備の保有と運用，③外国為替操作の実施，④決済制度の円滑な運営の促進，などである。そして中心的な任務である金融政策につ

いては，マーストリヒト条約では「物価の安定」が最重要課題と位置づけられており，ECB の政策決定は「欧州連合（EU）のいかなる組織，政府からも指示をうけない」と，政府からの独立が明記されている。世界最高の独立性をもつ中央銀行といわれたドイツのブンデスバンクの伝統を引き継いだものである。

EU 域外の通貨に対するユーロの為替相場政策については，通常時には ECB が担当するが，政治的な理由や通貨・金融危機などで生じた例外的なケースでは財務相理事会が指針を定める取決めとなっている。

財政政策への縛り

金融政策は欧州中央銀行制度のもとで一元的に運営されることになったが，財政政策は，従来通り，基本的にそれぞれの参加国が独自に運営する。税の徴収や政府支出の決定は国家主権の基本にかかわるものであり，EU の統合が進み単一政府ができない限り一元的な財政政策はなしえないからである。

しかし，金融政策を統一しても各国が自国本位の財政政策を行うと，ユーロの価値の安定は保てなくなる。たとえば，ECB がインフレ抑制のため金融引締政策を行っているときに，一部の参加国が景気優先で財政支出を増やせば，金融引締効果は相殺されてしまう。マーストリヒト条約に定められたいわゆる経済収斂条件のなかに財政規律が含まれるのは，そうした考えによるものである。

ユーロ導入後もユーロの価値安定のためには中長期的に各国の財政運営に一定の規律を義務づけるしくみが必要との考え方は，1990 年代半ばから活発に議論された。とりわけ強い自国通貨マルクを断念することになるドイツが厳格な規律を主張し，加盟国間の意見調整に時間がかかったが，結局，1997 年 6 月のアムス

テルダム首脳会議で「**安定と成長協定**」（The Stability and Growth Pact）として合意が成立した。

　それによると，ユーロ参加国は中期的に均衡ないし黒字の財政ポジションをめざすものとされ，景気悪化の際に許容される一般政府の財政赤字はGDPの3％までで，赤字がそれを上回った場合には制裁としてGDPの0.2％から0.5％相当の中央銀行への無利息預金を義務づけられる。ただし，実質経済成長率が2％を超えるマイナス成長の場合には，例外的な状況として3％を超える赤字も許容される。弾力的な運用の余地が残されているとはいえ，参加国はかなり厳しい財政運営規律を受け入れることになった。

6 ユーロ圏危機

●通貨統合に内在する問題が顕在化

| 危機の展開 |

1999年に導入されたユーロは**図9-2**に示すように，対ドル相場でみると1ユーロ＝1.18ドルでスタートしたが，その後はユーロ安で推移し，2000年10月には1ユーロ＝0.82ドル近辺でECBによるユーロ買い支えが行われたこともあった。2002年になってようやく安定し，その後は2008年夏場まで趨勢的に上昇した。新通貨に対する懐疑的な見方を払拭し，ユーロへの信認が確立したかにみえた。

　ところがその後，**ユーロ圏危機**（Eurozone crisis）と呼ばれる混乱が始まった。事の起こりは2009年秋にギリシャの財政赤字が深刻な状態にあることが発覚したことであった（2009年の同国の財政赤字の対GDP比率は13.6％に達した）。このためギリシャの国債は市場で売り込まれて利回りが急騰し，新規の国債発行に

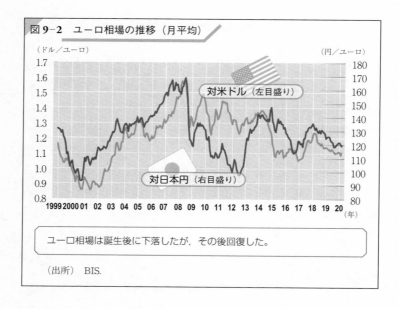

図9-2 ユーロ相場の推移（月平均）

（ドル／ユーロ）　　　　　　　　　　　　　　　　　（円／ユーロ）

対米ドル（左目盛り）

対日本円（右目盛り）

1999 2000 01 02 03 04 05 06 07 08 09 10 11 12 13 14 15 16 17 18 19 20
（年）

ユーロ相場は誕生後に下落したが，その後回復した。

（出所）　BIS.

よる財政の資金繰りが不可能になる**財政危機**に陥った。2010年
5月にはギリシャの窮状を救うため，EUとIMFが合計1100億
ユーロの支援融資を行うことになった（その後の12年3月に，民間
投資家に対する債務の削減が決まり，EUとIMFは支援融資を追加した）。

　この頃からユーロ参加国のなかで財政問題を抱えるほかの国々
にも国債の売り圧力が波及し，アイルランド（2010年11月），ポ
ルトガル（11年5月），スペイン（12年7月）に対しても支援融
資が行われた（スペインはEUのみ）。一時はイタリアにも波及す
る勢いであった。

　これらの支援や各国の財政再建に向けた取組みに加え，国債
の売り圧力を抑えるために，2011年12月と12年2月にECBは
金融機関に対して長期資金供給オペレーション（LTRO：長期リ

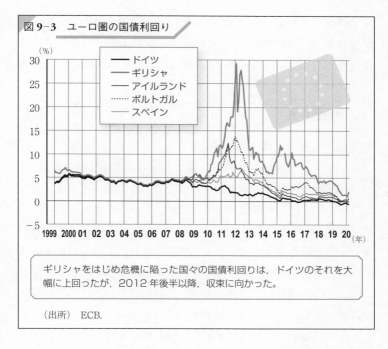

図9-3 ユーロ圏の国債利回り

凡例:
- ドイツ
- ギリシャ
- アイルランド
- ポルトガル
- スペイン

縦軸 (%): 30, 25, 20, 15, 10, 5, 0, −5
横軸: 1999 2000 01 02 03 04 05 06 07 08 09 10 11 12 13 14 15 16 17 18 19 20 (年)

ギリシャをはじめ危機に陥った国々の国債利回りは，ドイツのそれを大幅に上回ったが，2012年後半以降，収束に向かった。

（出所） ECB.

ファイナンス・オペレーション）を実施したにもかかわらず，市場は不安定なままであった。

　危機沈静化の決定的な契機となったのは，2012年7月のドラギ・ECB総裁の「ECBはユーロを守るためにやれることは何でもする」との発言と，同年9月のESM（後述）による金融支援の条件（財政再建策の実施など）の遵守を条件としてECBがその国の国債を無制限に買い入れることができるプログラムであるOMT（Outright Monetary Transactions）の導入決定（10月に導入実施）であった。実際に特定の国に対してOMTが発動されたわけではないが，図9-3に示すようにこの時期から国債利回りは急速に低下した（国債価格は急速に回復した）。

その後，キプロスが 2013 年 4 月に EU・IMF から，ギリシャが再び 15 年 7 月に EU から金融支援を受ける事態となり，市場は一時的に不安定化する局面もあったが，その後は安定化に向かっていった。

危機の原因

この危機の背景には，ギリシャにみられるように財政規律の緩みや欠如による財政赤字や政府債務残高の拡大がある。2004 年から 05 年にかけてドイツ，フランスなどの中心国でも財政赤字が基準を逸脱し，ユーロ圏全体として「安定と成長協定」の弾力的運用に傾いていたことが，その後の財政規律の悪化につながったとみられる。また，アイルランドに顕著にみられたように，2008 年のリーマン・ショックを最悪期とする世界金融危機の波及によって経営が悪化した自国の問題金融機関への支援によって，財政が悪化した。さらに，その結果として下落したユーロ圏の国債価格は，国債を大量に保有するユーロ圏の金融機関の経営をさらに悪化させ，そのことがアイルランドに限らず政府の金融機関支援に要するコストを拡大させることで財政をさらに悪化させる，という財政危機と金融危機の悪循環（doom loop と呼ばれている）が生まれた。

危機の波及がユーロ圏内にとどまったことから，危機の背景として通貨統合による状況の変化も指摘されている。その第 1 は，ユーロ参加国が通貨統合によって独立した「**中央銀行の最後の貸手機能**」を失ったことである。アメリカ，イギリス，日本のように自国通貨をもつ国では，最後の手段として自国のみの判断で中央銀行が国債を大量に買い支える（中央銀行が政府に対する最後の貸手機能を果たす）ことで，国債価格の暴落を抑えることが可能である。これに対して，ユーロ参加国は自国の中央銀行の権限をECB に移譲したためにこの機能を使うことができずに，国債の

売り圧力を抑えることができなかった。自国のみの判断で自国通貨を発行して自国の国債を買うことができなくなったともいえるので，独立した**通貨発行権**を失ったためともいえる。

しかも，政策当局の買い支えがないことを市場が認識したことが，ギリシャ以外のユーロ参加国の国債についても売り投機（売りを仕掛けて価格が下落した後に買い戻すことで利益を得ることを狙う取引）を誘発し，ギリシャほど財政状況が深刻でないにもかかわらず，危機が伝染したとみられる。ECB が条件付でユーロ参加国政府に対して最後の貸手機能を果たすためのしくみとも解釈できる OMT の導入が危機を沈静化させた事実は，「最後の貸手機能」の喪失が危機の一因であったことを示唆している。

第 2 は，危機に陥った国々がユーロ圏内において競争力が低下していたことである。ユーロがスタートした 1999 年からユーロ圏危機前の 2009 年までの間，これらの国々については，消費者物価や単位労働コスト（財・サービスを 1 単位生産する際に必要な賃金コスト）の上昇率がユーロ圏のなかで相対的に高かったため，競争力が低下した。この競争力の低下は自国通貨の為替相場の減価によって調整できるのだが，通貨統合のためにそれができなかった。その結果，ドイツの経常収支は黒字に転じその黒字幅が拡大した一方で，これらの国々は経常収支赤字が拡大した。

このように，通貨統合はヨーロッパのかなりの部分をカバーする巨大な通貨圏を生み出すことで，通貨危機のリスクを大きく低下させたことと引換えに，個別のユーロ参加国の財政危機（政府債務危機）のリスクを高めたともいえる。

危機再発防止策　危機に対応するなかで，危機拡大を防ぎ市場を安定化させるための安全網（セーフティネット）が整備された。2010 年 6 月に，欧州金融安定メカ

ニズム（EFSM, 600億ユーロ）と欧州金融安定基金（EFSF, 最大4400億ユーロ）が創設された。これらはいずれも2013年6月までの時限措置で，12年10月に恒久的危機対応機関として**欧州安定メカニズム**（European Stability Mechanism: **ESM**）が発足した。ESMは加盟国からの出資を活用して市場から調達した資金で最大5000億ユーロの融資能力をもち（EFSFとの併存期間の融資能力の上限は7000億ユーロ），危機に陥ったり脅かされたりしている国に対して融資や国債購入を行う。また，ECBについては，既述の通りOMTやLTROを通じた市場への資金供給の枠組みが設けられた。以上の安全網の整備は，各国が通貨統合で失った中央銀行の最後の貸手機能を補強する意味もある。

　中長期的・構造的に危機再発を防止するために，財政や金融システムの健全性確保を図るための取組みも強化された。シックス・パック（経済ガバナンス6法，2011年12月施行）によって，過剰財政赤字の予防，制裁，早期是正に関する規定や，政府債務残高がGDP比60％超えた場合の是正措置などが強化された。また，財政協定（2013年1月施行）においても財政規律が強化された。さらに，ツー・パック（経済ガバナンス2法，2013年5月施行）によって，欧州委員会が各国の予算案に安定成長協定に対する違反があれば修正を要求できることとなった。

　金融システムに関しては，ユーロ圏の銀行行政を法的・制度的に一元化する**銀行同盟**のうち，単一監督メカニズムが2014年11月に発足した。また，単一破綻処理メカニズムが2015年1月に発足した。ただし，単一預金保険制度は実現していない。

　これらの規律の強化は財政赤字の大きな国や競争力の弱い国に過大な負担がかかる。所得移転を通じてこの負担を和らげるための1つの方法として**ユーロ共同債**の発行が提案されている。ユー

ロ圏共通財務省のような機関を創設し，そこで一括して債券を発行し，加盟各国はそこから必要資金の融通を受けるしくみとする。共同債は加盟各国が連帯保証するので，発行コストは加盟各国の信用度の加重平均になる。ドイツなどは単独での債券発行に比べて割高な金利負担となり，ギリシャなどは逆に割安な金利負担となるが，これは強い国から弱い国への所得の移転であり，競争力が劣り財政赤字が大きい国の経済運営を助けることになる。このほかに，EU 共通予算の規模拡大にも同様の効果が期待できる。

現実的でない財政統合　抜本的な危機再発防止策は**財政統合**である。ユーロ圏が通貨発行や金融政策だけでなく，国債発行や税制を含む財政に関する権限についても統合すれば，ユーロ圏危機の原因は解消する。この統合はユーロ圏が経済的には 1 つの国になることを意味するので，ギリシャのような一部の国の政府の財政悪化が国債価格を暴落させるようなことは起きない。また，国債価格暴落のリスクも中央銀行の最後の貸手機能によって防止できる。しかも，財政統合のもとでユーロ参加国のなかで相対的に競争力の強い国から弱い国への所得移転も可能となるので，競争力格差の問題も緩和される。

　ユーロ圏危機は財政統合を欠いた**不完全な通貨同盟**（incomplete monetary union）に起因する問題といえるが，財政統合は政治統合に近い意味をもつため，少なくとも当面は現実的な解決策ではない。上記の危機再発防止策は，財政統合が選択できないことを踏まえた次善の策である。

　2020 年 7 月に，感染症流行で打撃を受けた経済の再生に向けた 7500 億ユーロの復興基金を含む総額 1 兆 8240 億ユーロの EU 中期（21 〜 27 年）予算が，EU 首脳会議において合意された。復興基金の資金調達は欧州委員会が発行する債券（共通債）によっ

てなされる。また，その債券の償還のために，加盟国からEUへの拠出金の増額と新税導入などによるEU独自財源があてられる。この復興基金は，EUが借金して加盟国に配分するしくみであり，それは経済ショックで困難に陥った労働者や企業を加盟国政府全体で支援することにほかならず，ヨーロッパの単一市場，そして経済通貨同盟の安定化に貢献するはずである。

　復興基金はあくまでも一時的措置とされている。それでも，共通債やEU独自財源をはじめとした措置は，前述のユーロ共同債やEU共通予算の拡大，そして財政統合に向けた小さいながらも第一歩になる可能性もある。

7　ユーロの評価と将来

●ユーロ圏危機の教訓を活かせるか

> **ユーロ圏の拡大**

EUは経済統合から通貨統合へと統合の「深化」を図る一方で，新規加盟国の受け入れを通じて「拡大」を遂げてきた。1980年代末から90年代に入ると旧ソ連・東欧諸国の市場経済移行の動きが生じ，90年代に入ると中・東欧諸国を中心にEU加盟を申請する国が続出した。2004年5月に，中・東欧の8カ国（ポーランド，チェコ，ハンガリー，スロバキア，スロベニア，エストニア，ラトビア，リトアニア）と地中海のマルタ，キプロスの加盟が実現し，2007年1月にブルガリアとルーマニアの加盟が実現した。2013年1月にはクロアチアの加盟が実現し，EU加盟国総数は28カ国になった（イギリスが2020年1月31日にEUを離脱したので，27カ国になった）。

　これらの国々のうち，スロベニアは2007年に，キプロス，マ

ルタは08年に，スロバキアは09年に，エストニアは11年に，ラトビアは14年に，リトアニアは15年にユーロを導入し，ユーロ圏は19カ国となった。

　今後も，EU加盟国のなかで経済規模の小さな国々のユーロ導入が実現する可能性がある。これらの国々では自国の経済規模に対するユーロ圏との貿易の比率が高いことから，ユーロ導入のメリットが大きいことに加えて，金融政策においてはユーロ圏の影響をすでに大きく受けているので，金融政策の独立性を失うことの問題は小さいからである。逆の意味で，中・東欧で経済規模の大きなポーランド，チェコ，ハンガリーの参加は先になりそうである。

　一方，西欧についてはマーストリヒト条約で単一通貨の導入を義務づけられていないイギリスとデンマークのうち，イギリスは2020年1月にEUから離脱したので，ユーロ参加の可能性はなくなった。デンマークはスウェーデンとともにユーロ導入を見合わせている。単一通貨受け入れに伴って発生する財政政策面での縛り（「安定と成長協定」）が，両国の伝統的な社会保障政策に与える影響を嫌うためといわれている。

ユーロ導入のメリット・デメリット

大きなとらえ方をすれば，ユーロの誕生でEUが長年かけて進めてきた単一市場形成の最後の壁が取り除かれたことになる。1987年7月に発効した単一欧州議定書をベースに，商品，サービス，資本，労働力の自由移動が推進され，最後に残っていた大きな障壁が通貨の違いであった。税制や競争政策や社会政策の調和など，完全な市場統合のためにはなお残された課題は多いとはいえ，ユーロ圏は単一市場になったとみることができる。それによって経済活動が活性化すればEU経済の活力は高まり，世

界経済に占める EU の地位も向上するはずである。

　ユーロ導入のメリットの主なものは，次の４つである。まず第
１に，ユーロ圏内での取引については為替リスクがなくなり，通
貨の交換が不要になることで取引コストが削減される。これらは
貿易や金融・資本取引の増大につながる。第２に，価格の透明性
が高まり，競争が活発になる効果がある。ユーロ圏全域であらゆ
る商品，サービスが単一通貨で建値されるようになれば，価格
差は一目瞭然になり，割高な価格を提示している企業は生き残れ
ないから，生産効率化のための設備投資や企業統合の動きが進
む。実際，ユーロ導入後，EU 域内では企業の合併・買収の動き
が進展してきた。第３に，ECB の金融政策が物価安定をもたら
し，為替リスクなどの不確実性の低下が金利に反映されれば，金
利水準も従来よりも低くなることで，経済成長を促進する効果が
期待できる。第４に，単一通貨のもとでユーロ圏の金融・資本市
場の統合が進めば，全体として域内の金融資産のより効率的な利
用につながると期待できる。

　一方で，ユーロ導入にはデメリットもある。参加国は独立した
金融政策と為替相場政策という政策手段を失う。また，財政政策
は引き続き各国の主権に委ねられているとはいえ，「安定と成長
協定」によって厳しい規律を求められる。アメリカの場合には連
邦財政を通じて成長の遅れた州を支援することが可能であるが，
現状の EU の共通予算は小規模（EU 全体の GDP の１％）で，そ
うした財政による所得移転の余地は限られている。

　こうした枠組みのなかで，一部の国の経済パフォーマンスが悪
化することでユーロ圏内の各国間の経済パフォーマンスの格差が
拡大した場合，それを為替相場の変動によって調整することがで
きないので，賃金や物価で調整する必要があるが，ユーロ圏は商

品，サービス，資本，労働力が自由に移動する単一市場であるとはいえ，労働市場が硬直的で，国によってその度合いが異なることなどが調整の足かせになる。

このような各国間の調整の問題に加えて，ユーロ圏全体の金融政策や為替相場政策のあり方について，参加国間で意見が対立することもありうる。財政統合を欠いた不完全な通貨同盟がユーロ圏危機の一因になったという側面も，またデメリットである。

メリットを拡大させ，デメリットを抑制することでユーロの恩恵を享受できるか否かは，今後のヨーロッパの対応にかかっているが，ユーロの誕生によってドル圏に匹敵する規模の大きな通貨圏が生まれたことの意義は大きい。

ユーロの将来

2015年6月に発表されたユンカー欧州委員長が中心となって取りまとめた報告書「欧州の経済通貨同盟（EMU）の完成」では，経済同盟，金融同盟，財政同盟を柱とした完成のための課題が提示された。2017年12月には「EMU深化のためのロードマップ」という政策文書が公表された。この文書には，欧州安定メカニズムの機能がさらに拡充され，それに銀行同盟における単一破綻処理制度を最後の貸手として支える役割が加わった**欧州通貨基金**（EMF: European Monetary Fund）を構築する提案も含まれている。

ユーロ圏危機が証明しているようにヨーロッパは最適通貨圏ではなく，「各国が主権を維持したなかでの通貨統合」はうまくいかないとする悲観的な見方がある一方で，EUはこれまでもさまざまな困難に直面し，それを乗り越えて前進してきたことも事実である。ユーロの行き詰まりはこれまでの長年の経済統合の成果を台無しにするものであり，政治的・社会的にマイナスの影響はあまりにも大きい。上記報告書に示された課題の克服や提案の実

現には多くの障害があるが，これまでと同じように，ぎりぎりの妥協の積み重ねで問題解決が図られていくと思われる。経済通貨統合は単なる経済政策ではなく，戦後のヨーロッパの政治・社会の安定を維持するしくみとしての選択であり，安易に放棄されることはないであろう。

Column ③　最適通貨圏の基準

　共通の通貨を採用することに適した地理的範囲（国々のグループ）は最適通貨圏と呼ばれている。通貨の交換や為替相場変動によって生じるコストや不確実性がなくなることのメリットが，為替相場と金融政策を経済の調整手段として使えなくなるデメリットを上回れば，それらの国々は共通通貨の採用を受け入れることができる。なかでも，為替相場変動によって各国経済を調整することができなくなるデメリットをできる限り小さくすることが重要である。そのための基準，すなわち最適通貨圏の基準には，以下のようなものがある。

　(1)　労働の移動性

　各国間で労働力が自由に移動できる環境があれば，失業問題を抱える国から人手不足の国に労働者が移動することで，為替相場が変化しなくとも各国間の景気格差の問題は調整できる。

　(2)　生産構造の多様性

　各国が1種類の財を生産するよりも多種多様な財・サービスを生産する経済であるほど，また各国が生産している財・サービスの構成が類似しているほど，ショック（たとえば技術革新による新製品の登場によって従来の製品が陳腐化するなど）が発生しても，為替相場変動による調整を必要とする度合いは低下する。

　(3)　経済の開放度

　貿易される財・サービスについては，競争による価格調整によって世界市場では一物一価が成り立ちやすいので，為替相場の調整手段としての役割は小さい。このため，その国の貿易依存度，

すなわち経済の開放度が高まるほど，為替相場を失うことによる
問題は小さくなる。

(4) 財政移転などの所得移転

自国通貨の為替相場の減価を必要とするような経済的ショッ
クによって生産・所得が落ち込んだ国に対して，他の国が財政支
援などの所得移転を実施するしくみがあれば，為替相場変動によ
る調整の必要度は低下する。民間部門においても，その国の企業
が破綻して，他国の銀行からその国の企業への融資が貸し倒れに
なった場合，その損は所得移転であるので，金融・資本市場の統
合（相互依存）が進むほど，所得移転が起きやすくなる。

(5) その他の基準

金融政策運営方針（当局が許容するインフレ率のレベル）や
財政運営方針（当局が許容する財政赤字のレベル）などの選好
が類似しているほど（homogeneity of preference），各国間の連
帯（solidarity）が強く各国の利害が対立した場合の調整コスト
を受け入れる姿勢が強いほど（政治統合に近づくほど），さらに
物価や賃金の伸縮性（flexibility）が高いほど，為替相場を調整
手段として使う必要度は低下する。ユーロ導入の際の基準となっ
たマーストリヒト基準は上記の選好に関する基準に対応してい
る。なお，通貨統合は域内の経済取引を促進することを通じて最
適通貨圏の基準を満たす度合いを高める（基準の内生性）との
主張もある。

経済ショックの各国に及ぼす影響が類似していれば（「ショッ
クの対称性」と呼ばれている），為替相場による調整を必要とし
ないので，これも最適通貨圏の基準である。以上のさまざまな基
準を総合的に踏まえて，ユーロ圏が最適通貨圏といえるかについ
てはさまざまな見解があり，確定的な結論はない。それでも最
適通貨圏のさまざまな基準は，通貨統合によって形成されたユー
ロ圏の将来を考えるうえでの視点を提供している。

2015年6月の欧州委員会報告書「欧州の経済通貨同盟（EMU）
の完成」に示された経済同盟，金融同盟，財政同盟は，上記の基

準を満たす度合いを高めるための課題を示している。

練習問題

① 欧州通貨制度のしくみを説明しなさい。

② 2009年秋から発生したユーロ圏危機の背景と関連づけて，その防止策を説明しなさい。

③ ユーロ誕生のメリットとデメリットを説明しなさい。

第10章 国際資本移動の功罪

金融のグローバル化の問題点と解決策

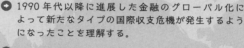

ポイント

- 1990年代以降に進展した金融のグローバル化によって新たなタイプの国際収支危機が発生するようになったことを理解する。

- アメリカ発でヨーロッパ，そして世界に波及した世界金融危機の展開，特徴，および教訓を学ぶ。

- いくつもの危機を経て形成されてきた国際金融システムの安定のための枠組みを概観する。

1 金融のグローバル化と国際収支危機

●急激な資本流出による危機

| 国際収支危機 |

第5章の国際収支でみた「経常収支＝金融収支」（資本移転収支と誤差脱漏は省略）という関係は，経常収支が赤字であれば，それと同額の海外からの資本の純流入が必要であることを示している。この必要な資本流入を確保できなくなった状態は**国際収支危機**と呼ばれており，その特徴によって債務危機，通貨危機，金融危機と呼ばれることもある。

1980年代までの国際収支危機は，経済状態（ファンダメンタルズともいう）の悪化，すなわち放漫財政などを背景とした慢性的

な経常収支赤字による外貨準備の不足や過大な対外債務などによって，国際的な信用力を失った結果，必要な資本流入を確保できなくなることで発生した。1980年代の中南米を中心とした債務危機は，その一例である。

新たなタイプの通貨・金融危機

1990年代に入ると，冷戦終結による旧社会主義国の市場経済への移行，新興・発展途上国の経済発展に伴う国際金融市場への参入，世界的な対外資本取引の自由化と情報通信の技術革新などの構造変化が進展した。その結果，資金が瞬時に国境を越えて世界をかけめぐる**金融のグローバル化**の時代が始まった。

こうした背景のもとで，メキシコ通貨危機やアジア通貨危機のような新たなタイプの危機が発生するようになった。すなわち，ファンダメンタルズだけでなく，投資家の投資姿勢などの市場心理（または市場の信認）の変化によって資金が海外に急激に流出することで発生する通貨・金融危機がみられるようになった。また，ある国の危機をきっかけに，財政状況をはじめとしたファンダメンタルズが良好と思われた国でも急激な資本流出が発生するという，いわば**危機の伝染**（contagion）がみられるようになった。2007〜08年には，金融危機とは無縁と考えられていた先進国のアメリカに端を発し，ヨーロッパをはじめ世界的な広がりをみせた世界金融危機が発生した。

1980年代までには想定されなかった新たなタイプの危機を経験するなかで，こうした危機を未然に防止し，国際金融システムの安定を確保することが重要な政策課題となり，そのための枠組みが構築されていった。

2 新興・発展途上国の国際収支危機

●危機の教訓と対応策

1980年代の発展途
上国の債務危機

1982年8月にメキシコが対外債務の元利払いの停止を発表したことに始まり，アルゼンチン，ブラジルなどの中南米諸国を含む多くの発展途上国が対外債務返済の困難，すなわち**債務危機**に陥った。

この原因は，海外からの融資を受けすぎたことにある。1970年代から80年代にかけて2度の石油危機によって膨らんだ産油国からのドル預金（オイルマネー）を原資として，先進国の銀行が中南米をはじめ発展途上国の政府や政府系機関に多額のドル融資を行った。民間企業ではなく政府向け融資であったためにリスクが過小評価され，融資額は後になってみると過大であった。これに，債務国の輸出品である一次産品の価格下落，第2次石油危機による輸出先である先進国の景気悪化，インフレ抑制のためのアメリカの高金利政策による利払い負担の増加（対外債務はドル建てであった）などが加わった結果，返済困難に陥ったのである。

先進国の債権銀行は，返済期日の引き延ばし（リスケジューリング）と，負担軽減のための新規融資を行った一方で，その条件として，IMF監視下の経済安定化政策（緊縮財政・金融引締め，為替相場の切下げ）を要求した。債務国の多くが慢性的な財政赤字を通貨の増発で賄うことで高インフレに悩まされており，そのことが資本流出を招くなどして債務返済をさらに困難なものにしていたからである。

この経済安定化政策によって，債務国は後に「失われた10年」と呼ばれる深刻な経済停滞に陥った。このため，当初は外貨流動

性不足の問題と考えられていたのが，債務国は支払能力を超える過剰債務に陥っているとみられるようになり，政治的不安定化も懸念された。事態を重視したアメリカ政府は，1985年10月に当時のベーカー財務長官が救済プランを提示して，解決のためのイニシアティブを採り始めた。しかし，状況はなかなか改善に向かわなかったので，アメリカ政府は1989年3月に解決策の柱を新規融資から債務削減に移し，公的支援を強化した「ブレイディ構想」を打ち出した。この構想に基づいて，同年4月のG7において，IMF・世界銀行に支援された中期経済計画を実施することを前提として，民間銀行債務を削減する「新債務戦略」が合意された。

この新債務戦略のもと，債務の買戻し（債権者が債務者に債務を額面以下の金額で売却する）や債務の株式化などの債務削減策が実施され，1990年代に入ると，アフリカのサハラ以南の国々などを除けば，債務国の経済は改善に向かっていった。

メキシコ通貨危機　金融のグローバル化を反映した資金の海外への急激な流出による新たなタイプの国際収支危機の最初の例は，1994年終わりから95年にかけての**メキシコ通貨危機**である。緊縮的な財政政策をとっていたものの，資本自由化（1989年実施）のもとでの外国からの資本流入の拡大や貯蓄率の低下を反映して経常収支赤字が拡大するなかで，94年3月の大統領候補暗殺などによって政情不安が高まったことをきっかけに，外国資本が急激に海外に流出した。1980年代の債務危機の際は銀行融資の返済繰延べなどによる対応が可能であったが，銀行融資に加えてメキシコ政府証券をはじめ債券や株式を保有するさまざまなタイプの外国投資家が関与しており，いったん外国資本の流出が始まると手の施しようがなかったことで，新

たなタイプの危機として注目された。

　メキシコの通貨当局は，為替市場介入やドル資金の調達によって，為替相場（クローリング・ペッグ制）を維持しようとした。それでも資金流出は続き，変動相場制への移行を余儀なくされて為替相場は急落し，高金利と金融危機を招いた。これに対処すべく，メキシコ政府は1995年1月に安定化策を発表し，その後にアメリカ政府とIMFの主導によって総額約500億ドルの金融支援がまとめられた。この支援額が投資家の懸念を払拭するのに十分な規模であったことから，危機は終息に向かった。

タイで始まったアジア通貨危機

メキシコ通貨危機と類似のタイプの危機が，1997年7月のタイ・バーツの急落をきっかけとして東アジア全体に危機が広がった**アジア通貨危機**である。**図10-1**に示すように，各国通貨は大幅に下落した。

　タイでは経常収支赤字の拡大に加えて，不動産などの資産バブルの崩壊に伴う金融機関の不良債権問題が不安視されて外国資本が流出に転じ，1997年7月には長年続けられてきた対ドル連動の為替相場政策を放棄せざるをえなくなった。タイの危機は瞬く間にマレーシア，インドネシアなどのASEAN諸国に波及し，さらに同年秋には発展段階が一段上の韓国をも深刻な通貨・金融危機に追い込んだ。世界経済の成長センターとみなされていた東アジアを突如として見舞ったスケールの大きい通貨・金融危機は，衝撃的な出来事であった。

　震源地となったタイの場合，1980年代末以降に実施されてきた資本自由化に加えて，93年にバンコクを金融センターに育てようという構想のもとで，BIBF（Bangkok International Banking Facility）と呼ばれるオフショア市場が創設された。オフショア

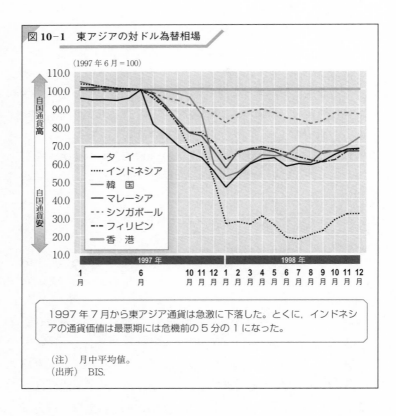

図 10-1　東アジアの対ドル為替相場

(1997年6月＝100)

自国通貨高　自国通貨安

— タ　イ
⋯⋯ インドネシア
— 韓　国
— マレーシア
-·-·- シンガポール
-··-··- フィリピン
— 香　港

1997年　1998年

1月　6月　10 11 12 1 2 3 4 5 6 7 8 9 10 11 12月

1997年7月から東アジア通貨は急激に下落した。とくに，インドネシアの通貨価値は最悪期には危機前の5分の1になった。

（注）　月中平均値。
（出所）　BIS.

市場とは一般には国の外から資金を受け入れて国の外に貸し出す市場であるが，タイのケースでは外貨建てで国内居住者に融資する取引も認められたため，この市場を通じて短期のドル資金流入が急速に増えた。タイ・バーツは事実上のドルに対するペッグ制（固定相場制）であったことに加えて，ドル金利がバーツ金利よりも低かったことも，ドル資金流入を加速させた一因である。金融機関の健全性を維持するための規制・監督が未整備ななかで，この資金は一般の事業だけでなく株や不動産にも投資されること

で資産バブルを生じさせた。このバブルは1996年頃から崩壊し，資産価格は下がり始め，金融機関の不良債権も増加を始めた。こうした変化に乗じて投機筋のバーツ売り圧力が強まった。

これに対して通貨当局はバーツ金利の引上げと為替市場介入（ドル売り・バーツ買い）によって対応したが，ドルの外貨準備が枯渇したことから，7月に変動相場制への移行を余儀なくされた。その後バーツ相場の対ドル相場は，約1カ月の間に30%程度の大幅下落となった。

危機はアジア各国に伝染

タイの通貨危機をきっかけに，フィリピン，マレーシア，インドネシアなどの通貨にも売り圧力が高まった。インドネシアがとくに深刻で，インドネシアの独占的産業構造に起因する国内経済の非効率性や金融システムの脆弱性に焦点が当たるなかで，海外への資金引き上げの動きが加速した結果，インドネシア・ルピアは7月に許容変動幅が広げられた後，8月に変動相場制に移行し，その後も下落が続いた。

タイの通貨危機の影響を直接に受けなかった韓国も，同年秋から，財閥の過剰かつ非効率な投資などの国内経済問題が明らかになり，信用格付けが引き下げられた金融機関から短期外貨資金が海外に引き上げられた。通貨当局は外貨準備を使って金融機関に外貨資金を供与したものの，韓国ウォンの下落圧力を抑えることができなかった。

このような混乱のなかで，1997年8月には，タイの危機を封じ込めるために，IMFを中心とする国際機関，日本，他のアジア諸国などから総額172億ドルの資金支援がまとめられた。それでも混乱はおさまらず，支援国にアメリカも加わって，10月にはインドネシアに対して390億ドル，11月には韓国に対して570

億ドルの資金支援が合意された。市場が支援額を十分な規模ととらえなかったこともあり，危機の沈静化には時間を要した。対ドル相場が大幅に下落したことで，外貨債務負担の増加を通じて銀行の不良債権の増加を招き深刻な金融危機をもたらし，経済成長率は大きく落ち込んだ。それでも各国で大規模な公的資金の投入による金融部門改革が行われたことで，1999年にはほとんどの国が再び成長軌道に復帰した。

　そうしたなかで，マレーシアは対外資本取引の制限という独自の対応策によって対ドル相場を固定することを通して，危機を回避した。また，香港への危機の波及が懸念された局面もあったが，当局の徹底した為替市場と株式市場への介入によって回避された。一方，インドネシアは，通貨危機が政治危機（1998年5月スハルト大統領辞任）に発展したことによって経済的混乱が増幅された。

アジア通貨危機の余波

　アジア通貨危機が沈静化する一方で，その余波は1998年夏にはロシアに及び，ロシア政府はルーブルを切り下げ，債務の返済条件を変更した。国際投資家の新興国リスクを見直す動きが強まり，同年暮れから99年にかけては，ラテンアメリカ諸国にも波及し，ブラジルは98年11月のIMF主導の金融支援にもかかわらず，99年1月にブラジル・レアルの切下げと変動相場制への移行を余儀なくされた。

　ブラジル・レアルの切下げは，経済運営が良好で資本流入が続き，アジア通貨危機の余波がほとんど及ばなかった隣国のアルゼンチンにも深刻な影響を及ぼした。アルゼンチン・ペソは米ドルに対して固定されていたために（カレンシー・ボード制），ドル相場の増価によってさらに割高となり，主要輸出産品の価格低下と

相まって，経済成長率は低下して財政も悪化した。それまで蓄積された債務のリスクが懸念されて金利が上昇し，それが債務の増加を招く悪循環に陥った。2000年にIMFの支援を受けたものの状況は悪化し，01年12月に銀行からの預金引出制限と為替規制を導入したが，それでも事態は安定には向かわず，同月下旬に政府債の元利払いのモラトリアム（支払猶予）を宣言し，02年1月にすでに実態を失っていたカレンシー・ボード制（固定相場制）放棄に追い込まれた。

危機の特徴

メキシコ危機，そしてアジア通貨危機とその後の一連の新興・発展途上国の通貨・金融危機には，金融のグローバル化を反映して，以下のような特徴がみられた。

第1に，それまでの国際収支危機は，経常収支赤字をファイナンスするための資本流入が確保できなくなることによって発生したのに対し，一連の通貨・金融危機は国内経済のバブル崩壊などをきっかけとした民間資金の海外への急激な流出によって発生した。

第2に，危機は経済状態が良好と思われていた国にも広がり，危機の伝染ともいえる現象がみられた。タイはバブルの崩壊や大幅な経常収支赤字という問題を抱えていたが，インドネシアや韓国の経済状態は良好であったものの，大規模な資本流出が波及することで国内経済問題（金融システムの脆弱性など）が顕在化して危機に陥ってしまった。危機に陥った国との貿易などの経済関係を通じてファンダメンタルズが悪化するというよりは，むしろ投資家の不安心理が資本流出を加速させることで危機が波及した。

第3に，**通貨と期間のダブル・ミスマッチ**の問題が外貨建債務返済を困難にすることで，危機をさらに深刻なものにした。海外

からドルなどの外貨建短期資金を調達して，その資金を国内通貨に換えて長期で運用（実物資産や金融資産に投資）していた。一度，資金が海外に引き上げられ始めると，短期調達・長期運用の期間のミスマッチのために，返済資金の調達が困難になり，資金繰りに行き詰まってしまった。

また，外貨建調達・自国通貨建運用という通貨のミスマッチのために，自国通貨の下落が外貨建債務の利払い・返済負担を増大させ，そのことがいっそうの自国通貨の下落を招くという悪循環が生まれた。タイのように固定相場制に近い制度であったために，通貨のミスマッチから生じる為替リスクに対する備えが十分でなかった国もみられた。

対外資本取引管理　一般に，経済成長に必要な資本が不足する新興・発展途上国が，それを外国に依存することは自然なことである。対外資本取引が自由化されれば，発展性の高い新興・発展途上国に資本が流入することで経済成長率が高まり，それらの国への輸出の増大などから先進国の成長率も高まる。このようにして，世界全体として生産資源の効率的使用が促進されることになる。実際，1980年代後半から90年代にかけてのアジア地域の急成長に，日本を中心とする先進諸国からの直接投資の急増が大きく貢献したことは，よく知られた事実である。

問題は対外資本取引の自由化の進め方であった。1980年代から90年代にかけて世界的に対外資本取引の自由化の動きが進展するなかで，危機に陥った国々も急ピッチで資本取引の自由化を進めた。その結果，1990年代になると，直接投資のみならず証券投資や短期の銀行融資などの短期資金が過度に流入する傾向が強まっていった。国内の金融機関や金融市場を監督する体制が十

分に整っていない状態で，過剰に外国資本が流入したなかで，なんらかの不安材料によって資本が急激に流出したことで，通貨・金融危機が発生した。

　このため，危機の教訓として対外資本取引に関する政策の重要性が改めて認識されるようになった。まず，対外資本取引の自由化は，国内の金融制度や金融監督体制の整備の進み具合に合わせて進めることが求められる。また，安定性が高く資本の逆流が生じにくい資本取引をまず自由化し，安定性の低いものの自由化を後にする必要がある。したがって，直接投資を自由化してから，証券投資や銀行融資を自由化し，短期資本の自由化は長期資本の自由化の後にする必要がある。

　1990 年代に入り，新興市場国に対して対外資本取引の自由化を促す政策指導を行っていた IMF は，一連の通貨・金融危機をきっかけに，適切な為替相場政策，金融・財政政策，金融監督・規制をもってしても，国際資本移動の影響から国内経済の安定が損なわれるおそれがある場合は，対外資本取引を規制や課税などで管理・制限する**対外資本取引管理**（capital flow management: CFM）は容認されるという考えに転換していった。この考え方は，IMF の見解として，アジア通貨危機から約 15 年後の 2012 年 11 月公表の報告書に示された。

　資本流入管理の例としては，流入額に課税する方式や流入額に応じて準備金を中央銀行に預けることを義務づける方式（1991 〜 98 年にチリで実施された）などがある。資本流出管理については，アジア通貨危機の波及を食い止めるために 1998 年にマレーシアで導入された例がある。

全世界的に資本の移動が活発化するなか
で，国際金融秩序維持のための危機管理
体制強化に向けた動きが本格化したのは
1990 年代半ばである。主要通貨間の為替の安定を主眼とする制
度改革の動きは遅々として進まなかったが，新興市場国を震源地
とする金融危機の再発防止は待ったなしの課題であり，基本的に
各国の利害が一致する問題であった。メキシコ通貨危機の直後に
開催された 1995 年 6 月のハリファックス・サミットでは，メキ
シコ型の新しい金融危機への対応策が緊急課題として協議された。

　そこで合意されたものの 1 つは「早期警戒システム」の強化
で，IMF が各国の経済・金融動向や経済政策についてより頻繁
かつ効果的に情報を提供することである。もう 1 つは，「緊急融
資メカニズム」の創設で，予防に失敗して混乱が生じた場合に
は，IMF が問題国に緊急に大型融資を提供して，混乱の拡大を
封じ込めようというものである。そのために，増資などを通じて
IMF の資金力が強化された。

　しかしながら，1997 年夏に発生したアジア通貨危機は，こう
した危機管理体制がいまだ十分に機能していないことを印象づけ
た。そこで IMF と G7 諸国が中心となって，金融危機の再発防
止策が再度精力的に協議され，1998 年 12 月に「国際金融アーキ
テクチャーに関する実施計画」が G7 首脳会議に提出された。

　その内容の主なものは，まず，IMF の情報収集・公表体制の
強化で，この点に関しては加盟国の外貨準備の情報開示や，対外
債務および国際投資ポジションのより完全な情報提供が重点課題
とされた。IMF はまた協定第 4 条に基づく加盟各国との個別協
議（いわゆる IMF サーベイランス）において，1998 年から金融セ
クター評価プログラム（FSAP）を導入して金融監督体制の問題

点についても分析・評価を行うようになった。

　そして，ヘッジファンドや機関投資家などの「貸手」の監視体制のあり方，金融危機に際して民間金融機関が果たすべき「貸手責任」（協調的な緊急融資への参加，融資の返済猶予など）なども主要検討課題になってきた。こうした貸手側の問題については，1999 年から G7 通貨当局や国際機関などで構成される金融安定化フォーラム（Financial Stability Forum: FSF）で検討されることになった。

3　世界金融危機

●先進国で発生した金融危機

想定外のアメリカ発の
世界金融危機

　2000 年代に入ると，世界経済は安定的な拡大が続くなかで，楽観ムードが高まっていった（一部には「IMF の仕事はなくなる」といった論調もあった）。ところが 2007 年夏以降，状況は一変して想定外のアメリカ発の世界金融危機に直面した。

　危機に至るまでの展開をみてみたい。アメリカで 2000 年春に，それまでブームの様相を呈していた多くの情報通信企業の株価が急落したため（IT バブル崩壊），金融緩和が実施された。その結果，住宅価格が上昇するなかで，金融機関の貸出基準が緩和され，なかでも，信用力の低い低所得者向けの**サブプライム・ローン**が増加した。とくに，当初の一定期間は利払い返済負担が抑えられ，その後に引き上げられるしくみのローンが人気を集めた。所得が十分になくとも，住宅価格上昇による転売益をあてにした取引も増えていった。

　一方，サブプライム・ローンに必要な資金は，このローンを担

保に資産担保証券を発行することで調達された。これを金融の証券化と呼ぶ。この資産担保証券を他の一般の貸付債権などと組み合わせて，再び債務担保証券として**証券化**するなどして（再証券化），サブプライム・ローンを組み込んだリスクや利回りの異なるさまざまな証券化商品が生み出され，世界中の投資家に売却された。こうして調達された資金が住宅購入に向かうことで，住宅価格は上昇を続けた。

しかし，2004年後半に始まった利上げや石油・資源価格の上昇を反映して市場金利が上昇したことで，住宅価格は06年春に頭打ちとなり，07年には下落基調が鮮明になった。このため，サブプライム・ローンの返済遅延率が上昇を始め，それに伴ってサブプライム・ローン関連証券化商品の価格も下落を始めた。

その影響から，2007年春よりサブプライム・ローンの貸手の破綻が始まった。サブプライム・ローン証券化商品に多額の投資を行っていた欧州金融機関の1つであったフランスの銀行BNPパリバが，2007年8月に傘下ファンドの凍結を発表したことで（**パリバ・ショック**），問題がアメリカにとどまらず世界的な広がりをもつことが明らかになった。このため，欧米の短期金融市場では不安心理が高まり，資金の貸手が減ることで問題を抱える金融機関の資金繰り悪化が次々と表面化した。2008年3月には，アメリカの大手投資銀行（証券会社に相当）のベア・スターンズがFRBの支援のもとでJPモルガン・チェースに救済買収された。

事態の悪化を決定的にしたのは，2008年9月のアメリカの大手投資銀行リーマン・ブラザーズの破綻であった（**リーマン・ショック**）。これは負債総額6000億ドルの史上最大の破綻で，衝撃的な出来事であった。動揺は金融・資本市場全般に及び，救済

のためにいくつもの大手投資銀行が買収，もしくは銀行持株会社の傘下に組織変更され，世界的な保険会社である AIG まで政府支援を受ける事態となった。また，リーマン・ショックをきっかけに先進国だけでなく新興国も含めた世界的な，かつ記録的な株価下落に発展した。

サブプライム・ローン証券化商品に多額の投資をしていたヨーロッパでも金融・資本市場が動揺し，多くの金融機関が破綻した。また，サブプライム問題と直接的関係はなくとも，欧米の危機の余波を受けて急激な資金流出に直面したアイスランド，中・東欧諸国の一部，ウクライナ，ベラルーシなどは通貨・金融危機に見舞われた。このようにアメリカの金融危機は**世界金融危機**と呼ばれるものへと発展し，影響は金融だけでなく経済にも及び，世界経済は深刻な不況に陥った。

危機の背景

サブプライム・ローンをめぐる問題の主因は，金融監督・規制の不備であろう。住宅価格上昇を前提としたリスクの高い取引が適切に規制されなかった。しかも，サブプライム・ローンの証券化取引が，強い監督・規制を受ける銀行部門の外，いわば影の銀行（シャドー・バンク）において行われていた。

この問題が世界金融危機に発展した背景には，金融のグローバル化のなかで，サブプライム・ローン証券化商品が，アメリカだけでなくヨーロッパを中心に世界中で保有されていたことがある。これに以下の要因が加わったことが危機を深刻なものにした。

第1は，証券化取引によってリスクの所在が複雑になったことである。サブプライム・ローンの返済遅延が増加した場合，ローンのままであればリスクの把握は容易であるが，このローンが何度も証券化された複雑な証券化商品のリスクを正確に把握するこ

とは難しい。このことが投資家の動揺を増幅させた。

　第2は，多くの投資家が高い収益率をあげるために，保有資産を担保に資金を借り入れ，その資金でさらに投資をするという行動に傾き，リスクを軽視したことである。借入によって自己資金以上の投資を行うことを**レバレッジ**という。このレバレッジ比率（自己資本に対する負債の比率）の高い投資家・金融機関は，保有する証券化商品の価値が下落すると，信用力の低下により貸手から期日到来の資金の返済を迫られるが，手元に資金がないと市場からの借入を試み，それでも貸手がみつからない場合は，保有資産を市場で売却して返済資金を捻出しようとする。この行動によって，サブプライム・ローン証券化商品の価格下落が，短期金融市場を動揺させただけでなく，社債，株式，その他のさまざまな金融商品の価格下落に波及し，世界の金融資本市場を動揺させることになった。

危機収拾策

　危機の震源地であるアメリカとその影響が深刻であったヨーロッパでは，過去の慣習にとらわれない思い切った収拾策がとられた。

　経営難に陥った金融機関に対して流動性（短期資金）供給，資本注入，不良債権の買取りが実施された。また，金融市場の流動性回復のために，中央銀行がCP，証券化商品，社債の買取りを実施し，政府が金融機関の債務を保証した。さらに，預金保険の上限引上げが講じられた。金融危機の経済への悪影響に対処すべく，大幅な利下げに加え，雇用対策，公共事業，減税などの大型経済対策が実施された。

　景気後退が世界的な広がりをみせるなかで，先進国だけでなく中国などの新興国でも景気対策が実施された。これはG7（先進7カ国），欧州連合，ロシア，および中国をはじめとする新興国11

カ国の計 20 カ国・地域からなるグループである **G20** での合意によるものである（2008 年 11 月に首脳会合〔金融サミット〕を開催）。

　また，危機によって借手（資金需要側）のリスク（カウンターパーティ・リスクと呼ばれる）の高まりから金融機関が市場に供給するドル資金が細ったことで，金融機関・企業のドル資金不足が世界的な広がりをみせた。これに対応すべく，FRB（アメリカの中央銀行）は，各国中央銀行に対して**通貨スワップ協定**を通じてドル資金を供給した。一方，欧米の金融危機の余波で通貨・金融危機に陥った国々（アイスランド，ウクライナ，ベラルーシ，中・東欧諸国の一部，セルビアなど）に対しては，IMF が金融支援を行った。

　これらの対策によって，2009 年には危機は沈静化に向かった。なお，2002 年に開業した CLS 銀行が外為決済リスクを最小化することで（第 1 章，第 12 章参照），大手金融機関の破綻による金融危機の広がりを抑えることに大きく貢献したと評価されている。

4 危機管理・防止の枠組み
●グローバルなレベルと地域レベル

　通貨・金融危機の管理・防止の枠組みは，過去のさまざまな危機の経験の積み重ねによって形成されてきたが，世界金融危機を契機にさらに拡充されて，現在の姿となっている。危機が発生すれば，当事国，関係国，IMF，G7，G20 などが協力して危機管理にあたることになろうが，危機防止を含めた制度的側面からみると，その中心をなすのは，IMF の融資制度，国際金融規制，地域協力などである。

IMF は国際通貨制度の安定を維持し，国際収支危機を防止するために，加盟国の政策や経済・金融の状況を監視し，必要に応じて政策助言を行っている。これは**サーベイランス**（Surveillance；**政策監視**）と呼ばれている。危機に直面した加盟国から要請があれば，IMF は金融支援を行う。そのための融資制度にはさまざまなものがある。

最も基本的なものが，**スタンドバイ取決め**（Stand-by Arrangements: **SBA**）である。融資の条件は，IMF との間で経済政策プログラムについて合意することであり，それは**コンディショナリティ**（Conditionality）と呼ばれている。融資の上限は年間でクォータ（出資割当額）の 100％まで，累積で 300％までであったが，2009 年の改革でそれぞれ，200％，600％に引き上げられた（実際は，上限を超える融資が行われることも少なくない）。SBA より長期の融資制度として拡大信用供与措置（EFF）がある。

経済状況や政策運営が強固である加盟国が危機の予防のために利用できる融資制度が，2009 年 3 月に創設された**フレキシブル・クレジット・ライン**（Flexible Credit Line: FCL）である。FCL に準じる健全な政策運営を行っている国が利用できる予防的な融資制度が，2010 年 8 月に創設された予防的クレジットライン（Precautionary Credit Line: PCL）であり，11 年 11 月に実際の資金ニーズがあっても利用可能とするなどの制度改善によって**予防・流動性ライン**（Precautionary and Liquidity Line: PLL）に名称変更された。一時的なショックなど幅広い緊急の国際収支の困難に対応するために，緊急融資措置（Rapid Financing Instrument: RFI）がある。これらは SBA と異なり，コンディショナリティなし，またはわずかなコンディショナリティで利用できる。な

お，低所得国は貧困削減・成長トラスト（Poverty Reduction and Growth Trust: PRGT）と呼ばれる資金源からより有利な条件で融資を受けることができる。

　以上のような融資制度の拡充を支えるため，世界金融危機を契機に，IMF の増資，主要な資金調達手段の 1 つである NAB（新規借入取決め）の拡大，IMF が創設した国際準備資産である SDR の新規配分などが行われた。

国際金融規制：世界金融危機まで

国際決済銀行（BIS）に常設事務局を置くバーゼル銀行監督委員会（主要国の中央銀行と銀行監督当局から構成される）が国際的に活動する銀行の自己資本比率などに関して合意した国際統一基準は，**バーゼル規制**（BIS 規制，バーゼル合意）と呼ばれる。国際的な銀行システムの健全性強化と，国際業務に携わる銀行間の競争上の不平等の軽減を目的として策定されたバーゼル I は，その後バーゼル II へと進んだ。

①バーゼル I ——1988 年に発表され，日本では 92 年度末から導入された。自己資本比率（自己資本のリスク・アセットに対する比率）を 8% 以上とすることが定められた。リスク・アセットとは資産の種類ごとにリスク・ウェイト（0% と 100% の間でリスクの高いものほど高くなる）を乗じたものを合計したもの。

②バーゼル II ——2004 年に発表され，日本では 07 年度から導入された。自己資本比率はバーゼル I と同じであるが，リスク計測が精緻化された。

国際金融規制：世界金融危機後

世界金融危機を契機に，国際金融規制は G20 の合意に基づき，1999 年に設立された金融安定化フォーラム（FSF）

が2009年4月にメンバーをG20に拡大して改組されたFSB（Financial Stability Board；金融安定理事会）のもとで，バーゼル銀行監督委員会などのいくつかの会合が作業を進める枠組みに変わった。

　この枠組みのもとでバーゼル規制については，自己資本比率規制がより厳格化され，流動性規制（支払可能な資金を十分に確保しておくための規制）やレバレッジ比率規制（自己資本のオンバランス・オフバランス資産に対する比率のことで，過度のリスクテイク行動を抑制するための規制）が導入された。これはバーゼルⅢと呼ばれており，2013年から段階的に導入されて，2027年初から完全実施予定である。

　また，グローバルなシステム上重要な金融機関（Globally Systemically Important Financial Institutions: G-SIFIs）に対する規制の枠組みが構築されることになった。銀行の場合は，グローバルなシステム上重要な銀行（Globally Systemically Important Banks: G-SIBs）と認定された金融機関（適宜入れ替えが行われる）には，追加的な資本の積み増しと，破綻した場合の秩序ある処理のために，株主や債権者による総損失吸収力（自己資本，所定の条件を満たす債券発行額などを合計したもので計測）の確保が求められるようになった。後者は，十分な総損失吸収力をもった株主や債権者に破綻のコストを負担させることで（bail-in），政府による救済（bail-out）を回避するためである。これらの措置は，（影響の大きさのために）大きい金融機関はつぶせない（too big to fail）という問題に対処するためのものである。

　さらに，店頭デリバティブ市場改革やシャドー・バンク対策（証券化取引，レポ市場，MMFなど）も進められた。

　一方で，以上のような新たな規制の導入が，自由な取引を制約

することで，市場流動性（市場での取引のしやすさ）を低下させたり，市場間の裁定関係を損なったりする副作用も指摘されており，より適切な規制にするための見直し作業も進められている。

地域金融協力

さまざまな危機が発生するなかで，IMFやバーゼル規制のようなグローバルな枠組みに加えて，地域レベルで危機に対応する枠組みも形成されてきた。ヨーロッパについては，第9章で欧州安定メカニズムを中心とした枠組みを述べたので，ここでは東アジアの地域金融協力についてみてみたい。

1997年7月に始まったタイの通貨危機を封じ込めるために，同年8月にIMFを中心に，日本，東アジア諸国などが参加して，総額172億ドルの金融支援が決定された。一方で，水面下では，アジア各国が外貨準備の一部を拠出してプールし，それを危機に陥った国に貸し付けるしくみであるアジア通貨基金（AMF）構想が，同年8月半ばから9月中旬にかけて非公式に議論された。結局，この画期的な構想はアメリカと中国の合意が得られなかったために実現しなかったと伝えられている。

その後，タイの危機は他の国々に伝播しアジア通貨危機に発展したことは，アジアにおける地域金融協力の必要性を痛感させた。1997年12月にASEAN10カ国（ブルネイ，インドネシア，カンボジア，ラオス，マレーシア，ミャンマー，フィリピン，シンガポール，タイ，ベトナム）と日本，中国，韓国の3カ国の首脳の非公式会合がクアラルンプールで初めて開かれ，その後，定例化した。この枠組みはASEAN＋3と呼ばれるようになる。

1999年11月のASEAN＋3首脳会議で出された「東アジアにおける協力に関する共同声明」によって設けられたASEAN+3財務大臣会議（2012年から財務大臣・中央銀行総裁会議）にお

表 10-1 CMIM のしくみ

	貢 献 額 (億ドル)	貢 献 割 合 (%)	買 入 乗 数
日 中 韓	1,920.0	80.0	
日　本	768.0	32.0	0.5
中　国	768.0	32.0	
中　国（香港を除く）	684.0	28.5	0.5
香　港	84.0	3.5	2.5
韓　国	384.0	16.0	1
ASEAN	480.0	20.0	
インドネシア	91.04	3.793	2.5
タ　イ	91.04	3.793	2.5
マレーシア	91.04	3.793	2.5
シンガポール	91.04	3.793	2.5
フィリピン	91.04	3.793	2.5
ベトナム	20.0	0.833	5
カンボジア	2.4	0.100	5
ミャンマー	1.2	0.050	5
ブルネイ	0.6	0.025	5
ラ　オ　ス	0.6	0.025	5
ASEAN+3	2,400.0	100.0	

外貨準備を使って最大限で貢献額の米ドルを提供する代わりに、危機対応や危機予防のために，相当額の自国通貨と引換えに，最大で貢献額に買入乗数をかけた米ドルを借り入れることができる。

(注)　金額は 2014 年 7 月発効のもの。
(出所)　財務省。

いて，2000 年 5 月に，各国の外貨準備を用いて外貨資金（ドル）の融通を行う 2 国間の通貨スワップ協定（Bilateral Swap Arrangement: BSA）のネットワークである**チェンマイ・イニシアティブ**（Chiang Mai Initiative: CMI）の創設が合意された。これ

は，2006 年 5 月までに総額 750 億ドルまで拡充され，10 年 3 月に一本の契約にまとめられ，総額 1200 億ドルの CMI のマルチ化（Chiang Mai Initiative Multilateralisation: CMIM）が発効した。2012 年 5 月には，総額を 1200 億ドルから 2400 億ドルに倍増させること，IMF 融資とのリンクなしに発動できる割合の引上げ（20％から 30％），危機に直面した場合（国際収支や短期外貨流動性の困難）だけでなく危機予防にも利用できるようにすることなどで合意され 14 年 7 月に発効した。

CMIM のしくみは**表 10-1** の通りである。たとえばタイの場合，外貨準備を使って最大限で 91.04 億ドル（貢献額）の外貨である米ドルを提供することを約束する代わりに，危機対応や危機予防のために，相当額の自国通貨と引換えに，最大で貢献額に買入乗数 2.5 をかけた 91.04 × 2.5 ＝ 227.6 億ドルの米ドルを借り入れることができる（契約上は自国通貨と米ドルの売買であるので買入乗数と呼ぶ）。

CMIM の円滑な運営を支援するために，ASEAN+3 地域の経済・金融の監視（サーベイランス）・分析を行う，**ASEAN ＋ 3 マクロ経済リサーチ・オフィス**（ASEAN+3 Macroeconomic Research Office: AMRO）が 2011 年 4 月にシンガポール法人として設立され，2016 年 2 月に国際機関となった。

Column ④ **通貨・金融危機の理論：原因は経済か心理か** ⁓⁓⁓⁓⁓⁓

通貨危機を説明する基本的な経済モデルは，ファンダメンタルズ（経済の基礎的条件）から説明するもので，第 1 世代モデルと呼ばれている。このモデルでは通貨危機である固定相場制の崩壊を，固定相場とシャドー相場（変動相場制下であれば実現するファンダメンタルズによって決まる為替相場水準）の大小関係

から説明する。

　たとえば，固定相場制を採用している国が，慢性的な財政赤字を通貨の増発によってファイナンスしていたとしよう。通貨供給量は増加を続けるので，シャドー相場は減価を始める。シャドー相場が固定相場よりも自国通貨高の水準である限りは固定相場制は維持される。しかし，シャドー相場が固定相場よりも自国通貨安の水準になった瞬間に固定相場制は崩壊し，変動相場制に移行する。

　これは，その瞬間に為替市場において自国通貨売り・外貨買いが際限なく行われるので，当局が固定相場を守るべく自国通貨買い・外貨売りの市場介入を行っても，介入の原資である外貨準備が枯渇することから，介入が続けられなくなるためである。実際，シャドー相場が固定相場よりも自国通貨安であれば，市場参加者は固定相場制のもとで自国通貨売り・外貨買いを行い，変動相場制に移行した後に，市場で実現するシャドー相場で自国通貨買い・外貨売りを行えば，これは自国通貨を高く売った後に安く買い戻すことになるので，利益を得ることができる。

　ファンダメンタルズに加えて市場参加者の期待（予想）が重要な役割を果たすモデルが，自己実現的通貨危機モデルであり，これは第2世代モデルと呼ばれている。外貨準備が十分にあって固定相場制が維持可能な状況と，外貨準備が不十分で固定相場制が維持不能な状況は，ファンダメンタルズから説明できる。問題となるのはどちらともいえない両者の間の中間的な状況である。この場合，市場参加者の多数が固定相場制の崩壊を予想して，大量の自国通貨売り・外貨買いを行えば，当局が市場介入をしても外貨準備は枯渇し固定相場制は崩壊する。一方で，固定相場制の崩壊を予想する市場参加者が少数にとどまれば，市場での自国通貨売りの規模は限定的となり，外貨準備の水準は維持されて固定相場制も続く。

　このように市場参加者の期待（予想），すなわち市場心理の状態によって，固定相場制の維持と崩壊のいずれも起こりうること

が説明できる。「維持」と「崩壊」の2つの状態は複数均衡と呼ばれており，いずれの均衡が実現するかは期待に依存するという意味で自己実現的である（ゲーム理論に基づくモデルの詳細は割愛する）。

　たとえば，アジア通貨危機の発端になったタイの通貨危機は第1世代モデルで説明できても，当初のファンダメンタルズはそれほど悪くなかった他の国々に危機が伝染したプロセスは，第2世代モデルでないと説明が難しい。説明は割愛するが，第1世代モデルと第2世代モデルを踏まえて通貨危機と金融危機の相互作用を考慮したモデルは第3世代モデルと呼ばれている。

　通貨危機ではないが，第9章で解説したユーロ圏危機の発端になったギリシャの財政危機の原因は第1世代モデルが扱うファンダメンタルズの要素が強いが，他のユーロ圏諸国への危機の広がりの原因は，第2世代モデルが扱う市場参加者の期待の要素がないと説明が難しいことを示す実証分析もある。

本章で学んだキーワード　　　KEYWORD

国際収支危機　　ファンダメンタルズ　　金融のグローバル化　　危機の伝染　　債務危機　　リスケジューリング　　ブレイディ構想　　メキシコ通貨危機　　アジア通貨危機　　通貨と期間のダブル・ミスマッチ　　対外資本取引管理　　早期警戒システム　　国際金融アーキテクチャー　　ヘッジファンド　　サブプライム・ローン　　証券化　　パリバ・ショック　　リーマン・ショック　　世界金融危機　　シャドー・バンク　　レバレッジ　　G20　　通貨スワップ協定　　サーベイランス（政策監視）　　スタンドバイ取決め（SBA）　　コンディショナリティ　　フレキシブル・クレジット・ライン　　予防・流動性ライン　　バーゼル規制

バーゼルⅠ　　バーゼルⅡ　　FSB（金融安定理事会）
バーゼルⅢ　　グローバルなシステム上重要な金融機関
（G-SIFIs）　グローバルなシステム上重要な銀行（G-SIBs）
地域金融協力　　ASEAN＋3　　チェンマイ・イニシアティ
ブ（CMI）　　CMIのマルチ化（CMIM）　　ASEAN＋3マ
クロ経済リサーチ・オフィス（AMRO）

 　練習問題

1 　アジア通貨危機の特徴について論じなさい。

2 　発展途上国が対外資本取引を自由化する場合，留意すべ
　　き点を述べなさい。

3 　アメリカの住宅金融の問題が，どのようにして世界的な
　　金融危機に広がっていったかを説明しなさい。

基軸通貨ドルが受ける挑戦

ポイント

➡ 基軸通貨としてのドルを支える基盤を概観する。

➡ 国際通貨の観点からユーロ，円，人民元を考察する。

➡ 基軸通貨の将来を考えるうえでの論点を理解する。

1 基軸通貨ドルの現状

●問題を抱えつつも唯一の基軸通貨

ドルを支える環境変化

国際間の経済取引において使われる**国際通貨**のなかの中心的存在が**基軸通貨**である（第 **8** 章参照）。本章では，基軸通貨の現状と将来について考察する。

第二次大戦後，米ドルは世界の基軸通貨として独占的な地位を占めてきた。1944 年に発足したブレトンウッズ体制において，ドルは金との交換が保証されており，かつ各国通貨の為替相場はドルに対して固定されていたので，各国は国際取引において主にドルを使用し，ドルを外貨準備として保有した。このように基軸

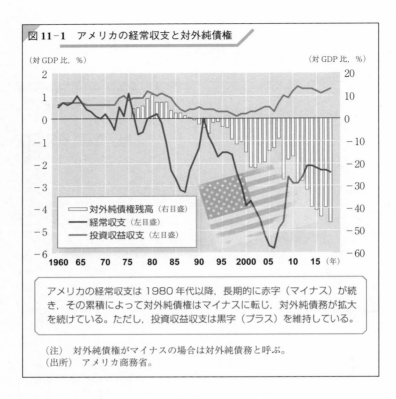

図11-1 アメリカの経常収支と対外純債権

(対GDP比, %) 左目盛   (対GDP比, %) 右目盛

凡例:
- 対外純債権残高（右目盛）
- 経常収支（左目盛）
- 投資収益収支（左目盛）

横軸: 1960 65 70 75 80 85 90 95 2000 05 10 15 (年)

アメリカの経常収支は1980年代以降，長期的に赤字（マイナス）が続き，その累積によって対外純債権はマイナスに転じ，対外純債務が拡大を続けている。ただし，投資収益収支は黒字（プラス）を維持している。

(注) 対外純債権がマイナスの場合は対外純債務と呼ぶ。
(出所) アメリカ商務省。

通貨としてのドルの基盤は強固であった。

その後の変化は第8章で述べた通りであるが，ブレトンウッズ体制の崩壊後，基軸通貨ドルの制度上の立ち位置は大きく変化した。1971年8月にアメリカがドルの金交換を停止し，73年春以降，先進国が変動相場制に移行したので，国際通貨制度の要としてのドルの位置づけが希薄になった。発展途上国の多くで固定相場制が続いたとはいえ，その後の金融のグローバル化（国際資本移動の拡大）の潮流のなかで，より柔軟な制度を採用する国は

増加傾向にあり，ドルの位置づけの希薄化はさらに鮮明となった。

　また，ドルの他の先進国通貨に対する価値も，上下動を繰り返しながらも，長期的にみれば下落してきた。BISが先進国通貨を対象に算出した実効為替相場指数（この概念は第7章に詳述）でみたドルの価値は，ブレトンウッズ体制崩壊直前の1970年に比べて2019年は名目で18.5％，実質で14.7％下落している。

　こうした変化の背景としては，アメリカの経常収支赤字の存在がある。図11-1にあるように，1980年代以降の長期にわたる経常収支赤字の累積によって対外純債務残高の拡大が続いてきた。ただし，対外債権に生じる投資収益の受取りから対外債務に生じる投資収益の支払いを差し引いた投資収益収支（第一次所得収支の主要項目）は，GDP比1％程度の黒字を依然として維持している。いわば，財産よりも借金のほうが多いのに，利子を受け取っている状態である。これは，世界に展開するアメリカの多国籍企業の高収益力などを反映して直接投資を中心に対外債権の収益率が高い一方で，対外債務はほとんどがドル建てで収益率が相対的に低いためである。もちろん，経常収支赤字と対外債務の拡大が続けば，いずれは投資収益収支も赤字に陥る可能性は否めない。また，かりにアメリカが基軸通貨国の地位を奪われれば，対外債務はドル建てで低コストであるという好条件を失うので，経常収支赤字の問題はいっそう深刻になる。

ドル依存体制からの脱却をめざす動き

1999年に欧州通貨統合で誕生したユーロは，第二次大戦後から続いた欧州統合の一環であるが，ヨーロッパにその意図があるか否かはともかく，ドルに対抗しうる国際通貨の登場であることに変わりはない。2009年に中国が始めた人民元の国際化の政策は，世界金融危機を契機にドル依存体制からの脱却を狙っ

たものとみられている。

　ドル依存体制からの脱却を志向する動きはほかにもみられる。東アジアでは1997〜98年のアジア通貨危機をきっかけに，アジア域内取引にドルではなく域内国の通貨を使用すれば為替リスクを低減できるとの考えが芽生え，ASEAN + 3（日中韓）の枠組みなどのもとでアジア通貨建取引の育成・振興の取組みが始まった。

　こうした動きの背景には，基軸通貨国アメリカが自国の事情を優先した政策運営を行ったことが，世界経済の混乱をもたらした経験もある。たとえば，1980年代前半には，アメリカが実施した金融引締め・財政拡大を反映してドル相場が大幅上昇したことで，経常収支赤字拡大と保護主義の台頭を招いた結果，80年代後半にドル相場を大幅下落させる政策運営を余儀なくされたことが，世界経済に大きな影響を及ぼした。このため，アメリカの自国優先の政策運営の牽制を可能とする主要通貨間の目標相場圏構想（調整可能な緩やかな固定相場制）が議論されたりした。2008年のリーマン・ショック後，世界金融危機と呼ばれる世界的な経済・金融の混乱に発展したことも，アメリカの金融政策や金融監督体制の不備を露呈するものであった。

依然として唯一の基軸通貨

　このようにドルを支える通貨基盤は変化してきたが，依然としてドルは唯一の基軸通貨である。世界の外国為替取引高の9割弱はドルを相手にした取引である（第3章表3-1）。**表11-1**にあるように世界の外貨準備に占めるシェアをみても，ドルが1位で6割程度を維持している。また，**表11-2**が示すように，国際債，国際貸出，国際預金に占めるシェアもドルが1位である。

　その背景として考えられるのは，第1に**基軸通貨の慣性**である。

表11-1　世界の外貨準備

年末	1995	1998	1999	2001	2002	2006	2009	2016	2019
世界の外貨準備 (兆、米ドル)	1.4	1.6	1.8	2.1	2.4	5.3	8.2	10.7	11.8
シェア (%) 通貨別内訳のわかるもの	74.5	78.0	77.4	76.6	74.6	63.2	56.1	78.5	93.7
(通貨別内訳)									
米ドル	59.0	69.3	71.0	71.5	66.5	65.0	62.1	65.4	60.9
ユーロ	0.0	0.0	17.9	19.2	23.7	25.0	27.7	19.1	20.5
中国人民元	—	—	—	—	—	—	—	1.1	2.0
日本円	6.8	6.2	6.4	5.0	4.9	3.5	2.9	4.0	5.7
英ポンド	2.1	2.7	2.9	2.7	2.9	4.5	4.3	4.3	4.6
ドイツ・マルク	15.8	13.8	—	—	—	—	—	—	—
ECU	8.5	1.3	—	—	—	—	—	—	—
フランス・フラン	2.4	1.6	—	—	—	—	—	—	—
その他の通貨	5.5	5.1	1.8	1.6	2.0	2.0	3.0	6.1	6.3
合　計	100.0	100.0	100.0	100.0	100.0	100.0	100.0	100.0	100.0
通貨別内訳のわからないもの	25.5	22.0	22.6	23.4	25.4	36.8	43.9	21.5	6.3

米ドルは6割のシェアを維持している。2009年秋に始まったユーロ圏危機後、ユーロのシェアが低下した一方で、円のシェアは上昇した。近年、外貨準備通貨として人民元が登場した。

(出所)　IMF, COFER.

表 11-2　世界の国際債，国際貸出，国際預金における通貨別内訳

(%)

	年末	米ドル	ユーロ	日本円	その他
国 際 債	2005	40.6	36.6	4.5	18.2
	2018	50.7	32.9	2.0	14.3
国際貸出	2005	53.5	26.6	4.9	15.0
	2018	54.1	26.0	3.8	16.1
国際預金	2005	52.7	28.1	3.5	15.8
	2018	53.4	27.0	2.8	16.9

> 米ドルが 1 位，ユーロが 2 位という構図。日本円のシェアは低下している。

(注)　BIS のデータに基づき，ECB が算出したもの。ここでの「国際」は国境を越えるもの（クロスボーダー）という意味。国際債は ECB が広義の債務証券と定義したもの。
(出所)　ECB, *International Role of the Euro*, June 2019.

ドルを基軸通貨とした国際金融のしくみが確立されているために，ドルを支える基盤が弱まっても，ドルを基軸通貨として使用する慣行が継続するというものである。後述するが，国力においてアメリカがイギリスを追い越してから，基軸通貨がポンドからドルに交代するまでにはかなりの時間を要した。

　第2は，ドルに取って代わりうる通貨が存在しないことである。後述するが，ユーロはドルに匹敵しうる国際通貨として期待されたが，ユーロ圏危機によって明らかとなった問題（第9章参照）が足枷となっている。人民元は今後，国際通貨としての基盤を強めていく可能性はあるが，現状では対外資本取引規制が強く，自由交換可能通貨という国際通貨の条件を十分に満たしていない。

　第3は，アメリカ経済の底堅さである。図11-2 に示すように，

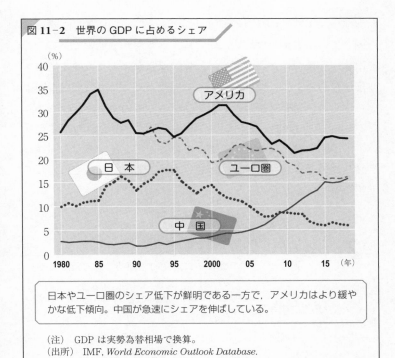

図11-2 世界のGDPに占めるシェア

(%)

アメリカ

日 本

ユーロ圏

中 国

1980　85　90　95　2000　05　10　15　(年)

日本やユーロ圏のシェア低下が鮮明である一方で,アメリカはより緩やかな低下傾向。中国が急速にシェアを伸ばしている。

(注)　GDPは実勢為替相場で換算。
(出所)　IMF, *World Economic Outlook Database.*

世界のGDPに占めるシェアについては,中国に追い上げられているとはいえ,先進国全体として低下傾向にあるなかで,アメリカは日本やユーロ圏に比べて低下ペースは緩やかである。また,GAFA（グーグル,アップル,フェイスブック,アマゾン）に象徴されるように,アメリカは多くの分野でイノベーションの先頭を走っている。

　なお,世界金融危機において,リスクの高まりから金融機関が国際金融市場に供給するドル資金の不足が深刻化したために,そ

れを改善すべくアメリカの通貨当局が主要国当局にスワップ協定を通じてドル資金を供給したことは、ドルが基軸通貨であることを改めて印象づけた。しかも、危機の原因がアメリカの住宅バブル崩壊にあったにもかかわらず、その後もアメリカの金融機関は強い国際競争力を維持し、世界をリードしている。

2020年の世界的感染症流行においても、その経済的打撃を受けて、国際金融市場の安定確保のため、同年3月に上記と同様に、アメリカの通貨当局は主要国の通貨当局にスワップ協定を通じてドル資金を供給した。

2 ドルに次ぐ国際通貨ユーロ

●ユーロ誕生時の期待を取り戻せるか

**ドイツ・マルクを引き
継いだユーロ**

ヨーロッパのユーロがドルに匹敵しうる国際通貨になりうるかについて検討してみよう。現在、外貨準備（表11-1）、国際債、国際貸出、国際預金（表11-2）、外国為替取引（表3-1）、国際決済などの通貨別内訳において、ドルを大きく下回るものの、ユーロは第2位のシェアを確保している。

こうしたユーロの地位は、ドイツ・マルクの地位を引き継いだものである。1970年代まではヨーロッパ内の国際取引においては、ドルが中心的な役割を果たしていたが、第9章で示したように1979年に発足したEMS（欧州通貨制度）が安定度を高めるなかで、80年代後半には西ドイツ・マルクがヨーロッパ内での基軸通貨の地位を占めるようになった。実際、欧州通貨間の為替相場安定のための介入通貨は、ドルからマルクにシフトした。

これにはEMSのもとで、西ドイツの金融政策が中心的な役割

を果たして，各国はそれに追随したことが背景にある。また，欧州通貨間の為替相場の安定化やヨーロッパ内の資本取引の拡大によって，欧州通貨間の為替取引における売買スプレッド（売相場と買相場の差），すなわち取引コストが縮小したことも貢献した。さらに，西ドイツが対外資本取引や非居住者のマルクの使用に対する規制を緩和したことも影響している。

誕生後のユーロへの期待

1999 年に誕生したユーロは，国際通貨としてのドイツ・マルクを引き継いだだけでなく，通貨統合に対する期待も加わって国際通貨としての役割を高めた。表 11-1 に示されているように，世界の外貨準備に占めるユーロのシェアは，1999 年の 17.9％から 2009 年には 27.7％に達している。この上昇の一部はユーロの対ドル相場の変動によるものとはいえ，ユーロの国際的役割に対する期待の証左ともいえる。

　ユーロ圏の経済規模や貿易量はアメリカのそれに匹敵し，ユーロ圏の物価は安定し，金融・資本市場はよく整備されている。通貨統合によってユーロ圏の金融・資本市場の統合が進むことで，市場の規模と流動性が増し，ユーロの取引コスト（通貨や資産の売値と買値の差や貸出金利と借入金利の差など）が低下すれば，ユーロの国際的役割はさらに高まることが期待された。

ユーロ圏危機後の動向

しかし，こうした期待は 2009 年秋に始まったユーロ圏危機の影響を少なからず被った。表 11-1 に示すように，世界の外貨準備に占めるシェアは 2009 年の 27.7％から 19 年の 20.5％に低下した。外国為替取引高（表 3-1）や国際債（表 11-2）などについても，同様の傾向がみられる。

　ユーロ圏危機が示した課題を克服すべく，2015 年 6 月にユン

カー欧州委員長を中心にまとめられて欧州理事会に提出された報告書「欧州の経済通貨同盟の完成」に示された取組みは（第**9**章参照），ユーロの国際的役割の回復につながるはずである。しかし，これらの取組みの推進は，各国の主権をさらに制約することになるため，必ずしも容易ではない。

一方，2018年12月に欧州委員会が政策文書「ユーロの国際的役割の強化に向けて」を公表したことで，将来においてユーロの国際化が政策目標としての色彩を強める可能性も残っているが，ECB は，「ユーロの国際的役割は健全な経済政策を追求するなかで，主に経済通貨同盟の深化と完成によって支持される」として，正式な政策目標としての位置づけをしていない。

なお，世界の為替相場制度をみると，ユーロに対して自国通貨の相場を固定している国から，為替相場政策においてユーロ相場を参照している国まで含めると，ユーロを基軸通貨として意識している国はかなりの数にのぼる。ただし，ユーロの国際取引での利用は，ユーロ圏，周辺国，もしくは旧フランス領のアフリカ諸国のものが主で，ユーロ圏以外の第三国間の取引での使用は限られる。

このようにみてくると，ユーロ圏危機が示した課題への取組みが鍵を握るが，ユーロがドルに匹敵する国際通貨となる可能性は現状では高くないようである。

3　日本円の台頭と後退

●日本経済の停滞が影を落とした円の国際化

円が国際通貨になった過程

日本の円は一時期に国際通貨としてのプレゼンスを高めたが，その後に徐々に後退して現在に至っている。

1970年代から80年代にかけて，円は国際通貨としての地位を確立した。**表11-3**で示すように，1960年代の日本の貿易に占める円建比率はほぼゼロであったが，80年代終わりには輸出で約4割，輸入で約15％まで上昇した。世界の外貨準備に占める円のシェアも上昇傾向にあった。

この背景をみると，以下があげられよう。まず，日本の経済（GDP），貿易，金融・資本市場の規模が急速に拡大した。また，外国為替取引や対外取引の自由化が進められ，金融・資本市場も整備されていった。さらに，日本の物価上昇率は第1次石油危機で大きく上がった時期もあったが，その後は安定が続いた。

為替取引や資本取引の自由化に注目すると，1960年に非居住者に一定の条件付で円の銀行口座を保有することが認められたが（非居住者の**自由円勘定**の創設），この時期は対外資本取引は全体として厳しく規制されていたので，円の国際取引での使用は限られていた。

円の国際化にとくに重要な役割を果たしたのは，1979年の**外為法改正**（80年施行）である。この改正によって対外取引は原則禁止から原則自由の法体系に改められたことで，円は内外で自由に使えるようになった。実際，この時期に海外市場の円金利であるユーロ円金利と国内市場の円金利との乖離が大幅に縮小した。

1983年から翌年にかけての**日米円ドル委員会**も，重要な役割

表 11-3　日本の輸出入における円建比率

(%)

年	輸　出	輸　入
1960	0.1	0.1
1965	1.0	0.3
1970	0.9	0.3
1975	17.5	0.9
1980	29.4	2.4
1985	30.3	7.3
1990	37.5	14.5
1995	37.6	24.3
2000	36.1	23.5
2005	38.4	22.1
2010	41.0	23.6
2015	35.5	23.8
2019	37.2	25.5

輸出の円建比率は4割弱で，輸入の円
建比率は2割台半ばで頭打ちになって
いる。

(注)　2000年以降は下半期の数値。
(出所)　財務省関税局「貿易取引通貨別
　　　　比率」。

を果たした。1984年5月に「日米円ドル委員会報告書」が公表され，同時に，大蔵省（現・財務省）は独自に作成した「金融の自由化及び円の国際化についての現状と展望」という報告書を発表した。両報告書は，金利の自由化，金融・資本市場の整備・育成，各種金融機関の業務規制の緩和，**ユーロ円取引**（海外での円取引のこと）の自由化の4項目に沿って，具体的課題とスケジュールを示した。これは，日本の通貨当局が円の国際化に積極的に取り組む姿勢を表明した点で重要な意味をもつ。

　この背景には，自由化を通じて日本への投資が増加すれば円高となり，日本の貿易収支や経常収支の黒字が減少するはずであるとのアメリカ側の主張があり，日本側にも，円を国際通貨として国力に見合ったものにするのは当然であるとの考え方があったといわれている。

日本の経済成長率は，1970 年代後半か
ら 80 年代は年率 4 ～ 5％程度であった
が，80 年代末から 90 年代初めにかけて
のいわゆるバブルの崩壊を経て，90 年代以降は 1 ～ 2％に低下し
た。停滞する日本経済の活性化策として期待されたのが，規制緩
和である。金融分野においては，1996 年に橋本首相によって日
本版ビッグバンが提唱された。徹底した金融システムの構造改革
を行うべく，フリー（市場原理が働く自由な市場に），フェア（透
明で信頼できる市場に），グローバル（国際的で時代を先取りする市
場に）の改革 3 原則が掲げられた。外為法改正，金融持株会社の
解禁，金融商品・サービスの多様化，金融仲介者の多様化，市
場・ルールの整備などが，1998 年の金融システム改革法などを
はじめとしたさまざまな措置によって実現した。

　1997 年の外為法改正（98 年施行）は，日本版ビッグバン構想
とは独立して準備されてきたが，提唱されたタイミングと合った
ため，同構想に勢いをつけるフロント・ランナーとしての役割を
果たした。これによって，企業や個人の国際取引や外貨取引につ
いて許可や事前届出が原則不要になり，対外決済を外国為替公認
銀行（為銀）を通じて行うことを義務づけた為銀主義が撤廃され，
対外資本取引はほぼ完全に自由化された。

　一方で，1990 年代後半から円の国際化の推進が独立したテー
マとして関心を集め，99 年 4 月の大蔵省の外国為替審議会答申
「21 世紀に向けた円の国際化」が発表され，金融・資本市場の環
境整備（課税の見直しを含む），円の決済システムの改善，貿易お
よび資本取引におけるこれまでの慣行の見直しの必要性，などが
提言され，さまざまな施策が実施された。

進まなかった円の国際化

こうした円の国際化の推進に向けた動きは，期待通りの成果を生まなかった。

1990年代後半以降，輸出で4割，輸入で2割という円建比率はほぼ横ばいで推移した。資本取引面では，外貨準備のシェアが2010年代に上昇したとはいえ，総じて円のシェアは低下傾向にあるものが多い（表3-1，表11-1，表11-2）。

このように円の国際化が進まなかった背景としては，1990年代以降，日本経済が低迷し，一時期，金融危機の様相を呈したことに加えて，中国をはじめとした新興国の台頭によって，日本の世界やアジアにおける影響力が後退したことがあげられる（図11-2）。また，国際取引ではドルの使用が十分に浸透し，ドルを中心にした国際取引が慣行や制度として定着しているので，円建比率をさらに上昇させることが難しかった側面もある。さらに，アジアをリードしてきた東京市場の国際金融センターとしての地位も，2010年代に入って，シンガポール市場，香港市場に追い越された。

新興・発展途上国の追い上げに直面しつつ，産業構造の転換や高度化を図ることが，先進国である日本の成長戦略であり，そのなかで金融サービスは，情報通信関連・観光サービスと並んで重点分野である。国際金融センターとしての東京市場の活性化を図るためには，自由な市場経済である日本の強みを十分に活かしつつ，フィンテック企業を含めた金融機関の競争力を強化し，技術革新を促進するだけでなく，会計，法律，税制，コンサルティング，システム開発などの金融インフラのいっそうの整備，英語環境，人材（高度人材）育成・獲得，都市環境整備などを含めた総合的対策のいっそうの取組みが求められており，その成果が日本の経済成長と円の国際化を後押しするはずである。

4 人民元の国際化

● 鍵を握る対外資本取引の規制緩和

為替制度の変遷

2009年に始まった人民元の国際化の動きをたどり，人民元の国際通貨としての将来について考察してみたい。まずは，人民元の為替制度を簡単に振り返ってみよう。

中国では1978年に「改革開放」が始まり，80年に経常取引（財・サービスの輸出入）に関する為替管理を残した14条国としてIMFに加盟した。1981年に取引の種類によって為替相場が異なる二重為替相場制が導入された。1994年に1つの為替相場に一本化され，95年半ば以降は1ドル＝約8.3元の事実上のドルに対する固定相場制が続いた。1996年には経常取引に関する為替管理が撤廃されたことで，IMF 14条国からIMF 8条国に移行した。アジア通貨危機の影響から多くのアジア通貨が大幅に減価したものの，厳しい対外資本取引規制が奏功して，人民元相場は水準を維持し，98年10月以降は1ドル8.28元で安定的に推移した。

2000年代に入ると中国の貿易黒字は拡大し始め，アメリカから人民元相場の切上げを要求する圧力が高まった。このため2005年7月21日に人民元改革が行われ，図11-3に示すように，人民元の対ドル相場を1ドル＝8.2765元から1ドル＝8.11元へと2.1％切り上げるとともに，1日の対米ドル相場変動幅を基準値の上下0.3％の範囲内とし，より柔軟な為替相場制度に移行した。当局は「通貨バスケットを参照した市場の需給に基づく管理変動相場制」と呼んでいる。通貨バスケットは，ドル，ユーロ，円，韓国ウォンなどから構成される。その後，1日の対米ドル変動幅は，2007年5月に上下0.5％に，12年4月に上下1.0％

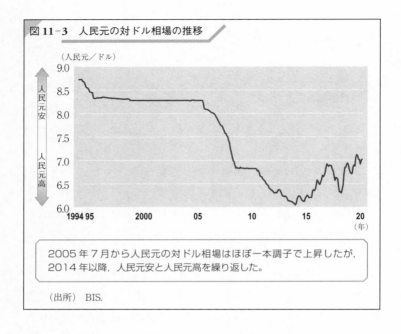

図 11-3　人民元の対ドル相場の推移

（人民元／ドル）

人民元安 ⇕ 人民元高

2005 年 7 月から人民元の対ドル相場はほぼ一本調子で上昇したが，2014 年以降，人民元安と人民元高を繰り返した。

（出所）　BIS.

に，14 年 3 月に上下 2.0％に拡大された。

　人民元の対ドル相場は 2005 年の人民元改革以降，増価基調で推移した。世界金融危機の影響に配慮して 2008 年 7 月から 10 年前半まで 1 ドル＝約 6.83 元の水準に誘導された後も，人民元相場は増価が続き，13 年末には 1 ドル＝約 6.0 元に達した。しかし 2014 年以降，中国経済の成長率の減速や資本流出などを反映して減価基調に転じ，トランプ米大統領就任の 17 年初頃より反転したものの，「米中貿易戦争」が鮮明となるなか再び減価し，20 年 3 月は 1 ドル＝ 7.0219 人民元である。

　2005 年の人民元改革以前の事実上のドルに対する固定相場制の時代に比べれば，人民元相場の柔軟性は高まってきたものの，

当局が市場介入によって相場水準を管理していることに変わりはない。2015年8月のいわゆる「人民元ショック」やそれ以降に人民元の売り圧力が高まった際に，人民元買いの市場介入だけでなく，対外資本取引規制の強化も加わる局面がみられた。

人民元の国際化の推進策

中国が**人民元の国際化**を推進した背景には，2009年3月の周小川・中国人民銀行総裁の論稿が指摘したように，ドルのように特定国の通貨が準備通貨として使われる場合，準備通貨の発行国は基本的に自国の利益を優先させて金融政策を運営するので，その政策に影響されて世界経済が不安定化するとの批判がある。

人民元の国際化は，まず，貿易面から推進策が実施されていった。それまで周辺国との国境貿易では例外的に人民元決済が以前から認められていたが，2009年7月に人民元建貿易決済が，国内の対象地域・企業と貿易相手国を一部に限定したうえで解禁された。解禁の対象は2010年6月と11年8月に段階的に拡大されて，財・サービスの貿易（経常取引）では人民元を決済通貨として使用できるようになった。

直接投資においては，2011年1月に人民元建対外直接投資が一部解禁され，11年10月には人民元建対内直接投資が解禁された。証券投資においては，対内証券投資について2011年12月に人民元適格海外機関投資家（RQFII）による投資枠制度が導入され，対外証券投資について14年11月に人民元適格国内機関投資家（RQDII）制度が導入された。

人民元オフショア市場の発展を促進するために，2009年7月より海外での人民元決済業務を認める「**人民元決済銀行**」の指定を開始し，中国の銀行の現地法人が指定されている（中国系以外

では 18 年にアメリカの JP モルガン・チェースが指定された)。海外の銀行は「人民元決済銀行」に人民元口座を保有することで決済を行う。また，海外の金融機関も指定されれば中国国内の決済システムに直接接続できる金融インフラである「**クロスボーダー人民元決済システム**」(CIPS) の運用が，2015 年 10 月に開始された。

　2008 年以降，中国人民銀行は海外の中央銀行もしくは通貨当局とスワップ協定（相互に自国通貨を一定期間融通し合う取決め）を締結し，その規模を拡大させてきた。2016 年 10 月には IMF が創出する準備資産である SDR の構成通貨として人民元が採用された（ウェイトの高い順に米ドル，ユーロ，人民元，日本円，英ポンド）。

> **人民元の国際化は進むか**

図 11-4 に示されているように，中国の経常取引（財・サービスの貿易の受取りや支払いなど）に占める人民元決済の比率は，政府の推進策を反映して上昇してきたが，2015 年をピークにその後は低下していった。人民元安の原因である資本流出を抑えるために対外資本取引規制が強化されたことで，人民元の国際化は後退している。世界の外国為替取引高（図 3-1）や外貨準備（表 11-1）に占める人民元の比率は上昇しているとはいえ，比率自体は低い。

　長期的に考えると，中国の政治・経済・軍事面での影響力の拡大は，人民元の国際化を推進する力として働く。経済面に限っても，GDP の規模で中国はアメリカにつぐ第 2 位であり，長期的にはアメリカを抜いて 1 位になる可能性がある。貿易量（輸出と輸入の合計）では中国はすでに世界一である。ほとんどの東アジア諸国にとって，中国はアメリカ，日本を抜いて最大の貿易相手国であり，これらの国々の通貨の為替相場は人民元相場との連動

図 11-4　中国の経常取引に占める人民元決済の割合

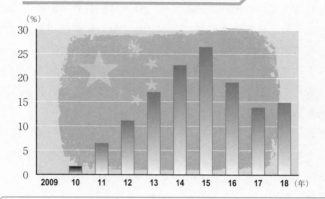

経常取引（財・サービスの輸出入や利子・配当の対外支払い・受取り）に対する人民元決済の比率は 2015 年まで上昇が続いたが，その後反落した。

（出所）中国人民銀行「2018 年度報告」，中国国家外貨管理局「国際収支」。

性は以前よりも強まってきた。

　人民元の通貨価値に対する信認については，人民元の価値の安定（物価の安定）に加えて，金融システムの健全性についても，依然として課題が残っている。たとえば，物価指数を含む統計データの信頼性の問題を指摘する向きもある一方で，金融機関の不良債権の開示も十分とはいえない。

　人民元の金融・資本市場は，自由で市場メカニズムが働く透明性と流動性のある市場という観点からも課題が多く残っている。たとえば，金利自由化は完了したとされているが，金融機関の金利設定に対する当局の影響力は残っているといわれている。債券

市場においては，その残高の大半が金融機関によって満期まで保有されるので，市場における債券売買量は限られ，流動性は低い。

　何よりも，対外資本取引に依然として厳しい制限があることが人民元の国際化の障害となっている。金融政策の自律性の確保を前提とすると，当局による為替相場の管理が続く限り，第8章で議論した国際金融のトリレンマを踏まえると，対外資本取引の規制緩和には自ずと限界がある。

　なお，アジア，ヨーロッパ，アフリカ大陸に跨る一大経済圏の構築をめざす「一帯一路」構想の今後の進展や，市場経済国と異なる国家資本主義と呼ばれる中国の政治・経済体制が，人民元の国際化にどのような影響を及ぼすかについても，評価は難しいが重要な論点である。

5　基軸通貨の将来

●ドル，ユーロ，人民元の競争

国際通貨の条件
　国際通貨の条件として，以下のようなものが考えられる。

　第1は，その国の国際的影響力である。影響力とは経済力に限らず，軍事力を含めた政治力，基本的価値観・理念や文化発信力などのいわゆるソフトパワーも含まれる。経済については，経済規模（GDP），貿易額，金融・資本市場の規模，資本輸出額（海外への資金供給額）などである。たとえば，その国の世界との貿易額が拡大するほど，その国の通貨が使われる機会も増加する。

　第2は，その通貨に対する信認である。その通貨を国際取引において，交換手段，計算単位，価値の保蔵手段として使うことに対して，海外から信頼される必要がある。信認の最も重要な側面

は，その通貨の価値が安定していることである。通貨価値を財・サービスの価値で測ったものの逆数が物価であるので，物価の安定は通貨価値の安定を意味する。その通貨を支える金融システムへの信認も含まれる。

第3は，国際取引に使用するうえでの利便性の高さである。利便性と取引コストは裏腹の関係にあるので，その通貨を使った取引コストの低さと言い換えることもできる。国内でも海外でも，その通貨建ての預金を預けたり，資産を売買したり，資金を貸し借りすることが容易にできる必要がある。そのためには，規模が大きく流動性の高い金融・資本市場が存在し，対外資本取引が自由である必要がある。ここで「流動性の高い」とは「取引の相手方を見つけやすく取引が成立しやすい」という意味である。

これらの条件に照らすと，ユーロは上記3つの条件を満たしているとはいえ，EUの結束力やユーロ圏危機が示した課題の解決が十分でないことなどからみて，ドルに匹敵するほどには条件を満たしていない。人民元については，今後も国の規模を拡大させていくと予想されるが，対外資本取引が制限され，市場流動性の条件が十分に満たされていない。このように，現状では基軸通貨ドルに取って代わる国際通貨は現れていない。

Column ⑤　通貨の国際化のメリット・デメリット

自国通貨の国際化，すなわち，国際取引における使用の拡大は，その国にメリットだけでなくデメリットももたらす。

メリットの第1は，為替リスクの軽減である。国際取引において自国通貨建てで行われるものが増加すれば，為替相場の変動によって受取りや支払いの金額が変動するリスクが低下する。

第2は，海外への支払いにおいて自国通貨が使えるようになる

ことである。通貨が国際化していなければ，海外への支払いはドルなどの外貨で行う必要があるので，外貨をあらかじめ保有したり，買ったり，借りたりしなければならないが，通貨が国際化するとその必要度は低下する。

　第3は，自国の金融機関のビジネス・チャンスが広がることである。その通貨を発行する中央銀行に口座を保有している立場や，自国通貨建金融取引の経験・知識・情報を国際取引に活かすことで，その国の金融機関の利益に結びつけることができる。

　これらに加えて，**通貨発行益（シニョレッジ）**もあげられる。中央銀行は，その国において民間銀行から国債などの資産を購入する代金を支払うことで通貨（現金と中央銀行預金）を発行する。このため，中央銀行は保有した国債から長期金利を得る一方で，発行した通貨には支払利子が発生しないので（民間銀行が中央銀行に預ける預金において発生する場合も，支払利子はわずか），その差額は通貨発行益と呼ばれている。

　国際通貨についても，その通貨の発行国はこれと同様の利益を享受する。すなわち，外国の金融機関，政府，企業，個人は，長期資金として調達した国際通貨を，国際取引の支払いに使うために預金として保有する。国際通貨の発行国にとっては，提供した長期資金は資産であり，預金は短期負債である。したがって，外国に対して短期借り・長期貸しをしていることになり，長短金利差を利益として受け取ることになる。これが国際通貨の通貨発行益である。

　一方，デメリットもある。その通貨の金利や為替相場を自国の通貨当局が十分に管理できなくなる懸念である。自国通貨建ての国際取引が拡大すると，海外市場の動向や非居住者の行動がその通貨の金利水準や為替相場を大きく左右しうる。海外市場における，もしくは非居住者による自国通貨建資産の売却圧力が過度に強まれば，自国通貨の為替相場の大幅下落という通貨危機に発展し，国内の経済・金融が混乱するリスクも高まる。自国の経済や金融・資本市場が健全で規模が大きいほど，この懸念は小さくな

る。たとえば，米ドルは最も国際化している通貨であり，世界一の経済規模をもつアメリカの政策当局は国内の金融市場，および世界の米ドルの金融市場を十分にコントロールしている。

このように，通貨の国際化はメリットとデメリットのバランスで考えるべきであろう。

| 基軸通貨の慣性 | たとえ，ドルに取って代わる通貨が現れても，実際に基軸通貨の交代が実現する |

には時間を要するであろう。この前述した基軸通貨の慣性と呼ばれる現象は，ポンドからドルに基軸通貨が交代する際にもみられた。

1914年に第一次大戦が始まるまでの国際金本位制のもとでは，英ポンドが基軸通貨であった。当時の世界貿易の約6割はポンド建てであったといわれている。世界の外貨準備の通貨別内訳も，ポンドが過半を占めた。第8章で示したように，第一次大戦後，英ポンドと米ドルが基軸通貨として共存する複数基軸通貨の時代を経て，ドルが世界で唯一の独占的な基軸通貨の地位を占めるようになったのは，世界における外貨準備のシェアからみると1950年代であった。

一方で，アメリカはイギリスを，経済規模においては1870年代に，輸出額においては第一次大戦前に追い越していた。ドルを基軸としたブレトンウッズ体制も1945年に発足していた。ポンドからドルへの基軸通貨の交代の時期が遅れた背景には，1931年9月にイギリスが金本位制から管理通貨制度に移行した後も，**スターリング地域**においては，ポンドを基軸通貨とするしくみが維持されていたことがある。スターリング地域とは，イギリスの

本国，自治領，植民地，イギリスと貿易・金融において密接な関係のあった国々などで構成される地域を指す。この域内では域外よりも自由な国際取引が確保され，ポンドを外貨準備として保有し，ポンドに対する固定相場制を採用する枠組みが維持されていた。それでもイギリス経済の凋落に伴って，スターリング地域においてもドルへの依存が高まり，最終的には1950年代にポンドは世界の基軸通貨の地位を失うことになった。

　現在のドルを支える基盤がさらに弱まったとしても，スターリング地域でポンドの基軸通貨としての使用が継続したように，ドルを中心とした既存のしくみによって，ドルの基軸通貨として使用が長く継続する可能性がある。

**ネットワークの外部性
と技術革新**

　この基軸通貨の慣性は，ネットワークの外部性という概念を使って考えると，技術革新によって弱まる可能性が指摘されている。この概念は，「人が使うから自分も使う」というメカニズムであり，これまでドルが唯一の基軸通貨であったことは，「他国がドルを使うから自国もドルを使う」というメカニズムが働いたためと解釈することもできる。

　しかし，将来においては，以下の理由から技術革新によって，ネットワークの外部性はそれほど強く働かない可能性がある。その例として，パソコンのOS（オペレーティング・システム）があげられる。初期段階ではMS-DOSに独占されていたが，現在ではウィンドウズ，マッキントッシュなどのいくつかの異なるOSが共存している。これは，技術革新によって異なるOSの間でのデータの交換が容易になったためである。

　これと同様に，第12章で考察する技術革新によって通貨の交換に要するコストが金融機関だけでなく企業や個人にとっても大

幅に低下した場合，国際取引において使用される通貨の選択においても，ネットワークの外部性が弱まることで，複数の基軸通貨が共存する可能性がでてくる。

2つのシナリオ

どの国の通貨が基軸通貨の地位に到達するかは，単に経済力だけではなく，先述の通り，軍事力を含めた政治力，その国に行き渡っている基本的な価値観・理念，文化発信力などの諸要因が複合的に作用して決まっていく。いわば，ハードパワーとソフトパワーの総合力が作用する。したがって基軸通貨の将来図を予測することは容易ではないが，最後に，これまでの考察を踏まえて，あえて大まかな将来展望を描いてみよう。

第1のシナリオは，ドルが今後も相当長い将来にわたって基軸通貨の地位を維持するというものである。アメリカの相対的な国力は衰えたとはいえ，政治的にも経済的にも世界最強の影響力を維持しており，前に指摘したようにドルには基軸通貨の慣性効果が働いている。

第2のシナリオは，ドル，ユーロ，人民元などの複数基軸通貨体制に向けた動きが進むというものである。スピードについても評価が分かれるところであるが，これは現在進行形のシナリオかもしれない。かつて1990年代終わり頃まではドル，ユーロ，円の3極通貨体制への移行が有力視されていたこともあったが，その後の日本経済の長期低迷で円の評価が下がったのは残念である。技術革新によってネットワークの外部性が弱まり，基軸通貨の慣性効果が弱まるという指摘が現実のものとなれば，ドル単独基軸体制から複数基軸体制に向けた動きが早まることになろう。

複数基軸通貨体制のシナリオのなかでは，人民元の影響力がどの程度強まるかが焦点の1つになろう。1980年代以降の中国経

済の高度成長は目覚ましく，比較的近い将来に中国経済の規模が
アメリカのそれを上回るという予測もある。中国通貨当局は人民
元の国際化に意欲を示している。しかし，中国経済の抱える構造
的な問題点や国家資本主義と呼ばれる特異な政治経済システムの
制約に焦点を当てて考えれば，人民元の国際化が急速に進むとは
考えがたい。

　当面は第1のシナリオで推移するが，その先の将来を予測する
ことは難しい。それでも，以上に示した論点を軸に，シナリオを
比較して考察することは有用であろう。

　なお，第12章に示す通り，技術進歩が国際金融の世界に及ぼ
す変革圧力によって，国際通貨の所有，移転，売買は，迅速，正
確，低コストで行われるしくみが開発され，普及していくと予想
される。そのことは，今すぐに国際通貨の構成に大きな影響を及
ぼすことはないにしても，徐々に各通貨の使い勝手の良さの違い
になって表れれば，既述の国際通貨の条件の3番目の要因である
利便性に影響を及ぼす可能性がある。

Column ⑥　円ドル相場の歴史

　わが国の対外経済取引はドル決済の比重が高く，円ドル相場の
動きは絶えず大きな関心事である。戦後の円ドル相場の推移は1
ドル360円平価での固定相場制が20年以上続いた後，1971年8
月にブレトンウッズ通貨体制が崩壊してからは長期趨勢的に円
高ドル安の流れが続いてきた。長期見通しの参考として，円誕生
以来の円ドル相場の流れを振り返ってみよう。

　円は1871（明治4）年の「新貨条例」によって誕生した。この
条例で，徳川時代の両・分・朱という4進法の通貨単位に代えて
円・銭・厘という10進法の通貨単位が導入された。金本位制が

図　円ドル相場の推移

（円／ドル）

円安 ↕ 円高

長期の円高傾向は終わったのか？

（出所）BIS.

採用され，純金1.5グラムが1円と定められた。当時のドルの金平価は1ドル＝1.5グラム強であったので，1ドル＝1円強という関係が成り立った。これが円誕生時の円ドル相場である。

　その後，1878（明治11）年に貨幣制度は金銀複本位制となったが，事実上は銀本位制に近かったので，銀の国際価格下落の影響を受けて，円の為替相場は金本位制の欧米諸国通貨に対して下落傾向を示した。日清戦争の賠償金で得た金を準備金に，1897（明治30）年に再び金本位制に戻った。このとき，円の金平価はそれまでの1.5グラムから750ミリグラムに切り下げられ，その結果，円ドル相場は1ドル＝2円強となった。この相場水準は，第一次大戦末期の1917（大正6）年にわが国が金本位制を離脱するまで続いた。

　金本位制離脱後は，1923（大正12）年の関東大震災の影響もあって円の下落傾向が続いたので，30（昭和5）年初め相場安定のために金解禁が実施された。しかし，折からの世界不況のあ

おりで国内不況も深刻となり，翌年末には金輸出再禁止となった。再び円の下落傾向が強まり，太平洋戦争勃発直前の円ドル相場は 1 ドル = 4 円 25 銭であった。

　戦争直後のわが国の貿易は国営で，商品によって異なる為替相場が適用された。やがて国営貿易は民間貿易に代わり 1949（昭和 24）年 4 月になって，1 ドル = 360 円の単一相場が導入された。1951（昭和 26）年 9 月にサンフランシスコ講和条約が調印されると，わが国はブレトンウッズ協定への参加を申請して認められ，53（昭和 28）年 5 月に日本政府は IMF に対して円の金平価を 1 円 = 2.46853 ミリグラムとすることを通告した。これは 1 ドル = 360 円から逆算したものであった。

　1950 年代から 60 年代前半にかけては，日本経済には「国際収支の天井」という制約があった。すなわち，好景気が続くと輸入の増加で国際収支が赤字となり，外貨準備が減少して固定相場の維持に支障が生じてくるため，金融引締めで景気抑制を図らざるをえなかった。しかし，1960 年代半ば頃から，わが国の貿易収支ははっきりとした黒字基調を示すようになった。「国際収支の天井」はしだいに薄れ，円の対ドル相場は強調地合いとなった。円ドル相場の大きな流れが，1960 年代半ばを起点として，それまでの円安ドル高から円高ドル安に変わった。こうしたなかで，1964 年 4 月に日本は，経常取引における支払いに対する制限の撤廃が免除された IMF 14 条国から，その制限を撤廃した IMF 8 条国に移行した。

　1971 年 8 月 15 日にドルの金交換停止が発表されると，主要通貨は一時的に変動相場制に移行したが，同年 12 月のスミソニアン会議で，多角的通貨調整を行って各通貨の対ドル中心レートを新たに設定し，それをもとにワイダーバンドの固定相場制を復活させることが合意された。このとき円の対ドル中心レートは 1 ドル = 308 円とされた。スミソニアン体制は短命に終わり，1973 年春には変動相場制が一般的となった。円は 2 月 14 日から変動相場制になったが，当日の対ドル相場は 271 円近辺であった。

その後は，2度の石油危機と1980年代前半のアメリカの高金利の影響で一時的に相場の動きが逆転したものの，趨勢的には円高ドル安の流れが続いてきた。とりわけ1985年9月のプラザ合意以降の円高ドル安は顕著であった。プラザ合意時の相場水準は1ドル＝240円であったが，1988年11月の120円まで円はドルに対して持続的に上昇した。

　1990年代に入ってからは，日本の株式と不動産のバブルの崩壊やイラクのクウェート侵攻に端を発した湾岸戦争の影響で（「有事に強い」ドル），ドル相場は一時150円台まで戻り，その後もしばらくドル堅調地合いが続いた。

　1993年になって，アメリカのクリントン政権発足直後，新任のベンツェン財務長官の「ドル安でなく円高ならよい」という異例の発言で再度ドル安円高の動きが誘発された。その動きは95年まで続いて，同年4月には1ドル＝79.50円の記録的円高相場となった。それは，資産バブル崩壊後のバランス・シート調整に苦しむ日本経済にとって，きわめてタイミングの悪い相場展開であった。

　1990年代後半に進むと，96年の消費税増税後の国内消費の落ち込みや自民党の参議院選挙惨敗に伴う国内政治の混迷で，景気の失速が明らかになり，円ドル相場は年間平均で96年109円，97年121円，98年131円と次第に円安方向に動いた。その後，景気回復期待で一時的な円高への転換もあったが，2002年に入る頃には再び130円台に下落した。

　日本経済は2002年を底に2007年にかけて長期の景気上昇局面に転じていたことが，事後的に確認された。2003年1月には，円高で景気回復の芽が摘まれることを懸念した日本政府は大規模なドル買い・円売り介入を実行した。118円近辺で始まった介入は2004年3月まで続きおおむねその水準を確保し，介入総額は35兆円という記録的数字となった。

　2005年から2007年夏場までは円安の展開となった。これは「円キャリー・トレード」が原因である。日銀が超低金利の資金

を潤沢に市場に提供していたので，円資金を調達して利回りの高い外貨建資産に変えて運用する取引が急増した。日本の投資信託による外国株・外国債券への投資，外国の銀行による円資金調達・外貨建貸出といった取引である。この時期の新しい動きとしては，**外国為替証拠金取引**が活発となり，日本の個人投資家も円売り・外貨買いに積極的に加わった。2007年半ばの円ドル相場は124円台であった。

　2007年後半から12年にかけては，アメリカ発の世界金融危機とそれに続くユーロ圏危機によって，国際金融情勢は波乱の時期を迎えることになった。この間，円ドル相場は一貫して大幅円高に動き，2011年10月には75.32円の新高値が実現した。この間の円高は，ドルやユーロなど主要通貨の下落を嫌った安全資産への逃避であったと理解される。大きな財政赤字を抱える日本の通貨は長期的にみれば必ずしも安全資産とはいえないが，経常収支が大幅黒字で世界最大の対外純債権国である日本は差し当たって安全性が高い。金融機関の健全性が高い点も強みであった。

　2012年2月になって，80円近辺で安定した後，12年11月以降，円安基調に転じた。この背景には，同月の衆議院解散によって，新政権発足後の金融緩和実施の期待が高まったことがある。実際，同年12月に第2次安倍政権が発足し，2013年4月より**量的・質的金融緩和**と呼ばれる大胆な金融緩和政策が実施された。また，ユーロ圏危機が安定に向かい安全資産への逃避による円買い圧力が後退したことも背景にある。この円安基調のなかで，2015年には120円台を推移したが，その後円高に戻したものの20年1〜3月平均は108.97円であった。

　以上を総合すると，1973年2月の変動相場制移行後，2010年代初めまでの趨勢的な円高ドル安は，基本的には貿易財の購買力平価に沿った動きであった（第6章図6-1の購買力平価〔輸出デフレーター〕を参照）。国際収支面からみれば，1981年以降現在まで，一貫して経常収支が黒字基調で推移し，対外純債権残高を累増させてきたことも（第5章図5-1を参照），円高基調を支

えた。

　今後の長期的な動きを展望するために，購買力平価の動きをより詳細にみてみると，日本の輸出企業の生産性上昇率の高さに支えられた貿易財の購買力平価の円高ペースは，1990年代後半から大きくスローダウンしてきた（図6-1を参照）。これは日本企業の国際競争力の低下を反映したものであり，今後，この傾向がさらに鮮明になる可能性は低くない。

　その一方で国際収支面からみると，少子高齢化によって貯蓄率の低下が続くとともに，社会保障関連支出の増加が財政赤字縮小の足枷となることから，経済全体として貯蓄超過は縮小傾向をたどり，それを反映して経常収支も黒字縮小に向かう公算が高い。

　2012年から15年にかけて，それまでの行き過ぎた円高が是正されたが，以上を総合すると，長期的な円高基調は終わった可能性が高い。日本企業の課題である国際競争力の回復と少子高齢化の課題克服の成否が，今後の円相場の方向性の鍵を握っている。

本章で学んだキーワード　　　　　　　　　　**KEYWORD**

国際通貨　　基軸通貨　　基軸通貨の慣性　　自由円勘定　外為法改正　　日米円ドル委員会　　ユーロ円取引　　日本版ビッグバン　　為銀主義　　円の国際化　　人民元改革　人民元の国際化　　人民元決済銀行　　クロスボーダー人民元決済システム　　通貨発行益（シニョレッジ）　　スターリング地域　　ネットワークの外部性　　新貨条例　　金銀複本位制　　銀本位制　　金解禁　　国際収支の天井　　黒字基調　　円キャリー・トレード　　外国為替証拠金取引量的・質的金融緩和

練習問題

1 さまざまな問題を抱えているにもかかわらず，依然として米ドルが基軸通貨である背景について説明しなさい。

2 中国の人民元が国際通貨としての影響力を高めるために有効な政策について述べなさい。

3 どの通貨が将来の基軸通貨となるかについて自由に議論しなさい。

第12章 テクノロジーが変える国際金融

止まることのない進化

ポイント

⮕ 情報通信革命と金融工学の発展の流れに沿った国際金融における技術的進歩を理解する。

⮕ フィンテックと呼ばれる新たな金融業者の国際金融における役割や課題を理解する。

⮕ eマネーやデジタル通貨を含めてお金というものをとらえ，お金の本質への理解を深める。

はじめに

国際金融の世界は，ICT（情報通信技術）と金融工学の発達によって絶え間なく変化してきた。とくに，「IT革命」と呼ばれる1990年代半ば以降の技術の進歩は，こうした変化を加速させた。既存業務の生産性が向上すると同時に，次々と新しいビジネスが生まれ，そこには新しいリスクも生まれた。

　本章では，こうしたテクノロジーと国際金融の流れを，技術と金融の進歩の足どり，決済の進化，デジタル通貨とフィンテック，国際金融の未来という順で解説する。なお，貿易決済については第1章，デリバティブについては第4章，セキュリタイゼーションや金融危機については第10章で議論されているが，技術の発

261

展という流れのなかでもう一度取り上げて解説する。

1 技術と金融の進歩の足どり
●新たな技術革新がいかに国際金融を変えてきたか

　金融の発展に寄与したICTや**金融工学**というと，ここ30年ほどのコンピューター技術の発達やインターネットの登場を思い浮かべるかもしれない。しかし，その歴史は19世紀までさかのぼることができる。

>**19世紀の海底ケーブルと金融の発展**

19世紀ヨーロッパの金融ビジネスで一大勢力を誇ったのが，ロスチャイルド家である。彼らは，他の金融業者よりも，迅速で確度の高い情報網をもっていた。これが金融ビジネスにおいて同家がもつ優位性であった。

　19世紀初頭の情報網といえば駅伝網や伝書鳩などがあるが，これらを利用して，ロスチャイルド家がいち早くウォータールーの戦いでのフランス軍の敗北を知り，この情報をもとにロンドン金融市場で大儲けしたことはよく知られた逸話である。駅伝網や伝書鳩は，同世紀の半ばには電信網に置き換わった。その象徴的な出来事が，1851年のイギリスとフランスの間のドーバー海峡の海底ケーブルの敷設である。これで，ヨーロッパ大陸とイギリスのロンドンの間の情報のやりとりの速さと確実さが飛躍的に高まった。さらに7年後の1858年には，大西洋を横断する海底テーブルが敷設されて，ヨーロッパとアメリカ大陸の間も電信網でつながった。

　ドーバー海峡も大西洋も，海底ケーブルは民間事業者による敷設であったが，イギリス政府はこれらを買収して国有化し，続け

て南アフリカ，インド，オーストラリアと大英帝国の領域内を次々と電信網でつないでいった。これが，ロンドンの金融都市としての地位，ひいては世界の覇者としての大英帝国の地位を確固としたものにするインフラとなった。

　今日，GAFAと呼ばれる一群のアメリカ系企業がある。グーグル，アマゾン，フェイスブック，アップルの4社で，その頭文字を取ってGAFAと呼ばれる。インターネット上に展開する，通信，情報サービス，小売などの市場を独占的に支配する大手企業である。こうした企業が，次の参入のターゲットとしているのが金融サービスである。多くの政府は，こうしたIT企業の金融参入を，市場を不安定にするものとして警戒している。しかし，警戒と同時にその活力に期待するところがないわけではない。民間活力で市場を支配する技術やしくみをつくらせ，後で自国の経済に利するように国家戦略に組み込めばいいのである。ちょうど19世紀の海底ケーブルと大英帝国の対外戦略の結合があったように，GAFAの技術革新力とアメリカの国家戦略が結合もないわけではない。

戦後のコンピューターの登場と銀行元帳の電子化

戦後，金融産業を大いに発展させた技術は，コンピューターである。コンピューターの登場をいつと特定するのは難しいが，ビジネス分野での第一歩といえるのは，1946年のアメリカにおけるENIAC（Electronic Numerical Integrator and Computer）の開発であろう。9年後の1955年には，ユニバック（UNIVAC）120という商業コンピューターが日本の証券取引で稼働した。1959年には，銀行がIBM650というコンピューターを導入し，銀行の元帳（口座の入り払いを記録する大元の帳簿）のコンピューター化が始まった。

以来，銀行内の業務は，ペンによる紙面上の記録からキーボードによる電子記録に次々に置き換えられ，やがて顧客が直接対面するATM（Auto Teller Machine）が登場した。1960年代半ばにイギリスで導入された当初は，現金を引き出すだけの機械であり，CD（Cash Dispenser）と呼ばれた。それが，1970年代後半には，日本を含め多くの先進国で，現金引出しだけではなく預入れや振込もできるATMに進化したのである。

　今日では，途上国を含め，たいていの都市には，あちらこちらにATMがある。この街角の無人銀行窓口の普及によって，個人にとっての国際金融の姿も大きく変化した。

　ヨーロッパ域内では，1990年代初頭に，キャッシュ・カードを使った現金引き下ろしが旅先でもできる状況が広がっていた。たとえば，ドイツの銀行でつくったキャッシュ・カードを使って，フランス旅行中にフランスの銀行のATMでフランス・フランが引き出せた。代金は比較的よい為替相場で換算されて，ドイツの銀行にあるドイツ・マルクの預金から引き落とされた。

　日本国内の銀行間のATM相互利用は，都銀（都市銀行）と都銀，都銀と地銀（地方銀行），銀行とゆうちょ等，段階的に進んだ。さらにコンビニにATMが置かれ，多くの金融機関の共同ATMとして働いている。2000年代には，デビット・カードの登場によって海外のATMでも引き下ろしが可能になった。

　かつては，個人旅行における海外での支払手段は，トラベラーズ・チェックや自分宛の送金小切手であった。現在では，どこの国でもATMから現地通貨を引き出せるようになった。デビット・カード，クレジット・カード，あるいはスマホに組み込まれたモバイル決済機能の広がりにより，現金の引出しすら影が薄れつつある。

1980年代のデリバティブの発展

20世紀の後半の1980年代は，金融工学の発達によるデリバティブ（金融派生商品）発展が始まった時代であった。最初のデリバティブは，1981年の世界銀行とIBMの間で交わされた，スイス・フラン建債務と米ドル建債務のスワップ，すなわち通貨スワップだったといわれている。その後，同じ通貨での固定金利と変動金利のスワップ（金利スワップ），先物やスワップを行使する権利を売買するオプション取引が広がった。

市場における先物取引やオプション取引の原形は，18世紀の日本（大坂の堂島米市場）やそれ以前のヨーロッパにもあった。しかし，1980年代の急速な発展によって，デリバティブは企業にとって身近な金融商品になった。その背景には，パソコンの表計算ソフトの普及により，金融商品の設計が簡単になったことがある。理工学の専門知識がなくても，少し金融工学を勉強した銀行員ならば，自分でパソコンを使って顧客のニーズをとらえた商品を考えだせるようになった。その頃から銀行が理系出身者を積極的に採用する動きも相まって，デリバティブの開発は進んだ。こうして，金利，為替，株式，債券，国際商品とほぼすべての市場において，スワップ取引やオプション取引が導入された。

デリバティブは，現時点でコストを払って将来のリスクを減らすことが本来の取引目的だが，やがて将来のリスクを負うかわりに現時点で利益を得る取引が好まれるようになった。ローンと組み合わせて借入金利の引下げが行われたり，投資と組み合わせて利回りの引上げに使われたりした。しかし，当然ながら相場の見通しが外れればリスクが現実のものとなる。その場合，借入や投資の当事者に大きな損害を与えた（デリバティブの詳細は第4章参照）。

1990 年代からのイ ンターネットの普及	1990 年代から，インターネットが普及 し，あらゆる産業で生産者と消費者がオ ンラインでつながった。その結果，人々

の生産活動と消費活動どちらにも大きな変化がもたらされた。

　生産者は，業種を問わずマーケティング・コストが大幅に低下
した。インターネット上に商品やサービスを提示すれば，消費者
から直接反応がある。タイムリーかつ低コストで需給のマッチン
グが実現した。少しあとになるが，たとえばタクシー業であれば，
タクシー乗り場に列をつくって顧客を待つ必要もなく，流しで
街中を運転し続ける必要もない。インターネットによって利用希
望者の数と位置を瞬時に把握でき，そこに直行することが可能に
なった。こうした技術革新と規制緩和が組み合わさり，2010 年
代に入ってウーバーなどの配車サービス業が世界に広がった。同
じように需給マッチングの低コスト化により，エアビーアンド
ビーのようなホテル産業の新しいビジネスモデルも誕生した。

　タクシーやホテルは，サービスの中身そのものを電子媒体に乗
せることはできない。つまり，IT 革命のメリットは主にマーケ
ティングの部分である。これに対し，金融業は，お金そのものが
電子媒体に乗る。インターネットの影響は，他の産業よりいっそ
う劇的に起こった。人手を介さずに大量の預金や投資などの需要
に応えることができるようになり，金融業を営むのに巨大な組織
が必ずしもいらなくなった。**ネット・バンキング**や**ネット証券**の
登場である。

　国際金融面においては，ネット・バンキングやネット証券を通
じて世界中の株，債券，コモディティなどの投資商品が，個人投
資家に身近なものになった。かつては，銀行に預金するしか思い
つかなかった者が，パソコンを開けるだけで，世界中の債券や株

式に投資できるようになった。国際金融の投資家の裾野が，限られたプロから一般の個人へと広がったのである。

　次節で扱うが，貿易金融に電子取引化の波が押し寄せたのも1990年代であった。輸出入決済に伴う輸送や通関手続きなどの貿易書類の電子化が進んだ。

2000年代のセキュリタイゼーションの進展

2000年代は，デリバティブがもたらした商品面での技術革新が，セキュリタイゼーションという形で花開いた時代だった。

　当時の金融環境の特徴は，低インフレの継続による先進国中の国債利回りの低下であった。それは2つの結果をもたらす。1つは，国債という無リスク証券の利回りが低下したことで，世界中の投資家が少しでも利回りの高い商品を切実に求めるようになったことだ。そのための多少のリスクも厭（いと）わなくなった。もう1つは，やはり国債の利回り低下は一国の金利のベースの低下であり，当然，住宅ローンの金利も下がった。それが，当時の先進国の住宅投資熱を煽った。日本とドイツを除き，主だった先進国すべてで住宅価格が上昇した。価格上昇は，さらに住宅投資を増加させた。このような投資家の高利回りニーズと住宅資金ニーズをつなぐ絶妙な仕掛けがセキュリタイゼーションであった。

　セキュリタイゼーションとは，銀行貸出債権を担保に証券を発行することである。原債権は，住宅ローン，自動車ローン，カードローンなど，さまざまなものが利用された。途中で利回りを高めるためにデリバティブ商品が組み込まれることもあった。そこでは金融工学が大いに活用され，投資家の好みに応じた利回り，満期，最小購入単位の金融商品に仕立てられ，世界中に販売されたのである。

2008 年に欧米で起きた金融危機は，行
き過ぎたセキュリタイゼーションの反動
であった。セキュリタイゼーション下で
広がった金融商品のなかには，原債権を担保に発行された証券
（一次証券化という）を集めて，それを担保に二次的な証券の発行
も盛んに行われた。先述の通り，利回りを高くするためにデリバ
ティブ取引も積極的に活用された。投資家が買いやすくするため，
証券化商品には盛んに格付けが行われ，それを判断の拠り所に投
資家の裾野は大きく広がった。

こうした金融行為の 1 つひとつをみれば，決してずさんではな
く，ある程度理論的に計算された合理的なビジネスモデルであっ
た。問題は，プロセスが細分化されすぎて，誰も最終的な住宅
ローンが膨らみすぎているとか，住宅価格が上がりすぎていると
か，住宅ローン拡大と価格上昇が相互依存的に一方向に進みすぎ
ているといったことに気づきにくかったことだ。

2004 年からアメリカが金融引締め期に入り，低金利だからこ
そ可能だった資金繰りが少しずつ狂い始め，住宅ローンの不良債
権比率が徐々に上がり始めた。証券化商品の原債権の劣化が始ま
ると，世界中の投資家が，自分の保有する商品がどれだけ影響を
受けるかわからずパニックに陥った。不透明感はたちまち金融市
場全体に伝播し，投資家は金融商品の投げ売りを始めたのである。

金融のセキュリタイゼーションの特徴の 1 つは，市場の信認が
揺らいで投資家の投げ売りが始まると，原債権はそこまで劣化し
ていなくても，金融市場全体に巨額の評価損が発生することであ
る。損が発生すれば金融機関の決算は悪化する。決算が悪化する
と，金融機関の貸出態度は全般的に悪化する。そうなると，住宅
ローンや証券化商品とまったく関係のない産業にまで貸し渋りが

広がり，何事もなく動いていた健全な産業までもが，資金繰りの窮地に陥るところが出てくる。この金融市場発のパニックによって実体経済も大きく毀損した。2009年は，先進国の実質GDP成長率がマイナス3.3%，途上国を入れた世界全体でもゼロ成長という記録的な景気後退の年となった（セキュリタイゼーションと金融危機については第10章参照）。

2010年代のフィンテックの登場

2010年代の特徴はフィンテックの登場である。フィンテックとは，ネットワーク環境を生かし，高いIT技術を駆使して金融業へ新規参入する企業の総称である。決済，口座管理，投資アドバイス，融資が彼らのビジネスだが，今のところ中心は決済と口座管理であり，ビジネスの対象は，中堅中小企業と消費者が多い。

フィンテックのなかで活用される最先端の技術は，AI（人工知能）とブロックチェーン技術である。

2010年代に入ると，小売の世界でオンライン取引がますます進み，銀行間，企業間ばかりか，個人の取引までが電子記録化された。さらにSNSを通じて人と人のメッセージのやりとりまでも電子記録化されるようになった。人間の行動を，お金から言葉のやりとりまで広範囲に網羅するビッグデータが登場したのである。

問題は，そんな莫大なデータをどうやって分析するかであったが，AIの登場によって解決されつつある。過去の無数のデータを分析することで，さまざまな因果関係を見出すのはAIが得意とすることだ。AIに休みなくビッグデータを分析させることによって，個人の行動や社会の出来事の過去のパターンが見出され，未来を予測することがかなり可能になったのである。金融産業に

おいて，中小企業融資や個人向け融資の審査に大きな生産性向上をもたらしてくれるものと期待されている。

　ブロックチェーン技術は，元帳の管理方法の革新的な技術である。従来は，銀行などの特定の機関が巨大なメイン・サーバーを抱え，そこで中央集中的に金融取引データを管理する。ブロックチェーンでは，取引される対象（金融取引でいえば「お金」）そのものが取引履歴を抱えながら，支払人Aから受取人Bへと移り，移るたびに取引履歴は長くなる。また，その記録がメイン・サーバー1カ所ではなく，ネットワーク上の複数箇所で同時に管理される。これを**分散型台帳**という。この電子的な記録作業を，システムそのものが中心となって特定の機関に負荷を与えずに進めていく仕組みだ。

　ブロックチェーン技術は，資金決済，貿易書類の受渡しなどの金融の世界（*Column* ⑦）に止まらず，不動産登記など幅広い経済取引での応用が研究されている。

Column ⑦　ブロックチェーン技術

　ブロックチェーン技術は，サトシ・ナカモトという人物が，2009年にビットコイン（Bitcoin）のアイデアを発表した論文のなかで紹介した金融取引の記帳の技術である。特定の管理者がホスト・コンピューターをもって管理する従来のシステムに対し，特定の管理者のいない分散型のシステムのため，分散型台帳技術（DLT：Distributed Ledger Technology）ともいわれる。

　ブロックチェーン技術の特徴は，①データの管理が複数箇所に分散され，②決済など取引の認証（verification）が特定の管理者ではなく不特定の参加者によってなされ，③取引の真正性を確保するため認証には高度な暗号システムが使われることである。

うまく機能することが実証されれば，従来の中央集中型システムのように管理者に大きな負荷をかけずに，迅速で正確な記帳を可能にする革新的な技術である。

こうしたメリットが注目され，金融関係者や市場関係者の間では，ビットコイン登場当初から，ビットコインそのものと同等にブロックチェーン技術に関心が集まった。

現在，幅広い経済取引の事務フローを変える技術として，多くの企業が業際を超えて共同で研究を進めている。また国際金融においても，民間金融機関は貿易決済や送金決済などへの適用に向け，また中央銀行は，お札やコインに代わるデジタル通貨の実現に向けて，ブロックチェーン技術の実証的研究を進めている。

2 決済における技術革新の姿
●貿易決済と銀行間決済の進歩の具体像をみる

「決済」は，お金の受払いを間違いなく着実に処理する金融オペレーションの根幹である。その効率性を高めることに，これまで多くの技術が注がれてきた。本節では，決済のなかでも国際金融の中心である貿易決済と銀行間資金決済について効率化の姿をみてみよう。

貿易業務の効率化

(1) TSU の開発

貿易決済の効率化とは，ほぼ貿易決済の電子化と言い換えてもよいが，そこには独特の難しさがある。それは，貿易決済には，お金のやりとりに加えて，船荷証券，保険，品質保証書など多くの書類の受け渡しを伴う点である。これらを電子化する試みは，1990 年代から本格化した。

貿易決済電子化での大きな技術的進歩として，TSU という

システムの開発があった。TSU は Trade Service Unity の略で，SWIFT（国際銀行間通信協会）が 2007 年に開発した銀行間の貿易書類の照合システムである。このシステムは 2020 年に廃止されることが決まっているが，廃止の要因となった問題点も含め，その特徴をみてみよう。

従来，貿易決済は，貿易書類の内容が貿易契約と一致しているかを人の目で確認しながら進められる。時間と手間のかかる作業だったが，それを解決すべく考案されたのが，TSU という貿易書類の電子化システムである。

TSU の事務フローは，輸出者と輸入者が貿易契約を結んだ段階で，商品発注情報が輸入側の銀行経由でシステムに登録される。その後，輸出者が出荷すると，商品出荷情報が輸出側の銀行経由でシステムに登録される。データ入力は定型化された様式になっており，発注と出荷の情報の一致が即座に照合できる。輸出入両側の当事者が，契約通りの商品が流れていることが確認できるというしくみである。一致が確認されれば，輸入者から輸出者への決済が直ちに実行される。

書類が銀行を通じて電子記録化される一方で，書類の原本は輸出業者から輸入業者に直送される。このとき，直送といっても輸出業者の書類はいったん第三者の預託口座に預けられ，決済と引換えに輸入業者に手渡される。このため，支払いがないのに商品が輸入業者に渡るというリスクは回避される。

(2) TSU の限界と意義

TSU は，このような貿易データの照合システムであったが，まもなく，輸入側銀行による支払保証が付く TSU-BPO（Bank Payment Obligation の略）というしくみに発展した。これは信用状と同じで，TSU システム内で書類の照合が確認されれば，輸

入側銀行が輸出者に支払うことを約束するものである。

　TSU，あるいは TSU-BPO のメリットは，貿易書類の情報を定型フォーマットで電子データ化したことにより照合の速度が上がったこと，そして問題が起きたときの状況のトレースが容易になったことの2点である。しかし，電子化されたとはいえ，情報の不一致があると決済を進めるわけにはいかない。これは信用状取引と同じである。銀行にとっては，そのたびに輸入者に不一致を認めるかどうかの照会の手間がかかった。さらに，TSU のシステム導入のコストも銀行にとっては小さくなかった。

　このため，とくに途上国の銀行を中心に TSU システム導入はさほど広がらなかった。参加銀行側にしても，相手側の銀行がシステムに参加していなければ使えないしくみであった。つまり，利便性の面とコスト面で，全世界に浸透するほどの決定力を欠いていたのである。結局 TSU 参加は，主に先進国の一部の銀行に限られてしまい，2019 年 4 月に，前述の通り，SWIFT は 2020年 12 月の TSU 廃止を決定した。

　(3)　**貿易決済の今後のトレンド**

　TSU の問題は，コスト負荷が大きいため汎用性が高まらなかったということであった。

　貿易決済の重要な点を再掲すると，為替手形以外に貿易書類が伴うことである。貿易書類は，契約通りの内容であり，途中で偽造されたり，コピーが出回ることがないという真正性が守られたり，輸出業者から輸入業者に間違いなく手渡されることが保証されたりしなければならない。そのための技術的な発展を TSU から引き継ぐと期待されているのが，ブロックチェーン技術である。

　2009 年のビットコイン誕生で，この技術は世の中に知られるようになったが，2014 年頃から，貿易決済へ応用の研究が本格

化した。現在，世界中の大手金融機関，商社，データ通信企業，フィンテック，運輸会社などが共同して，ブロックチェーン技術を使った新しい貿易決済電子化の実証実験が，いくつも立ち上がり並行して進められている。試行錯誤を繰り返しながら，遠くない将来，標準的なしくみに収斂していくことが期待されている。

銀行間の為替取引の進歩：CLS 銀行の業務

貿易決済の仲立ちとして銀行間の決済があり，これに資本取引が加わって，世界中の銀行同士は日々大量の為替取引をしている。国際決済銀行（BIS）の統計によれば，2019 年 4 月の，世界の主要市場の銀行間 1 日平均為替取引量の総合計は 6.5 兆米ドル，うち直物為替（スポット）は 1.9 兆米ドルであった。これは 2007 年比でほぼ倍に膨らんでいる。また，貿易決済と比較すると，2018 年の全世界の輸出入金額は年間約 35 兆米ドルであるから，全世界の 1 日の為替取引額は，貿易の 2 カ月分に相当することになる。

こうした銀行間の決済は，市場の慣習として通貨ごとに決済銀行が決まっている。たとえば，中国の C 銀行とドイツの G 銀行が，米ドル・日本円の為替取引をする場合，米ドルの支払いについては，両行が共通して米ドル口座を置くアメリカの A 銀行で決済し，日本円の支払いについては両行が共通して日本円口座を置く日本の N 銀行で決済するというしくみである。

しかしこのしくみは，決済が時差のある 2 カ国に分かれてしまうというリスク管理上の不都合があった。実際，1974 年に，この時差の間に取引先の一方の銀行が破綻して，外国為替市場全体に動揺が走るという事件が起きた。この根本的な問題を解決するために設立されたのが **CLS 銀行**（CLS Bank; CLS は Continuous Linked Settlement の略）である。

CLS銀行は，外国為替市場における決済リスクの軽減を目的として，2002年に国際的な銀行が集まって共同で設立された。当初は39行がメンバーとなり，7つの通貨（豪ドル，カナダ・ドル，ユーロ，円，スイス・フラン，英ポンド，米ドル）を扱った。その後，扱う通貨が増えて現在18通貨の決済を扱う。本部はアメリカのニューヨークにあり，アメリカ連邦準備制度理事会が監督している。オペレーションは，ロンドンにあるCLSサービスという別法人に委託している。役員は，欧，米，日，シンガポールの民間金融機関から派遣されたメンバーで構成される。

　CLS銀行は，2018年末時点で全世界で71金融機関の決済口座をもつ。各行は18通貨の口座をもち，たとえばA行が円をB行に売り，B行が米ドルをA行に売るという為替取引の場合，CLS銀行の口座にあるA行の円とB行の米ドルが同時に，同じCLS銀行内の相手の口座に振り替えられる。どの銀行がどの銀行に，何の通貨を支払うかという振替指示は，中央ヨーロッパ時間（フランスやドイツなど主な大陸側欧州の時間）の午前0時に取りまとめられ，7時から9時の間に振替が実施される。

　CLSに直接口座をもつのは七十数行に限られるが，世界で2万5000もの地方銀行，商社，保険会社，年金ファンド，投資会社などが，72行の口座を経由してCLS銀行での決済に参加している。こうして，銀行間の為替取引の約90%，その他金融機関，ファンド，商社などもあわせたすべての為替取引の約50%がCLS銀行で決済される。

　TSUもCLS銀行も，民間の市場参加者が主導して作り出した市場のしくみである。場合によって，そこに中央銀行の協力が加わる。国際金融の世界は，統一の政府がない分だけ，市場参加者が自主的に集まってルールやインフラをつくるのが1つの伝統に

なっている。それは，親密なコミュニケーションと過去の教訓の共有のうえに成り立っており，技術革新が起こるたびに，新しいしくみが自主的に作り出されていくのである。

3 フィンテックとデジタル・マネー
●進歩の最前線をみる

　これまで，数々の技術の進歩がもたらす国際金融の発展をみてきたが，2008 年にビットコイン（Bitcoin）というデジタル・マネーが登場して，この発展はさらなる推進力を得つつある。同時に，前述したフィンテック企業と呼ばれる新しいタイプの企業が技術力を生かして金融サービス業に参入してきた。こうした技術を武器にした「金融サービス」や「通貨」は，今後の国際金融をどのように変えていくのだろうか。

フィンテックの勃興　フィンテックは先述の通り 2010 年代に勃興した新しい金融ビジネスの担い手である。従来の金融機関とはカルチャーのまったく違う革新的な存在であるが，情報の収集と分析を強みとして顧客の将来の不確実性を軽減するという点では，まさに金融業そのものである。

(1)　さまざまなフィンテックの姿

　フィンテックを大きく分類すると，後述する暗号通貨や i マネーのように，既存の通貨体制にチャレンジするものと，あくまで既存通貨体制を前提としてそのうえに発展していくものとに分かれる。

　既存の通貨体制のうえに広がるフィンテックは，主に，①決済や送金サービスを提供するもの，②個人や企業の資金管理や投資アドバイスを提供するもの，そして③貸出など資金需給のマッチ

ング機能を提供するもの，の3つに分かれる。

①決済・送金サービス——決済や送金サービスは，すでに多く
の国でサービスが広がっている。PayPalなどのアメリカ系
業者，アリババなどの中国系業者はすでに広く知られてい
る。外国送金の世界では，「テック」と呼ばれるほどの技術
を使ったものではないが，2000年代前半には，格安の手数
料での送金業者が存在した。最近では，ケータイ，eメール，
ソーシャル・ネットワーキング・サービス（SNS）などのモ
バイル端末の機能を使った支払いや送金のサービスが，安価
で手軽に受けられるようになっている。

②投資アドバイス，資金管理サービス——投資アドバイスや資
金管理サービスは，決済・送金なども含め，投資や資産管理
などの高度な目的をもつ総合的なサービスである。これらの
サービスが評価される鍵は，顧客の目的に沿った情報収集
力，情報分析力，判断力，そして正確な資金操作のオペレー
ション力といえる。ITが十分力を発揮できる業務であろう
が，決済・送金などの単線的なサービスと比べると高度で複
雑だ。しばらくは試行錯誤が続く期間であろう。

③融資——融資という資金需給のマッチング・サービスは，高
度なサービスだがリスクも高まる。ITが得意とする情報収
集と分析力を駆使して，資金の需要ニーズと運用ニーズを
結びつける。借入を希望する者がつながるFacebookなどの
SNS，ネット・ショッピング履歴，クレジット・カード利用
履歴などの情報を収集して倒産確率を計算する。そのうえで，
リスクに合った金利や満期などの借入条件を資金運用者に呈
示して，投資家から借入者への資金の流れを作り出すという
しくみである。

フィンテックによるサービスは，おそらく①決済・送金，②投資アドバイス・資金管理，③融資，という順序で難易度が上がっていくと考えられる。フィンテックの，こうした進化を裏で支えているのがビッグデータと AI である。

　ビッグデータは，地球上の無数の出来事を電子的に記録したものである。それは，人間の会話や支払いなどの記録であり，企業間の取引記録であり，天候や災害などの記録である。これまでは，散在する無数の記録にすぎなかったが，AI の登場によって分析が可能な 1 つの塊，すなわち "ビッグデータ" に進化した。膨大なデータの処理が可能になり，これまでは摑みきれなかったさまざまな社会現象や自然現象の因果関係の発見が可能になったのである。

(2) **発達が期待される決済・送金や投資アドバイス，資金管理サービス**

　では，こうしたフィンテックによって金融サービスはどのように変わるのだろうか。先述の通り，決済や送金の世界では，すでに新しいサービスが世界のあちこちで広がっている。決済とは，いうなれば貸借関係を正確かつ不可逆的に帳簿に記録していく作業である。情報通信技術が如何^{いかん}なく力を発揮して，生産性や安全性を向上させることは想像に難くない。

　投資アドバイスや資金管理サービスは，決済や送金のもとになる投資判断や資金繰りの総合的な管理のサービスだ。利用者に対して次の行動の指針を与えるという意味で，単なる決済や送金よりも高度なサービスとなる。そこでは，AI によるビッグデータ分析の効果が大いに発揮されるだろう。

(3) **可能性が大きいがリスクも大きい融資の世界**

　融資業務でフィンテックが得意とするのは，数の多い個人ロー

ン，住宅ローン，中小企業向けローンだろう。AIの得意とする
リスク分析手法は，過去の膨大なデータからパターンを見つけ出
して因果関係を突き止めることである。つまりAIの未来予測は
経験知に依拠する。このため，これまでの経路から飛躍した未来
やイノベーションについての予測がAIは苦手である。新たな事
業や若い企業の可能性を判断することは，AIには難しいだろう。

**さまざまなタイプのお
金の登場**

すでに交通系のプリペイド・カード（JR
のスイカやイコカなど）や，流通系のポ
イント・カード（TカードやRカードな

ど）など，いわゆる「eマネー」と呼ばれるものは身近にある。
さらに仮想通貨や暗号資産とも呼ばれる**デジタル通貨**が登場し
て，改めて通貨というものの姿は多様であり，一部は案外身近に
あることに気づいた読者は多いのではないだろうか。伝統的な現
金や預金と比較して，こうした新しいタイプのお金は何が違うの
か，やはりお金といえるのだろうか。

新しいタイプのお金は，研究者によって分類の仕方は異なる
が，IMFの2019年7月のレポート（*The Rise of Digital Money*）
が，既存のお金を含めて比較的，包括的にわかりやすく整理され
ている。

IMFによれば通貨は5種類に分類される。①中央銀行が発行
する現金，②預金，③eマネー，④暗号通貨，⑤iマネーである。

(1) 中銀発行のお金

中央銀行発行のお金とは，われわれに最も身近なお札とコイン
である。今さら詳しい説明は不要だろうが，現金が他のお金との
比較で特徴的なのは，決済が中央集中型ではなく，支払い現場で
不可逆的に完結する分散型であることである。もし将来，中銀が
現金をデジタル通貨化するとしたら，決済が分散型になるか中

央集中型になるかは今のところ不明である。商業銀行から預かる預け金のように，負債を負う中央銀行が単独で管理するのであれば，中央集中型になる。しかし，この方法は中央銀行に大きな事務手間がかかると推定される。一部の中央銀行は，共同でブロックチェーン技術（分散型台帳技術）を使ったデジタル通貨を研究中である（後述）。

(2) 預　　金

預金は銀行が発行する債務であり，これが決済手段として使われている。今のところ，たいていの先進国では，お金のなかの最大の残高をもつのは預金である。銀行は，預金を提示されれば，いつでも中央銀行のお金である現金を額面金額通りに払い戻す義務を負う。

決済方法は，中央集中型である。預金には，他のお金と比べて2つの大きな特徴がある。1つは，個々の民間銀行の判断によりダイナミックに量が伸縮することである。好況期に，企業向け貸出に積極的になれば国内の預金量は増えるし，不況期に貸出に消極的になれば，預金量は減る。もう1つは，国家によって価値の安定が厚く守られていることである。預金を発行する銀行には，政府による厳しい監督がある。銀行が預金取付けなどの流動性危機に陥れば，中央銀行から支援を受ける。倒産の危機に陥れば，多くの場合は政府から資本注入を受けて，とりあえず倒産は免れる。また預金保険制度によって，たとえ銀行本体が倒産しても一定額まで預金は保護される。

(3) e マ ネ ー

e マネーとは，小売の支払いの世界で広がっているもので，カードあるいはカードにつながるカード発行機関本体のサーバー上に電子的に記録されたお金である。カードをかざすことで小売

の決済ができる。お金の価値は，額面金額通り法貨に固定されている。交通系のスイカやイコカなどのeマネーは円建てで記録されている。流通系のポイント・カードはポイントで記録されているが，1ポイントと円の交換レートは固定されているので，円建てと考えてよい。銀行が発行するデビット・カードもeマネーの一種である。

　交通系のカードは前払いでお金がチャージされる。流通系のポイント・カードも同様だ。たとえば100円購入すると1ポイント付くというのは，99円のものを買うと同時に1円を現金で払い込み1ポイント・チャージするようなものである。つまり，eマネーが発行される際には必ず既存の通貨との交換があり，額面のまま価値が維持され，限られた店舗で将来の支払いに使える。

　消費者側からみれば，eマネーは，電子的に記録された債権という点で銀行預金と同じである。違いは，預金は現金に換金できるが，eマネーは多くの場合現金に換金できないこと，そして，預金が公的なセーフティネットで守られているのに対し，eマネーはそれがいっさいないことである。デビット・カードは，自分名義の預金に直接つながるeマネーといえる。

　日常のなかで，eマネーは急速に拡大しているかにみえる（**表12-1**）。eマネーの使用は，日本銀行の統計（決済動向2019年8月，日本銀行決済機構局）によれば2018年で発行枚数は3万9077枚，年間決済額5兆4790億円，1件当たりの平均決済額936円である。デビット・カードは，発行枚数4万4513枚，年間決済額1兆4131億円，1件当たりの平均決済額5438円である（同前書）。伸び率でみると，交通・流通系のeマネーの決済額が前年比5.4％で，これまでの伸びからは鈍化している一方，デビット・カードは24.8％と勢いがある。

表 12-1　ｅ　マ　ネ　ー

年	2013	2014	2015	2016	2017	2018	2019 (1~6月)
デビット・カード 決済金額（億円）		7,004	7,747	9,180	11,327	14,131	7,829
前年比（%）			10.6	18.5	23.4	24.8	26.7
発行枚数（万枚）		42,166	42,527	42,893	43,903	44,513	
交通・流通系等のeマネー 決済金額（億円）	31,355	40,140	46,443	51,436	51,994	54,790	27,510
前年比（%）	27.1	28.0	15.7	10.8	1.1	5.4	4.3
発行枚数（万枚）	22,181	25,534	29,453	32,862	35,833	39,077	40,677

> 2000年代に入って日本銀行の決済統計にも含まれるようになったeマネーは，その使用が徐々に広がっている。

（注）　本文に合わせ，上表では交通・流通系等のeマネーと表記したが，
　　　日本銀行統計では「電子マネー」となっている。
（出所）　日本銀行「決済動向」。

　しかし，両者をあわせても，決済額は企業間決済中心の全銀システム取扱高と比較すると0.16％にすぎず，日本ではまだ小さな存在である。なお，通貨供給の統計においては，eマネーは，消費者の現預金がカードの発行業者の預金に移っているだけなので，すでに従来の通貨供給量の統計に含まれている。またデビット・カードは，カード名義人の預金そのものとして通貨供給量の統計に含まれている。

(4) 暗 号 通 貨

　暗号通貨は，ビットコインに代表される電子記録のお金で，1単位1単位のお金そのものが取引履歴をもち，所有者から所有者へと渡っていく。発行主体は不在で，存在するのは発行，認証，決済の手続きが書かれたプログラムである。実際の運営は，プログラムに則り少数の有志の集まりで行われているが，そこに発行

責任や運営上の責任があるわけではない。

　暗号通貨と呼ばれるのは，取引の認証と取引履歴の管理に暗号が用いられるためである。eマネーと違い，発行される際に既存の資産との交換はない。暗号解読に貢献のあった者に対し解読の都度新たな通貨が供給される。これを金（ゴールド）を地中から掘り起こすのになぞらえ，「マイニング」と呼ぶ。

　暗号通貨の価値は，何ら既存の価値に固定されてはいない。ほぼ投機的な思惑のみで動くため，価格変動は非常に激しく，発明者の意図に反して支払手段として使い勝手は悪い。このため，暗号通貨ではなく「暗号資産」と呼ばれるのが一般的になった。

　暗号通貨の数少ない国際金融への貢献は，そこで使われるブロックチェーン技術であろう。所有移転の認証作業は，まだ確立した標準スタイルがあるわけではない。ビットコインの場合は，一般に広く機会が開かれて，マイニングという金銭的なインセンティブが与えられる。一方で，一般に開放するのではなく限定メンバーにしたり，単一の管理者だけが認証できるようにしたりするなど，さまざまなあり方が検討されている。今後，国際，国内を問わず，商取引や金融取引の世界で応用が期待される技術である。

(5)　iマネー

　iマネーも，暗号通貨同様に電子記録として存在するお金である。暗号通貨との違いは，発行者が存在し責任の所在もあること，そしてマネー発行の裏づけ資産があることである。次節で述べるように，その代表例がリブラである。

Column ⑧　電子的なマネーのさまざまな呼び名

　ビットコインの登場以来，さまざまな新しいお金の呼び方が登場した。当初は一括りに「仮想通貨」と呼ばれていたが，技術進歩に伴い，実態も概念も呼び方も変化している。2020年初時点での，複数の呼び方を整理しておこう。

　⑴　**仮想通貨**（virtual currency）

　ブロックチェーン技術で取引される，発行者や中央の管理者が不在の通貨。取引の真正性を維持するために高度な暗号技術が使われる。ビットコインが2009年に登場して認識が広がった概念である。ビットコインの生みの親サトシ・ナカモト氏自身は，発表の論文の表題で「仮想通貨」とはいわず「A purely peer-to-peer version of electronic cash」と表現している。

　⑵　**暗号通貨**（crypto currency）

　ビットコインなどの仮想通貨の呼び方の1つで，取引の認証に暗号（crypto）技術を使うため，このような呼び方もされるようになった。

　⑶　**暗号資産**（crypto asset）

　これも仮想通貨の呼び方の1つで，暗号通貨からさらに変化した呼び方。ビットコインは，値上がり期待から，しばしば投機対象となり価値が安定しない。このため，本来の通貨の機能の1つである決済手段としては非常に使い勝手が悪い。このため，通貨というより，貴金属などの投資資産に近いという意味で，この呼び方が使われることがある。

　⑷　**デジタル通貨**（digital currency）

　電子媒体の通貨に使われる呼び名である。ビットコインもデジタル通貨であり，いくつかの中央銀行が研究を進めている現金の電子化もデジタル通貨である。一方，民間企業や金融機関が発行するポイント・カードやデビット・カードは，預金間の資金決済に使われる道具であり，「eマネー」と呼ばれる。デジタル通貨とは異なる概念である。

上記の呼び方は，それぞれの特徴に由来する呼び名で，微妙な
ニュアンスの違いや当事者の意図が反映され，使い分けの定義は
曖昧な面がある。たとえば，ビットコインは，仮想通貨，暗号
通貨，暗号資産，デジタル通貨のどれで呼んでも間違いではない。
後述のリブラは仮想通貨，暗号通貨，デジタル通貨といえるが，
価値を安定させる工夫をもつことから，おそらく暗号資産と呼ぶ
のは適さないだろう。デジタル人民元は，お札のような固形では
ないという意味で仮想通貨だが，中国当局が発行する正当な法定
通貨であることを考えると，「仮想」通貨というのは不適切な呼
び方だろう。この場合は，純粋に技術面をとらえた「デジタル通
貨」という呼び方がふさわしいと思われる。

4　国際金融の未来

●残された課題，広がる可能性

　金融プレイヤーの変化と通貨そのものの変化は，今後の国際金
融を大きく変化させる可能性がある。

　どちらの変化も，企業や個人などサービスの利用者にとっては
利便性が高まり，経済全体の効率性は大いに向上するに違いない。
一方，どちらの変化も，金融業者や通貨の発行体である国家など
のサービスの提供者にとっては，様式の標準化において自らの立
場が有利になるのかどうか，市場における覇権を握れるのかどう
かという問題と密接に絡んでいる。誰もが緊張感をもって，勝ち
組になるための合従連衡を模索し，しのぎを削っている。

金融プレイヤーの未来

(1) フィンテックの2つの課題

　金融プレイヤーの今後を占ううえでのポ
イントは2つあろう。1つは，フィンテックのコスト面の優位性

が持続可能なものかという点である。フィンテックの強みは，大手金融機関に比べて類似の金融サービスを低コストで提供できることである。しかし，これはフィンテックの市場シェアがまだきわめて小さなものだから許されることではないだろうか。仮に決済のかなりの部分を扱うまでに成長したとき，社会のなかでの責任も重くなる。そうなると，従来ならば，99% の正確性で許された業務も，99.9% の正確性を求められるようになるかもしれない。技術面のみならず，組織面でも問題を起こさず，コンプライアンスに十分配慮することが求められるようになる。

そのための人件費やシステム投資は軽くない。そうなると，今と同じような低コストでのサービス提供は難しくなってくるのではないか。結局，既存の金融機関とコスト面では大差ない金融業者になるのではなかろうか。

もう1つは，与信が絡む金融において，フィンテックがどれほどの存在になるかという点である。決済サービスなどと違い，与信には必ず将来への期待が伴う。そして必ず期待には外れがある。期待が外れれば不良債権が生まれ，金融機関はそれを処分しなければならない。

借入企業の個々のビジネスの失敗であれば，銀行が一民間機関の立場で経済合理性に基づき処理することは仕方ない。しかし，不良債権というのは，往々にしてマクロ経済の不況期に生まれるものだ。半ば環境の悪化が生むのである，それを，機械的に処分すればよいというものではない。必ず社会の痛みを測りながら対応を進めなければならない。時には，親会社や地方政府などのステークホルダーに積極的に働きかけ，支援していくこともある。金融業とは，単に個別の金融サービスの提供者ではなく，いざというときには，積極的な意志をもって関係者に働きかけ，社会の

経済損失を最小限に止める道を探さなければならない存在である。そういう処理まで含めて AI に任せられるだろうか。

　個々のサービスを AI の判断に置き換えていくことは可能だろう。しかし，不良債権が発生した後の処理となると，今のところ人間にしかできないのではないだろうか。

(2)　新旧プレイヤーの融合で新たな発展へ

　フィンテックと競合する既存の大手金融機関は，これまでのところ競合相手として対峙するより，むしろ進んで協働している面がみられる。外部の知識や技術を取り込む方法に**オープン・イノベーション**という考え方がある。従来は，ベンチャー企業のノウハウを吸収するのに，チーム全体，あるいは企業全体を完全に買収して内部組織化しようと試みられた。しかし，これではせっかくの創造性豊かなカルチャーが消えてしまい，結局，取り込んだはずの人材が流出してしまいがちである。そこで生まれたのが，オープン・イノベーションという仕掛けである。銀行内部のデータへのアクセスを認めた提携先のフィンテックに，それを使ってさまざまな新しいサービスを開発させるのである。アイデア・コンペティションのようなイベントも開催し，良いものがあればどんどん銀行の新しいサービスとして試行していくのである。

　フィンテックには，フィンテックとして徐々にビジネスの量を拡大して主要金融機関に成長していくパターンも考えうるし，オープン・イノベーションによって既存の金融機関と融合して発展していくパターンも考えられる。

> **デジタル通貨の未来**

　通貨そのものの変化は，先述の通り多様な進化をみせているが，目下，最前線はデジタル通貨の出現である。これについて目立った動きは3つある。中国のデジタル人民元，フェイスブックのリブラ，そして日

本とヨーロッパの中央銀行が共同で研究を進めているデジタル中央銀行通貨である。

(1)　デジタル人民元

デジタル人民元は，中国の法定通貨人民元のデジタル版である。2014年に中国人民銀行が研究を始め，現在は実証実験中といわれる。発行は2020年にも実現するとの思惑が市場で広がっているが，人民銀行の公式な発表がないので正確なところは不明である。

発行目的として推察されるのは，通貨のデジタル化による経済の透明性向上と，財政金融政策や外国為替管理の精度の向上であろう。中国国内では，アリペイなどの民間業者を中心に決済の電子化が飛躍的に進んでいる。これに加えて中央銀行の現金をデジタル化することで，いっそう，国内の決済を電子データで把握し，さまざまな政策の効果を高めようという意図があるものと思われる。

対外的には，人民元を使ったクロスボーダー取引の利便性を高めることであろう。いずれ本格的に進める人民元国際化の下地を準備しようという意図と思われる。第11章でも述べたように，中国は，2009年に当時の人民銀行総裁周小川が，SDR準備通貨構想という論文を発表し，米ドルへの依存が高い現在の国際通貨体制の問題点を指摘した。また同じ頃から，主に途上国を相手に人民元と相手国通貨のスワップ協定を結び，人民元の対外的な認知を高める政策をとってきた。このような流れをみると，デジタル人民元も，中国の対外経済戦略の一環ととらえるべきであり，長期的には国際金融の覇権の構図の変化にもつながることだろう。

(2)　リ ブ ラ

リブラは，2019年にフェイスブック代表のマーク・ザッカー

バーグが発表したデジタル通貨の構想である。すでに同社がもつ27億人の会員の情報ネットワークを活かし、低コストでグローバルに決済ができる通貨を発行するという壮大な計画である。

　フェイスブック利用者27億人のなかには途上国の銀行口座をもたない人も含まれるため、リブラは世界の金融包摂を高めるという見方もある。しかし、フェイスブック自身のリブラ構想の目的は、民間ビジネスとしての市場拡大という営利目的と思われる。

　ビットコインが値動きの激しい投機目的通貨となってしまった教訓から、リブラはドルなどの主要通貨を担保として保有し、そのうえで通貨を発行する予定である。このしくみにより、リブラの価格が安定することを狙っている。なお、発行主体はフェイスブックそのものではなく、世界のクレジット・カード会社、フィンテック企業、通信会社などが集まってリブラ協会という団体をつくり、そこが発行・運営者となる予定である。

　しかし、構想発表後、まもなく世界の政府、中央銀行、国際機関などからリブラ構想に多くの疑問が呈されるようになった。運営の不透明性、マネー・ロンダリングの温床となる懸念、個人情報保護の脆弱性など観点である。アメリカの連邦準備理事会のパウエル議長も警戒的な見方を表明し、2019年10月のG20（20カ国中銀総裁・財務相会議）での論調も、非常に懐疑的なものだった。

　中銀関係者がリブラを警戒するのは、フェイスブックのビジネスの仕方だろう。通常のうまくいっているときの圧倒的利便性を言い訳にして、粗い設計でビジネスを拡大する。何かしら問題が起きると事後対応となる。長年、努力と協力で多くのリスクを予防的にとらえて通貨の信用を維持してきた中銀からみると、正反対のカルチャーである。もちろん、フェイスブックからみれば、そんな石橋を叩いていたら、競合相手に先に市場を支配されてし

まうという気持ちがあろう。それはその通りだが，問題は，フェイスブックが通貨そのものに乗り出そうという不適合性である。

フェイスブックは，27億人のエンド・ユーザーとつながっていて，自分たちにはその支持があり，その利便性追求のためにリブラをつくろうとしているのかもしれない。しかし，大衆からの直接の支持がよりどころの通貨の番人は危うい。先進国の中央銀行が政府から独立しているのは，デモクラシー社会が長年の経験から生み出した知恵である。リブラ推進者には，そうした社会的側面の考慮が足りない。

リブラ構想には課題が多い。しかし，発想の大胆さと卓越した技術力があるのは確かで，その点を否定する者はいまい。

リブラについては，確かに通貨の新しいあり方を生み出す発想や革新性がある。求められているのは，ここでも既存の通貨発行体である中銀との協働ではないだろうか。慎重に構えるべきはリブラの運営母体のビジネス・カルチャーであって，リブラの技術はむしろ前向きに迎えられるべきであろう。それを使う主体として中銀がふさわしいのならば，中銀が取り入れればよいのである。

(3) 日欧の中央銀行の共同研究するデジタル通貨

デジタル人民元やリブラの構想に刺激される形で出てきたのが，日本とヨーロッパの中央銀行連合によるデジタル通貨構想である。これは，共通の通貨を創出するのではなく，それぞれが連結性の高い形で国内の**デジタル中央銀行通貨**（Central Bank Digital Currency：CBDC）を共同して研究しようというものである。

2020年1月の欧州中央銀行発表によると，日銀，欧州中央銀行，イングランド銀行，スウェーデン中銀のリスクバンク，スイス国立中銀，カナダ銀行の6中銀，それに国際決済銀行（BIS）をあわせた7行は，中銀発行のデジタル通貨について，お互いに知識

を共有し協力して研究を進めていくグループを立ち上げた。このグループは，それぞれの国内でのデジタル通貨発行に向けた調査研究で協力し合うことによって，将来は，国際取引における相互連結性（interoperability という）を高めるしくみをめざす。

こうした中銀の共同研究と関連して，2020年2月，日本銀行と欧州中央銀行は，「プロジェクト・ステラ」という，分散型台帳技術を使った中央銀行通貨のデジタル化の研究を進めていることを発表した。研究の重点項目は，分散型台帳技術を使った際の，第三者の確認作業におけるプライバシー確保の問題である。

分散型台帳の長所の1つは，中央管理者に作業負荷をかけることなく迅速な決済が可能なシステムという点である。そのために，決済の確認作業に第三者の関与が必要になる。その際，この確認者からどのように決済当事者の個人情報を切り離すかという点が大きな技術的課題となっている。その点が，プロジェクト・ステラの焦点の1つになっている。

日欧の主要中銀の共同作業は，デジタル通貨においてしかるべき機関が当事者となり動き出したことを物語っている。技術面，法制面，市場への影響など，多面的に細部の詰めが行われる段階に入っている。リブラなどの民間業者や，デジタル人民元などを発行する他の中銀など，相互に刺激を与えながら，国際金融の世界に，次の技術的躍進をもたらしてくれることを期待したい。

本章で学んだキーワード	KEYWORD

金融工学　ネット・バンキング　ネット証券　セキュリタイゼーション　フィンテック　ブロックチェーン技術　分散型台帳　貿易決済電子化　TSU　CLS銀行

デジタル通貨　　ｅマネー　　暗号通貨　　仮想通貨
オープン・イノベーション　　デジタル人民元　　リブラ
デジタル中央銀行通貨

 練習問題

1　貿易決済と銀行間資金決済について，これまでの技術革新や決済のしくみについて整理して説明しなさい。

2　フィンテックと呼ばれる企業が営む具体的な金融サービスを整理して述べなさい。またフィンテックが今後金融サービスの主役になるかどうか，フィンテックの強みや弱みなどにも触れつつ自分の考えを整理して述べなさい。

3　現在，研究が進められているいくつかのデジタル通貨を取り上げ，それぞれについて①開発主体，②開発目的，③通貨の特徴，を整理して説明しなさい。

Rreference 参考文献

本書の構成は，大きく分けて，以下の3分野から成り立っている。

(1) 外国為替のしくみ，為替相場，為替市場，国際金融市場，為替リスク回避の手段・方法など，外国為替や国際金融の実務に関するもの。

(2) 国際収支の概念，為替相場，経常収支，GDPの決定理論など，国際金融の基礎的理論に関するもの。

(3) 国際通貨，国際通貨制度，金融分野の技術革新など制度に関するもの。

これから列挙する参考文献はいずれも特定分野に偏るわけではないが，本書との関連から便宜的に3分野に分けて示した。

●外国為替や国際金融の実務に関するもの

飯島寛之・五百旗頭真吾・佐藤秀樹・菅原歩 (2017)『身近に感じる国際金融』有斐閣。

国際通貨研究所編 (2018)『外国為替の知識 (第4版)』日本経済新聞出版社 (日経文庫)。

中島真志 (2016)『外為決済とCLS銀行』東洋経済新報社。

本田敬吉 (1995)『これならわかる為替』有斐閣。

●国際金融の理論に関するもの

小川英治・岡野衛士 (2016)『国際金融』東洋経済新報社。

勝悦子 (2011)『新しい国際金融論——理論・歴史・現実』有斐閣。

上川孝夫・藤田誠一編 (2012)『現代国際金融論 (第4版)』有斐閣。

河合正弘 (1994)『国際金融論』東京大学出版会。

清水順子・大野早苗・松原聖・川崎健太郎 (2016)『徹底解説 国際金融——理論から実践まで』日本評論社。

高木信二 (2011)『入門 国際金融 (第4版)』日本評論社。

東京銀行調査部 (1994)『国際収支の経済学』有斐閣。

橋本優子・小川英治・熊本方雄（2019）『国際金融論をつかむ（新版）』有斐閣。

平島真一編（2004）『現代外国為替論』有斐閣。

● **国際通貨制度などに関するもの**

加野忠（2006）『ドル円相場の政治経済学──為替変動にみる日米関係』日本経済評論社。

上川孝夫（2015）『国際金融史──国際金本位制から世界金融危機まで』日本経済評論社。

神田眞人編（2015）『図説 国際金融（2015-2016年版）』財経詳報社。

佐久間浩司（2015）『国際金融の世界』日本経済新聞出版社（日経文庫）。

寿崎雅夫（1995）『円・ドル・マルクの時代──日本経済ドルからの離脱』東洋経済新報社。

竹中正治（2012）『米国の対外不均衡の真実』晃洋書房。

田中素香・長部重康・久保広正・岩田健治（2018）『現代ヨーロッパ経済（第5版）』有斐閣。

西村陽造（2011）『幻想の東アジア通貨統合──日本の経済・通貨戦略を問う』日本経済新聞出版社。

ブレトンウッズ委員会日本委員会編（1995）『21世紀の国際通貨システム──ブレトンウッズ委員会報告』金融財政事情研究会。

本田敬吉・秦忠夫編（1998）『柏木雄介の証言 戦後日本の国際金融史』有斐閣。

本田敬吉・秦忠夫編（2015）『国際派バンカー 井上實の回想──戦後日本の国際ビジネス展開』明石書店。

村瀬哲司（2007）『東アジアの通貨・金融協力──欧州の経験を未来に活かす』勁草書房。

Baldwin, Richard and Charles Wyplosz (2015) *The Economics of European Integration* (5th ed.), McGraw-Hill.

Bretton Woods Commission (1994) *Bretton Woods: Looking to the Future*, Bretton Woods Commission.

de Grauwe, Paul (2018) *Economics of Monetary Union* (11th ed.),

Oxford University Press.

de Vries, Margaret G. (1986) *The IMF in a Changing World 1945-85*, IMF.

Eichengreen, Barry (2019) *Globalizing Capital : A History of the International Monetary System* (3rd ed.), Princeton University Press.

Eichengreen, Barry, Arnaud Mehl, and Livia Chiţu (2018) *How Global Currencies Work : Past, Present, and Future*, Princeton University Press.

James, Harold (1996) *International Monetary Cooperation since Bretton Woods*, IMF and Oxford University Press.

Krugman, Paul R., Maurice Obstfeld, and Marc J. Melitz (2017) *International Economics : Theory and Policy* (11th ed.), Pearson Education.

McKinnon, Ronald I. (1993) "The Rule of the Game: International Money in Historical Perspective," *Journal of Economic Literature*, Vol. 31, No.1, pp. 1-44. (日本銀行『国際通貨問題』研究会訳 (1994)『ゲームのルール——国際通貨制度安定への条件』ダイヤモンド社)

Yeager, Leland B. (1976) *International Monetary Relations: Theory, History and Policy* (2nd ed.), Joanna Cotler Books.

INDEX 索　引

297

新・国際金融のしくみ
Introduction to International Finance, New ed.

ARMA

有斐閣アルマ

2020 年 10 月 10 日　初版第 1 刷発行

著　者	西　村　陽　造	
	佐　久　間　浩　司	
発　行　者	江　草　貞　治	
発　行　所	株式会社　有　斐　閣	

郵便番号　101-0051
東京都千代田区神田神保町 2 -17
電話　（03）3264-1315〔編集〕
　　　（03）3265-6811〔営業〕
http://www.yuhikaku.co.jp/

文字情報／レイアウト　田中あゆみ
印刷　大日本法令印刷株式会社・製本　大口製本印刷株式会社
©2020, Yozo Nishimura, Koji Sakuma. Printed in Japan
落丁・乱丁本はお取替えいたします。
★定価はカバーに表示してあります。

ISBN 978-4-641-22168-0